新时代下思想政治教育与模式创新

王书增　著

中国原子能出版社

图书在版编目（CIP）数据

新时代下思想政治教育与模式创新 / 王书增著. --
北京 ：中国原子能出版社，2018.5 （2021.10重印）
　ISBN 978-7-5022-9037-5

　Ⅰ. ①新… Ⅱ. ①王… Ⅲ. ①高等学校－思想政治教
育－研究－中国 Ⅳ. ①G641

　中国版本图书馆CIP数据核字(2018)第096160号

新时代下思想政治教育与模式创新

出版发行	中国原子能出版社（北京海淀区阜成路 43 号 100048）	
责任编辑	杨晓宇	
责任校对	冯莲凤	
责任印制	潘玉玲	
印　刷	三河市明华印务有限公司	
经　销	全国各地新华书店	
开　本	787mm×1092mm　1/16	
印　张	11.75	字　数　279千字
版　次	2018 年 5 月第 1 版　2021 年 10 月第 1 次印刷	
标准书号	ISBN 978-7-5022-9037-5　定　价　48.00 元	

网　　址：http://www.aep.com.cn　　E-mail：atomep123@126.com
发行电话：010-68452845　　　　　版权所有　侵权必究

前　言

我们的高校是党领导下的高校，是中国特色社会主义高校。办好我们的高校，必须坚持以马克思主义为指导，全面贯彻党的教育方针。要坚持不懈传播马克思主义科学理论，抓好马克思主义理论教育，为学生一生成长奠定科学的思想基础。

做好高校思想政治工作，要因事而化、因时而进、因势而新。要遵循思想政治工作规律，遵循教书育人规律，遵循学生成长规律，不断提高工作能力和水平。要用好课堂教学这个主渠道，思想政治理论课要坚持在改进中加强，提升思想政治教育亲和力和针对性，满足学生成长发展需求和期待，其他各门课都要守好一段渠、种好责任田，使各类课程与思想政治理论课同向同行，形成协同效应。要更加注重以文化人以文育人，广泛开展文明校园创建，开展形式多样、健康向上、格调高雅的校园文化活动，广泛开展各类社会实践。要运用新媒体新技术使工作活起来，推动思想政治工作传统优势同信息技术高度融合，增强时代感和吸引力。

本书包括全球化时代高校思想政治教育面临新的挑战与机遇、大学生思想政治教育理论基础、新时代高校思想政治教育的内容创新、新时代高校思想政治教育方法创新、新时代高校思想政治教育与信息化融合创新研究、新时代高校思想政治教育中新传媒运用研究、新时代高校思想政治理论课教学研究、新时代高校思想政治教育的机制研究等方面的内容。

本书通过大量的实例分析，力求达到内容新颖、鲜活，体现强烈的时代气息。本书体例统一规范协调，内容视野开阔全面，符合培养目标要求，且实用性强，以便学生明确学习重点并对学习内容产生兴趣。

编　者

目　录

第一章　全球化时代高校大学生思想政治教育面临新的挑战与机遇

　　高度重视思想政治教育一直是我们国家的优良传统，也是党的政治优势所在。社会主义中国大学历来把思想政治教育正确的价值取向作为思想政治教育的目标、理念和原则。价值取向指引着当下思想政治教育的改革与创新。在一般意义上，价值取向的确立既来源于对思想政治教育工作经验的总结与反思，同时又受到社会实践的影响和制约。作为思想政治教育主体的高校，对教育价值取向的选择和把握是治校、兴校、育人之本。从文化根源上来讲，思想政治教育的目标、理念和原则确立的价值取向，来源于对中国传统思想道德资源的批判继承。

第一节　高校大学生思想政治教育的历史与发展

　　面对当下多元思想对大学生思想道德的影响，在大学生中加强中国传统思想道德文化教育十分必要。我国历来高度重视道德文化教育，它构成了中国教育传统的特质。中国传统思想道德文化本身是高等教育不可或缺的思想资源和教育资源，对大学生进行传统思想道德文化教育直接关系到大学生世界观、人生观、价值观的正确树立以及优良道德品质的形成。中国传统思想道德文化的内容博大精深、源远流长，发轫于先秦，经由夏、商两代，到周朝时期"六艺"教育已比较完备。春秋战国时期百家争鸣，精彩纷呈，孔子创"仁学"，墨子论"兼爱"，老子说"无为"，孟子谈"存心"，荀子讲"隆礼"。汉代的董仲舒和宋代的朱熹，将儒家思想道德文化教育发展到顶峰。对以儒家道德理念为核心的中国思想道德文化教育有侧重地选取，应该成为目前高校思想道德文化教育的一个重要研究方向。

一、中国传统思想道德教育

（一）传统思想道德教育的内涵

1. 核心是经学教育

　　无论是哪个时期的教育，价值观都是教育运行发展的精神核心。经学教育是古代社会统治阶级宣扬推行儒家价值观的核心内容。经学也就是儒家经典著作论述之学。西周确立为"六经"，始见于《庄子·天运》，分别是《诗经》《尚书》《礼经》《乐经》《易经》和《春秋》。到了西汉时期，通过"罢黜百家，独尊儒术"运动，确立的经学教育内容包括"五经"，即《易经》《尚书》《诗经》《礼经》《春秋》，后又演变为"七经"，在原来"五经"的基础上加上了《孝经》《论语》。到了唐代又扩充至"九经"和"十二经"。宋代更是发展为"十三经"。也正是在宋代，经学教育愈加成熟。经学的内容包括"四书""五经"，"四书"是《大学》《中庸》《论语》《孟子》。经学作为古代社会思想道德教育的核心，具有众多统治者需求的价值观念。比如《春秋》中强调重视国家统一，不能分裂的观念；如"父子有亲，君臣有义，夫妇有别，长幼有序，朋友有信"的"五伦"观念；如"天子受命于天，诸侯受命于天子，子受命于父，臣受命于君，妻受命于夫。诸所受命者，其尊皆天也"的忠君思想。这些内容也成为入官入仕的标准。

2. 原则是德育至上，追求"圣人"境界

中国古代历任以儒家思想为治理思想的统治者，无不重视道德教育，宣扬道德至上的观念。在传统儒家的教育内容上主要就是道德教育和知识教育，而两者中，道德教育是第一位的。"师者，所以传道授业解惑也"说明首先是传道，然后才是授业。这里的"道"即属道德的范畴，如"仁、义、礼、智、信"。"夫仁义礼智信五常之道，王者所当修饬也……受天之佑，而享鬼神之灵。德施于方外，延及群生也。"（董仲舒《举贤良对策》）同样，儒家哲学思想中提倡不断提高人的道德境界，并将此视为儒家学说的精神实质之所在，这里不难发现"圣人"的处处存在，也能感觉到"圣人"观念的强大统摄力。"存天理，灭人欲""未有天地之先，毕竟是先有理，……有此理，便有此天地。若无此理，便亦无天地，无人无物，都无该载了。"（朱熹《朱子语类》）儒家的"圣人"境界是一种具有纯粹道德性质的范畴，是一种理想的追求，具有超越现实的文化倾向；但这种超越性又不脱离于现实，表现为对现实人生的觉悟。

3. 途径上重视多种方式

儒家伦理道德规范的实现有一套系统的实施教育的方法。总体上看，注重学校、社会、家庭、环境的教化，也注重自我克制、自我认知、自我感悟等自身修养，并力图二者的结合统一。学校方面强调"天地君亲师""教不严、师之惰"。家庭方面注重家训、家规、家仪和家教。在社会教育方式上，设礼部、"三老"，分别是专司教化的官方机构和官员；设乡规、宗规；发布诰诫、圣谕；传承祭祀仪式；进行蒙童教育（《三字经》《百家姓》《千字文》等）。在环境的教化和自身修养上强调天人感应，"凡以教化不立，而万民不正也。夫万民之从利也，如水之走下，不以教化堤防之，不能止也。……古之王者明于此，是故南面而治天下，莫不以教化为大务，立大学以教于国，……渐民以仁，摩民以义，节民以礼，故其刑罚甚轻而禁不犯者，教化行而习俗美也"（董仲舒《举贤良对策》）。

（二）传统道德教育的价值

事实上，中国传统道德教育不仅包括儒家道德，也包括道家、法家、墨家、佛家等道德内容。这些学派都无一例外地将传统的道德规范和准则作为教育的内容，并把道德教育纳入到知识教育范围之内，以文化知识的教育来灌输道德理念，从而实现文化为道德服务的目的。弘扬中华民族的优良道德文化，对提高全民族的道德素质，推进社会的健康发展有着重要的现实意义。

1. 传统道德教育的爱国精神

中国传统道德教育内容是政治、思想和道德规范的三位一体，其中明显的是政德合一。《大学》："古之欲明明德于天下者，先治其国；欲治其国者，先齐其家；欲齐其家者，先修其身；欲修其身者，先正其心；欲正其心者，先诚其意；欲诚其意者，先致其知；致知在格物；物格而后知至；知至而后意诚；意诚而后心正；心正而后身修；身修而后家齐；家齐而后国治；国治而后天下平。自天子以至于庶人，一是皆以修身为本。其本乱而末治者，否矣。其所厚者薄，而其所薄者厚，未之有也。"说的就是要想治理好国家，整顿好自己的家，要先进行自我修养，端正思想，思想端正了，然后自我修养完善，家庭整顿有序，然后国家安定繁荣，再然后天下平定。从孟子的"居天下之广居，立天下之正位，行天下之大道；得志，与民由之；不得志，独行其道"（《孟子·滕文公下》）到范仲淹的"先天下之忧而忧，后天下之乐而乐"，无不体现出强烈的国家、民族责任感和使命感。传统道德教育中的这种爱国精神在今天的市场经济时期，对提高全民族道德水平和文化素质仍具有巨大的作用。

2. 传统道德教育的爱人精神

中国传统道德教育在内容上以"礼""仁"为核心，以孝为基础建构等级道德规范。"礼"的中心是社会关系，"礼"衍生出所有社会结构。"礼"从不同层次表述含义、内容和功能，如礼节、礼治、礼法、礼教、伦常制度等涵盖了意识形态和社会制度的众多方面。有什么样的社会关系就有什么样的"礼"。古代社会贵贱、尊卑、长幼、亲疏有别，社会秩序要求人的生活方式和行为要符合他们在家族内的身份和社会、政治地位。传统道德中最高的道德原则、道德标准和道德境界是"仁"。"仁"的内涵极广，包括"孝、悌、忠、恕、礼、知、勇、恭、宽、信、敏、惠"等。"仁"的核心有三，"仁者爱人；孝悌为仁之本；克己复礼"。爱人强调人与人相处中，要能够推己及人，推恩及人，以高尚的道德情操去关心人、善待人；孝是实现"仁"的基础，孝悌之德在社会道德生活中得到普遍的奉行才是社会安定、民族团结的基石；克己复礼强调克制欲望，严于律己，宽以待人，克己是实行"仁"的保证，复礼是实行"仁"的方法。

（三）传统道德教育与现代教育

道德人格是一个国家国民普遍的道德精神面貌，传统道德鼓励人们追求高尚的精神境界，向往道德人格的思想，即使在今天仍然有重要的借鉴意义。传统道德尤其是优秀的传统美德是一个民族生生不息的根本，也是一个民族现代发展的动力所在。离开传统道德教育，现代发展就是无本之木，无源之水。从传统道德文化中汲取营养，来丰富、建设社会主义思想道德，是当前发展社会主义思想道德体系的重要内容。根据现阶段中国社会发展的特点和实际情况，批判性地继承和发扬中国传统道德精神，对于塑造当下社会民众的社会主义道德境界，确立符合时代性的新型思想教育道德人格意义重大。

中国传统道德教育注重现实中的德教，注重实证而轻视逻辑的分析研究，注重启迪内心去领悟，强调自觉思想。总结归纳的话就是："德教为先""修身为本"，"德教"与"修身"合一的道德教育思想；"知道"与"躬行"的"知行合一"的道德教育思想；"言教"与"身教"的"身教重于言教"的道德教育思想。

1. 传统道德教育对现代德教精神的影响

中国传统道德教育历来重视"德治"功能，强调"德教为先"，通过道德文化教育，提高"道德自律"。即使在道德教化与政令法律的关系上，也要坚持以德教为主的原则。道德作为上层建筑是由一定社会经济基础所决定的，是人类社会对自身的一种特殊把握方式，因而经济基础的变革必然影响到道德的选取。当前，我国处于社会转型期，新的经济、政治、道德文化规范正在逐步确立。要想达到国家的长治久安，同样要重视"德治"，要不断提高人们的主体道德觉悟。也就是在建构现代道德教育体系中，要统筹考虑传统道德教育的植入问题，要使传统道德教育成为现代道德教育的有机组成部分，要将现代精神很好地与传统道德教育融合，这就要处理好继承和创新的关系。毕竟传统道德中虽有大量值得肯定的文化内涵，但是一者传统道德中有落后愚昧的思想；二者即使是正面性的传统道德内容，也面临时代的问题。如"父母呼，应勿缓；父母命，行勿懒。"《弟子规》"不得乎亲，不可以为人；不顺乎亲，不可以为子。"（《孟子·离娄上》）这种尊敬父母、孝敬父母、听顺父母的精神与现代提倡的"家庭民主""愚孝观"又存在一定的紧张关系。再比如传统道德教育中提倡节俭，但在现代，如果过分节俭又不利于消费，进而影响到经济的发展。所以，传统道德要适应现代社会的发展是需要一定条件的，必须经过合理批判性的改造。我们要将传统道德的合理内容与当代社会转型时期的思想精神相融合，毕竟我们处于一个高度科技化的信息时代，时代的新形势必将赋予中华民族传统道德新的解释。既能继承传统道德中的精华，又能符合时代发展前进的方向，才是符合当下社会需要的德育的内涵体系。培养竞争、合作、创新意识，树立民主、法制观念，培养独立自主能力和诚实守信品质等都是传统道德融合现代精神的体现。

2. 传统道德教育对现代人格的培养

墨子在《墨子·所染》中叹曰："染于苍则苍，染于黄则黄，所入者变，其色亦变；五入必，而已则为五色矣。故染不可不慎也！非独染丝然也，国亦有染。"说的是丝在绿色中染过就变绿，在黄色中染过就变黄，浸在不同的染料中，颜色就不一样；浸入五种染料就会有五种颜色。所以染色的工艺必须慎重！不只染丝是这样，国事也是如此。墨子用染丝为喻，说明人性不是天生就固定的，人性的形成如同染丝，环境条件的熏陶和影响至关重要。

荀子在《荀子·劝学》中说："蓬生麻中，不扶自直，白沙在涅，与之俱黑……故君子居必择乡，游必就士，所以防邪僻而近中正也。"说的是蓬草长在麻地里，不用扶持也能挺立住；白沙混进了黑土里，就再不能变白了。所以君子居住要选择好的环境，交友要选择有道德的人，才能够防微杜渐，保其中庸正直。所以，当前对大学生的道德教育不仅仅是学校的责任，家庭、社会环境等对其思想品德的影响作用同样不容忽视。学校需要承担重要的责任，学校要重视德育课程，强化教师教书育人的责任，系统地向学生传授道德知识，灌输道德理念，培养提高学生的道德分析能力、道德判断选择能力和道德思维创造能力，以校风、教风和学风等形式加强学校的道德文化建设。总之，学校要以开放包容的精神积极参与社会道德环境建设，成为构建立体德育教育网络的能动力量。同时，在坚持价值导向中发挥家庭和社会环境的德育功能，用马克思列宁主义、毛泽东思想和中国特色社会主义理论来指导大学生道德教育内容的现代化，引导其正确地处理物质与精神、个人与社会等关系，强化科学价值观、网络道德、道德心理素质等方面的教育。

3. 传统道德教育对现代生态伦理的作用

人类社会与自然的关系是世界存在与发展的最基本关系。人类社会发展是在人类不断认识、利用、改造和适应自然的过程中演进的，这种关系经历了和谐相处的"天人合一"阶段、征服和改造的"天人相分并对立"阶段、重新走向和谐的新"复归"阶段。总体上说人类社会与自然的关系演变是一个从和谐到失衡再到和谐的螺旋式上升过程。自人类工业革命以来，先进的科学技术展现了人类的伟大力量，使人类陶醉于对自然的征服和利用中。然而随着资源枯竭和生态环境的破坏严重到威胁了人类自身的生存与发展时，人类才重新审视这种关系，提出了生态伦理的时代课题，目的就在于追求人与自然的和谐，实现人类社会与自然全面协调可持续发展。其实在追求与自然的和谐统一中，中国的先哲早就阐述了丰富的生态伦理思想。这些生态理论者主张尊重自然的内在价值，强调尊重和维护后代人的权利，在处理与自然的关系中讲求道德等等。尽管这些理论主张并未达到系统化的程度，但解读这些内容丰富的生态思想，对于今天实现生态道德文明、构建和谐世界具有巨大的启示作用。

"天人合一"是儒家对人与自然关系的哲学思考，是一种生态伦理的原则。孟子曰："诚身有道：不明乎善，不诚乎身矣。是故诚者，天之道也；思诚者，人之道也。至诚而不动者，未之有也；不诚，未有能动者也。"（《孟子·离娄上》）这里说的诚信是自然的规律，追求诚信是做人的规律。要以"诚"作为"天人合一"的理论指向，以"诚"达到人的道德修养的"天人合一"。孔子曰："断一树，杀一兽，不以其时，非孝也。"（《礼记·祭义》）自然是人类的衣食父母，对自然不尊重当然是不仁、不孝。孔子提倡的仁和孝本属社会伦理范畴，但孔子却用此规范指导人与自然的关系，强调仁爱万物，珍惜生命。出于对自然本身的尊重，把自然作为人类的资源加以爱护，这些传统的生态伦理思想朴素而实用。这种质朴的自然观对我们今天进行生态伦理的建设，解决当今的环境和资源问题，实现人与自然的和谐发展具有启示作用。

二、高校思想政治教育的当代发展

（一）现代思想政治教育的内涵

思想政治教育是一定社会及其群体用思想观念、道德规范或政治观点对其社会成员施加的有特定目的、计划和组织的影响，从而使这些成员能形成符合社会要求的特定思想品德的社会实践活动。一直以来，思想政治教育都是精神文明建设的首要内容，也是化解社会矛盾和解决现实问题的主要途径之一。宏观意义上的思想政治教育包括以学习中华民族悠久历史、优秀传统文化和现代化中国国情及民主与法制教育为主的爱国主义教育；以讲求团结协作、尊重关心理解他人，讲求集体荣誉和贡献，关心社会公益事业，能正确处理个人与集体利益关系及集体主义人生价值观教育的集体主义教育；以树立世界观、人生观、科学信仰相结合的人生理想、道德理想、社会理想和职业理想的理想教育；以培养优良传统道德、社会公德、职业道德和道德评判能力的道德教育；以遵守宪法及有关法律法规为内容的知法守法教育；以培养国防和国家安全意识的国防教育；以树立马克思主义民族观、宗教观的民族教育。思想政治教育的发展是一个动态的过程，在教育中既要将中华民族优秀历史文化继承、弘扬下去，又要借鉴吸收其他国家的教育思想、教育方法和教育管理经验，以及一切人类文明发展的优秀的、有益的文化思想。

（二）中国高等教育中的思想政治教育

我国高等学校教育中的思想政治教育一直是党和国家高度重视的问题，也是我们的优良传统和政治优势之所在。中国广大高校把思想政治教育工作视为立校之本、兴校之本、育人之本、教学之本。可以说"以人为本"治国方略的理论支撑之一就在于高校思想政治教育的价值取向。思想政治教育本质上属于意识形态的范畴，受国家政治、经济、文化政策的影响很大，每一个阶段或不同时期的思想政治教育都有相应的时代特征。要创新研究当前高校的思想政治教育，则必须追溯新中国成立以来各个阶段思想政治教育发展的历史演变，提供借鉴、参考，并以此来改进、加强和创新高校的思想政治教育建设。

1. 新中国成立以来高校思想政治教育发展回顾

1949 年新中国成立以来，我国高校的思想政治教育发展大体经过了两个时期，两个时期的分界是党的十一届三中全会的召开。两个大的时期中又可以划分为若干阶段。

（1）1949 年至党的十一届三中全会前，高校思想政治教育的发展

1949 年中华人民共和国成立，经过"土改""三反""五反"等一系列政治运动，社会主义改造完成，这其中也包括对高等学校旧制度的改造。高校的思想政治教育肩负起改变旧思想、树立新思想，改造旧教育、创建新教育的重任。当时的"共同纲领"和"过渡时期总路线"都对高校思想政治教育的价值取向和目标做出了明确的规定，强调要特别加强高等学校中的思想政治教育。进行改革的政治思想教育，肃清一切反动错误的思想，树立正确的观点，用马克思列宁主义的基础知识教育学生，培养大批忠实于社会主义事业的、有一定科学技术知识的专门人才。各高校普遍开设了政治理论课，并将课程和思想政治教育运动相结合。奉行学生德、智、体全面发展的教育理念，实施以马列主义世界观、人生观为指导，以爱国教育和阶级观教育为重点的共产主义思想政治教育。这阶段的思想政治教育客观上促进了高校青年的政治观的形成，也在教育层面对稳定刚刚建立的社会主义制度起到了显著作用。但是，用政治运动方法进行思想教育，不仅违背了教育发展的客观规律，也造成了思想混淆，这在"文化大革命"时期表现得尤为明显。

从中共中央八届十中全会提出将阶级斗争扩大化后，高校的思想政治教育也开始陷入了阶级斗争之中。"文化大革命"中江青、林彪反革命集团一方面阴谋利用高校思想政治教育篡党夺权，而另一方面，又对思想政治教育进行破坏性的打击，推行极"左"的路线，提出"提高无产阶级专政下继续革命的觉悟"等错误的教育方针，破坏了优良传统，摧毁了教育机制体制，严重毒害了学生的思想，导致思想政治教育停滞。虽然 1976 年"文化大革命"结束，但是紧接着的"两个凡是"错误方针使思想政治教育仍徘徊不前。但这种徘徊毕竟不是倒退，这个时期客观上为十一届三中全会的拨乱反正和教育改革积累了经验。

（2）十一届三中全会以来，高校思想政治教育的发展

随着十一届三中全会的召开，高校思想政治教育的方向也随着国家工作重心的转移发生了变化，不再以阶级斗争为纲领，而是以马克思主义思想路线的"解放思想、实事求是"为指导思想，转到了服务"四化"建设的总目标上来，正确地定位了新时期思想政治教育的任务、地位和作用，尊重规律，科学、合理地为党培养社会主义现代化建设需要的专门人才。为此，这一时期一系列文件也相继颁布，如 1980 年的《关于加强高等学校学生思想政治工作的意见》和《加强和改进高校马列主义课的试行办法》、1985 年的《关于改革学校思想品德和政治理论课程教学的通知》、1987 年的《关于改进和加强高等学校思想政治工作的决定》，这些制度在此阶段从政策、内容、方法等方面保障了高校思想政治教育的连续性和稳定性。从党的十二大到十三大，再到十三届四中全会和十六大，直至十七大、十八大，我国高校思想政治教育进入改进、加强、创新发展阶段。各高校紧紧围绕党的基本路线，切实改进思想政治工作，着力培养新人，并纷纷设立研究机构，使思想政治教育向科学化、法制化迈进。但也一度出现了共产党"僵化论"、马克思主义"过时论""异化论"等错误思潮。国家为此制定了《中共中央关于改进和加强高等学校思想政治工作的决定》（1987 年），各高校也认真贯彻执行中央的精神，坚持党的原则教育和基本路线教育。

十三届四中全会之后，党中央总结经验教训，为扭转一手硬一手软的现象，大力加强社会主义精神文明建设，高度重视高校思想政治工作。这期间最为重要的一个文件就是《关于进一步加强和改进大学生思想政治教育的意见》。这个文件对高校思想政治教育具有

极其重要的意义，文件分析了高校思想政治教育所面临的形势和任务，全面阐述了高校加强和改进思想政治教育的指导思想、基本要求、主要途径和措施。随后，各地方和高校认真贯彻落实文件精神，结合各自实际，采取切实措施，制订具体的实施方案。比如在党建上落实校长负责制，当然这要坚持在党委的领导下。这种机制以党建推动思想政治教育工作的开展，客观上有利于进一步加强党对高校思想政治教育的领导，有益于深入推进高校的思想政治理论课程改革，从而使党与国家的社会主义理论进教材、进课堂、进入到大学生的头脑中，对学生进行近代史教育、国情教育、形势教育；能充分发挥思想政治理论课的主渠道作用，倡导大学生进行社会实践活动；可以加强校园文化建设，深入开展人文素质教育，提高大学生的文明素养，加强高校思想政治教育队伍建设；等等。进入新世纪以来，高校思想政治教育比以往任何时候都更加注重教育理念、内容和方式方法的创新。突出强调德育的重要性，突出理想信念教育、爱国主义教育、民族精神教育，突出以改革创新为核心的新时代精神的教育、心理健康教育。有效运用网络等新兴传媒开展思想政治教育，提高思想政治教育的科学化教育水平。

新时代以来，以习近平同志为核心的党中央深刻分析了高校思想政治教育面临的严峻挑战，提出了以立德树人为核心的一系列重大政治论断，为高校思想政治教育指明了未来发展方向。高校要充分认识到新时代意识形态领域斗争的复杂化，正确认识互联网、大数据、人工智能大背景下思想政治教育的机遇和挑战，创新工作思路，坚持高校思想政治教育的内容形象化、手段信息化、合力社会化、学生组织项目化、教育培养国际化发展方向，培养德智体美劳全面发展的社会主义建设者和可靠接班人。

2. 对高校思想政治教育发展历史的深思

1949 年新中国成立以来，高校思想政治教育的历史是由单一走向整合的转变过程。其中有正确的时候，也有错误的时候。我们要借鉴成功的经验，吸取历史的教训，促进当前高校思想政治教育的开展。主要的历史启示体现在以下几个方面：

（1）坚持正确全面的思想政治教育观

全面发展的思想政治教育是促进人的全面发展，人的全面发展也构成社会发展的中心内容。顾名思义，人的全面发展就是按照人的本质，即作为一个完整的人，以一种全面的方式，占有自己全面的本质。这也正是思想政治教育的根本目标之所在。所以坚持正确全面的思想政治教育观就是坚持以高校大学生个人的全面发展为教育目标，就是要重视作为思想政治教育者的素质的提高。过去，我们一味地重视对学生的思想政治教育，而长期忽视了对教育者的思想政治教育。要有效提高思想政治教育者的整体素质，必须持续不断地对其政治素质、道德素质、思想素质、法律素质进行先教育。必须首先提高其知识能力素质、心理素质、创新素质等，只有这样才能取得良好的效果。当然，思想政治教育的受教育者——大学生的素质提高才是根本需要，重点就是思想道德修养的提高。

（2）坚持思想政治教育的正确导向

能否培养出社会需要的，具有自觉性社会服务意识的大学生，不仅直接关系到党和国家事业发展的全局，而且关系到高校思想政治教育能否沿着正确的教育方向前进。坚持高校思想政治教育的正确导向，就是要正确科学地引导大学生全面理解和贯彻党和国家的基本路线，正确认识和处理社会价值与自我价值之间的关系，坚持正确的政治方向，高举中国特色社会主义伟大旗帜，坚定不移地走中国特色的社会主义道路。坚持高校思想政治教育的正确导向，就是要坚持把握政治方向和价值取向的辩证统一。1949 年新中国成立以来高校思想政治教育的发展表明，只有坚持政治方向和价值取向的正确的辩证统一，才能有效地引导当代高校学生为社会主义现代化建设做出更多有益的贡献。

（3）坚持"以人为本"的思想政治教育理念

高校思想政治教育在于对人性的充分肯定和尊重，弘扬人的主体性，提高人的主体意识，促进人的个性发展，启发学生的自觉性，激发创造性，立足于学生的身心实际和发展实际，以学生的全面发展为目标和归宿，以促进社会发展为手段，注重学生的人性认同，注重学生的人格尊重，注重学生的人文关怀，给予学生更多人性的色彩。这是高校思想政治教育应达到的效果。坚持以人为本就要坚持以马列主义、毛泽东思想、邓小平理论、"三个代表"重要思想和中国特色社会主义理论体系为思想行动指导，以培养全面自由发展的社会主义优秀建设者和接班人为目标，坚持教育与自我教育相结合、教育与管理相结合、政治理论教育与社会教育实践相结合。以继承优良传统与改革创新相结合为原则，深入细致地开展高校思想政治教育社会实践，同时尊重学生，突出学生的主体性地位，关注学生的精神需求，切实有效地通过高校思想政治教育，为现代大学生构筑人生理想提供思想支持、理论支持、实践支持，从而实现高校思想政治教育人和政治诉求的和谐统一。

（4）坚持以社会主义核心价值体系为核心的思想政治教育

新阶段、新时期思想政治教育理论创新与发展的重要依据之一就是社会主义核心价值体系。社会主义核心价值体系与高校思想政治教育存在着一种相互促进的内在统一的关系。高校教育中开展的社会主义核心价值体系建设为加强和促进大学生思想政治教育营造了良好条件，创造了机遇，也提出了新的要求。社会主义核心价值体系是对高校思想政治教育内容、目标的总结和精练概括。

社会主义核心价值体系的内容与高校思想政治教育的教育本质、目标、任务等相融在一起，是高校思想政治教育集中的体现和反映。高校是建设社会主义核心价值体系的主阵地和主导力量，发挥着主渠道的作用。一方面社会主义核心价值体系在全社会营造的氛围，客观上增强了高校思想政治教育的有效性，促进了高校思想政治教育的顺利发展；另一方面社会主义核心价值体系的内容建设也需要依托高校思想政治教育的巩固和发展。现在每个高校在思想政治教育中，都把对学生的社会主义核心价值体系教育当作一个重点问题来探索和研究，充分发挥高校的主导性和能动性作用。在将社会主义核心价值体系融入高校思想政治教育的过程中，要突出马克思主义中国化的最新成果，倡导爱国主义和集体主义，培育和践行社会主义荣辱观，强调民族精神和时代精神，加强理想信念教育、形势政策教育，不断增强对社会主义制度、中国共产党领导的信心。

第二节　新时代全球化的内涵特征及其影响

创新高校思想政治教育，离不开对当代大学生所处时代背景的全面考量与及时回应。全球化的发展以及由此引发的系列变化，已成为当前和今后高校思想政治教育绕不开的时代背景。

一、全球化的内涵

"全球化"这个在 20 世纪 80 年代以来风靡全球的词语，至今依然是国内外社会科学界使用频率最高、内涵界定分歧最大的概念之一。使用频率高说明这一问题重要，内涵界定分歧大说明该问题需要深入研究。

英语中的"globalization"，意即"全球化"或"全球性"，它是由形容词"global"（全球的、世界的）派生而来的，而"global"又来自拉丁语中的"地球"概念。俄罗斯著名全球性问题研究专家阿·恩·丘马科夫经过考证后指出，在词源学上，"全球性的"这一术语来自拉丁语"地球"。20世纪60年代，世界出现大动荡、大分化和大改组，特别是70年代石油危机的冲击，世界经济、政治、文化中的全球因素成为社会科学普遍关注的焦点，这样，全球化术语开始在重建的社会科学中得到普遍使用。有人认为，20世纪60年代末70年代初，罗马俱乐部《增长的极限》的发表，引起了人们对于全球性问题的关注。但一般认为，"全球化"这一概念是1985年提贝多尔·拉维特（有的译为"贝·莱维"）在其《市场全球化》一文中首次提出的，其原意是指"经济全球化"，后来人们将它延伸到政治、文化、社会等领域，随即在国际经济学、国际政治学和国际文化学中得到普遍使用。但不同学者则从不同学科的专业领域提出了各自不同的全球化概念，以致全球化的内涵界定至今仍是仁者见仁，智者见智。

经济学者认为，全球化是世界经济的一体化和市场的一体化，是商品、服务、资本和技术在世界性生产、消费及投资领域中的扩散。"经济一体化"的概念是荷兰经济学家丁伯根（J. Tinbergen）于1951年在其重要著作《论经济政策》中首次提出来的，他在《国际经济一体化》论著中更详尽和系统地解释了世界经济一体化的现象，并指出："经济一体化就是将有关阻碍经济最有效运行的人为因素加以清除，通过相互协调和统一，创造最适宜的国际经济结构。"1962年，经济学家巴拉萨（B. Balassa）在其《经济一体化理论》中对经济一体化则做了更广泛和深入的分析，认为"一体化既是一种进程，又是一种状态""经济一体化就是指产品和生产要素的流动不受政府的任何限制"。随着国际经济相互交流的增多，世界经济相互依存的程度也日趋加深，"经济一体化"的概念也得到了进一步发展，特别是通过对以市场一体化、贸易全球化、金融国际化、生产跨国化、经济网络化等为内容的跨国公司的研究，大大突出了经济全球化的特征。在许多经济学家的眼中，全球化毫无疑问是指世界经济发展的一种趋势，在这种趋势中，最为显著的特征就是国际分工体系中的垂直分工愈来愈让位于水平分工，资本、商品、技术、信息等在国际间的流动越来越迅速，资本的配置也越来越超出民族国家的范围而向全球扩展，不同国家之间的相互依存度越来越高，出现了"你离不开我，我离不开你"的相互依赖局面。

政治学者认为全球化是从国际政治中"相互依存"的概念演化而来的，并认为全球化只是一个动态的基本过程，而不是一种状态，一种结果，"它指的既不是价值观念，也不是结构，而是既在人们思想上展开，又在行为上展开的序列，是随着人们及其组织从事日常工作并设法实现其特定的目标而展开的过程"。有的学者把全球化解释为世界的压缩，即全球化意味着"发生在遥远地区的某种事件，无论其是不是经济方面的，都比过去任何时候更为直接、更为迅速地对我们发生着影响。反过来，我们作为个人所做出的种种决定，其后果又往往是全球性的"。全球化的过程充满了矛盾和复杂性，这种矛盾不仅表现在政治领域、经济领域，而且也表现在社会和文化领域。它是"通过四条相互联系、相互重叠的途径实现的：受益于最新通信技术的双向对话式互动；借助于大众传媒的单独式通信；行为、习惯和技艺等方面的效仿，制度、惯例的同化与同构"。大多数政治学家把全球化看作是一个痛苦而矛盾的过程，而且他们更关注的往往是全球化对国家主权、政治生活的影响和后果，并希望尽可能寻求出一种在不违背全球化客观进程的前提下增强本土政治力量的良策。

文化学者视域中的全球化概念同"世界文化""全球文明"的争论紧密相关。在文化学家眼中,全球化就是指在世界范围内起作用的文化的生长与加速发展的复杂的整体过程,特别是世界整体意识和全球文明的形成过程。美国匹兹堡大学教授 R. 罗伯逊(Roland Robertson)认为:"作为一个概念,全球化既是指世界的压缩(compression),又是指对世界作为一个整体的这种意识的增强。"文化学家认为:"全球化的进程就是全球文化相互联系状态的扩展过程,而这种全球文化应该是文化的多元化。强调全球化总的发展过程不仅包含自身的逻辑,而且包含着世界走向统一性的强大趋势。强调全球资本主义既促进文化的同质性,又促进文化的异质性,而且既受到文化同质性制约,又受到文化异质性制约。差别和多样性的形成和巩固,是当代资本主义的一种本质要素。"有人认为:"文化全球化就是指世界上不同民族、国家的各种文化在全球化大潮的冲击下,以多种方式在全球范围内相互交流、交锋、融合的过程。"其中既有本国文明、文化对外输出过程,也有他国文明、文化对本国不断输入过程;其中既有文化产品的输入、输出,也有国与国之间在教育、科研、传媒、艺术、出版、宗教等领域的交流。

社会学者视野中的全球化是指超越构成现代世界体系的民族国家(包含着社会概念)的复杂多样的相互联系和结合,它确指一种过程,通过这一过程,在地球某一地方的事件、活动、决定会给遥远的另一个地方的个人、群体带来重大影响。美国著名未来学家约翰·奈斯比特(John Naisbitt)在其《2000 年大趋势——九十年代的十个新趋向》中强调,当今的世界"是一个不断增进彼此联系的世界"。英国社会学家莱斯利·斯克莱尔(L. Sklair)认为,全球化在社会学中是一种新观念,这个新观念的中心特征在于:当代的许多问题都无法在民族国家的层次上,即从国际(国家间)关系的角度给予恰当的说明,而必须超越民族国家界限,从全球(跨国)过程的角度去加以研究。在社会学中至少出现了三种竞相媲美的全球化理论与研究模式,它们可以被简单地概括为:世界体系模式、文化全球化模式和全球体系模式。与世界体系模式和文化全球化模式不同,斯克莱尔的全球体系更强调全球化不仅是一个经济或文化的过程,而是政治、经济、文化综合发展的过程。作为全球化社会学创始人的德国著名社会学家贝克(Ulrich Beck)从广义上把全球化概念细划为客观现实、主观战略与主客观相互作用的发展进程三个不同层次,分别使用了全球性、全球主义和全球化三个不同概念,并在分析全球性(主要描述是一种事实)、全球主义(主要描述的是一种观念)的基础上,提出了他对全球化概念的定义,即全球化"指的是在经济、信息、生态、技术、跨国文化冲突与市民社会的各种不同范畴内可以感受到的现象、人们的日常行动日益失去了国界的限制"。还有的学者认为,全球化是一个复杂的动态结构,从经济全球化逐渐发展成为文化全球化,其方向和目标处于不断选择和调整的过程中,同时越来越多的国家被卷入全球化当中来,并不断改变着全球化中心与边缘的关系图等等。

可以说,全球化是一个多维度的概念,需要从多角度来理解和把握。一是从内涵上看,全球化是人类从各个领域、民族、国家之间彼此隔离孤立的状态向全球一体化社会的演进,人类社会的生活跨越国家和地区界限并在全世界范围内进行多层次、全方位的相互沟通、相互联系、相互影响和相互作用,包括经济上的相互依赖,文化上的彼此沟通,价值观念上的理解认同等。二是从表现形式上看,全球化表现为一个多维度的过程,包括两个方面:一方面是指全球化在多领域、多层面上发生,涉及政治、经济、文化、科技等各个领域和层面;另一方面指的是全球化参与者的多元化,包括国家、国际组织、企业甚至个人。三是从全球化的动因和基础来看,全球化是世界经济和科技发展的结果和必然要求,其实质是全球经济发展超越了政治上的以民族国家为主体的国家和地区界限,产生了人才流、物质流和信息流的全球流动,从而对全球政治、文化、思想观念和社会生活的发展进程产生了巨大影响,促进了世界历史的统一进程。

二、全球化的影响

全球化是一柄锐利的"双刃剑",既有积极的影响,又充满着矛盾。全球化不仅是不以人们意志为转移的大趋势和潮流,而且全球化的过程是一个充满矛盾和冲突的过程,世界在多元中共存,在同一中分异。也就是说,在全球化进程发展的初始阶段,世界经济、政治、文化更多的是在多元化发展中,通过彼此的撞击与磨合,才逐渐形成了互相适应、互相理解、互相提高、互相依赖的动态格局。人们也正是通过对世界各个民族、国家和地区经济、政治、文化的互相适应,通过对一系列矛盾的协调才发现了全球化这一事实。从资本主义与全球化的关系看,"全球化"不等于"全球性","全球化"不等于"全球资本主义"。

全球性是一个目标概念,而全球化是过程概念。目前的世界并没有进入"全球性的世界",而是处于这一全球性世界的发展过程中。全球化是人类文明的进程,是多种文化、文明共存和竞争的过程。也就是说,人类文明是一个多元异质的共同体,资本主义只是文明的一种,而非唯一的文明,资本主义的全球化将由于其他文明的崛起受到挑战,未来的全球化应是多种文明共存的状态。在当今世界,社会主义的文明已经是一种与资本主义文明平起平坐的、具有强大生命力的、代表人类文明发展方向的文明。全球化是在特定条件下人们思考全球性问题的独特的思维方式,成为考察现代性和后现代性的新背景。

也就是说,全球化是一个跨学科的命题,具体学科的解释不足以囊括全球化的全貌。但作为一种思维方式,可以多系统、多视角、多层次、广范围地考察和思考复杂多变的纷繁世界,考察现代性和后现代性的趋势和特征,从而进一步影响和改变人类运动的方式,特别是生活方式和思维方式,并进而推动世界全球化进程,推动世界历史进步。全球化是现代化的特有现象,全球化的到来,不仅改变了所有民族、国家现有的生存与发展的基本条件,而且逐渐对世界的经济、政治、文化甚至人的社会心理、伦理道德等方面都会产生广泛而深刻的双重影响。

第三节　新时代高校大学生思想政治教育面临的挑战

一、全球化对高校思想政治教育的挑战

思想政治教育无论是作为阶级、社会服务的工具,还是作为"使人成为人"的思想武器,能否取得实效,在很大程度上取决于其能否契合时代特点,从实际出发,因时因地因人制宜。

在全球化时代,高校的思想政治教育被置于了一个更加广阔、开放和复杂、多变的时代环境之中。一方面,随着全球化的发展,世界的联系与交往空前活跃和频繁,人们的思想更开放、视野更宽广,对信息的选择和接受也具有更大的自主性。这无疑增强了社会思

想文化的活力，有利于人们冲破旧观念的束缚，在比较中选择和吸取人类所创造的各种思想文化的优秀成果，促进文化和价值观的发展；另一方面，全球化也给传统思想政治教育观念、内容、方法和模式带来巨大的挑战，使得影响教育效果的不可控因素明显增加，尤其是西方意识形态的渗透和传播，给思想政治教育带来了前所未有的冲击。

其一，全球化使国际范围内多元思想文化的斗争更加复杂。当今的全球化已经逐步从经济领域扩展到政治和文化领域。在这一过程中，"全球化在经济领域的扩张演变为意识形态和文化的话语权的争夺""呈现为文化领域中的交流和冲突"。在全球化背景下，多元思想文化的激荡和冲突不仅表现为不同思想观念、文化传统、风俗习惯、行为方式的碰撞，更主要表现为发达资本主义国家借助经济、科技、军事等方面的优势所推行的，旨在消解、替代非西方国家意识形态和民族文化的政治霸权主义和文化帝国主义。西方国家往往通过全球化大力输出自己的影视作品、新闻报道、图书等文化产品以及文化产品中所蕴含的价值观、人生观和世界观，把文化全球化变成西方文化的"同质化""一元化""一致化""一体化"，通过文化全球化进行文化渗透来影响、改变其他国家人民的文化取向和价值观念，从而实现"文化西方化""文化美国化""文化霸权化"甚至"文化殖民化"。西方大国经常利用全球化进程中的经济合作、学术交流、文化产品的输出、国际惯例的制定，以及关于人权、民主、宗教、民族等问题的炒作，强化其意识形态和价值观的输出。对此，高校的思想政治教育必须及时予以回应。

其二，全球化进程使社会主义理想信念教育面临挑战。在全球化时代，国际分工体系和市场体系的形成，使商品、资本跨越不同社会制度自由流动，把整个世界联结成一个有机整体。社会主义经济与资本主义经济相互交织、相互融合，社会主义制度与资本主义制度的关系也由以"遏制—对抗"为主转变为以"接触—合作"为主，既对抗又合作成为当今资本主义和社会主义相互关系的基本态势。然而，在这种时代条件下，有些人淡化了"两种制度"之间的差异与对立，社会主义信念不再坚定。一部分人尤其是一些领导干部盲目推崇西方价值体系，往往用西方的理论、制度、发展模式、价值观念、生活水平等来解构、批判中国现实，丧失应有的国家和民族精神的独立性。对此，中共中央组织部印发了《关于在干部教育培训中加强理想信念和道德品行教育的通知》，要求各地区各部门加强理想信念和道德品行教育，引导和帮助干部始终坚定共产主义理想和中国特色社会主义信念，始终坚守共产党人的精神家园。《通知》指出，开展理想信念教育，关键是要引导干部把理想信念建立在对科学理论的理性认同上、对历史规律的正确认识上、对基本国情的准确把握上。要深入开展马克思列宁主义、毛泽东思想、邓小平理论、"三个代表"重要思想、科学发展观和习近平新时代中国特色社会主义思想的教育，使干部真正领会贯彻其中的马克思主义立场观点方法，坚定对马克思主义的信仰，防止在"西方宪政民主""普世价值""公民社会"等言论的鼓噪下迷失方向，防止在封建迷信和宗教的影响下失去自我。要深入开展中华优秀传统文化教育，引导干部继承和弘扬传统美德，捍卫国家和民族的精神独立性，防止成为西方道德价值的"应声虫"。学校是社会的重要细胞，领导干部的腐败及理想信念的丧失，在很大程度上挑战着高校思想政治教育"以理服人"的传统教育模式，"身教胜于言教"、国家综合治理能力的提升胜于"苦口婆心"的教育。

其三，全球化给爱国主义教育带来了新的挑战。一方面，全球化条件下爱国主义的相关理念受到了冲击。在全球化的推动下，各国之间的相互联系、相互依存空前加强，各国利益相互交织，加上现代交通、通信、网络技术的飞速发展，联合国等国际组织作用的增强等，国家、地域的概念趋于淡化，世界仿佛已经变成了"地球村"。在全球化进程中，人们所处的环境与看问题的角度等都发生了变化，传统的国家观念、主权观念、民族观念及爱国主义思想均受到了不同程度的挑战，一部分人的爱国理念与爱国情感受到冲击。这主要表现为民族虚无主义和狭隘的民族主义思想并存。民族虚无主义认为，世界各民族正在融为一体，国界正在消失，没有必要把个人同特定的国家、民族捆绑在一起，应该淡化国家民族观念。这种观点实质上是丧失民族精神，丧失国家认同感和民族自信心的表现。狭隘的民族主义者认为，在全球化背景下本民族的利益绝对高于其他民族的利益，为了维护本民族利益，必然排斥甚至牺牲其他民族利益。另一方面，全球化条件下高校爱国主义教育方式和途径面临挑战。全球化的开放性使得家庭、学校、社会形成更加直接、有机的联系和相互渗透的态势，家庭尤其是社会对人们的影响越来越大，这就使得爱国主义教育途径由传统的"家庭的基础地位、学校的中心地位、社会的辅助地位"转向"家庭的辅助地位、学校的基础地位和社会的中心地位"，社会性途径在爱国主义教育中的地位和作用越来越凸显。同时，全球化也使得传统的以"灌输为主"的教育方式面临诸多不适。在政治多极化、文化价值多元化的开放环境中，教育对象无时无刻、随时随地都会受到来自四面八方各种思潮的冲击，特别是西方价值观念、思维方式和意识形态对个人的影响无处不在、无时不有、潜移默化。讲究"灌输"的策略和方法，提高爱国主义教育方式的艺术性与开放性，是当代爱国主义教育迫切需要解决的问题。全球化背景下以经济和科技实力为基础的综合国力的竞争日趋激烈，国家利益的发展和维护也面临更加复杂的国际环境。随着中国的崛起，某些大国把中国当作战略竞争对手，企图破坏中国安定团结、稳定发展的大好局面，对中国的内政外交进行各种阻挠、干涉和遏制。中国作为一个发展中的社会主义大国，要想真正自立于世界民族之林，在增强综合国力的同时，必须大力增强民族凝聚力。当前，既要克服盲目排外、自我封闭的狭隘民族主义，又要旗帜鲜明地加强爱国主义教育，弘扬和培育民族精神，积极维护民族的独立和国家主权的完整，为实现中华民族伟大复兴的中国梦营造良好的国际环境。

其四，全球化对社会主义意识形态防御能力的挑战。随着全球化的发展，一些超越制度差异和意识形态分歧的人类所面临的共同问题日益突出，如国际犯罪问题、毒品走私、艾滋病的蔓延、核武器的扩散、全球温室效应以及环境的恶化等。这些全球性的问题所表现出来的普遍性、整体性及内在联系的深刻性，不是任何一个国家所能解决了的，这就要求不同社会制度的国家真诚合作，采取全球行动，携手合作才能解决全球性问题，共同推动全球化浪潮朝着有利于人类文明的方向发展。但是，全球化的发展不仅是"两种制度"日益交织和融合的过程，同时也是一个充满摩擦与斗争的过程。这种矛盾与斗争既表现为激烈的非制度性利益争夺与摩擦，也表现为制度性的冲突与斗争，只不过是这种斗争表现得更加隐蔽、间接和复杂。改革开放以来，特别是新世纪中国加入世界贸易组织以来，经济全球化的浪潮愈加迅猛，中国在和西方国家打交道的过程中，除了经济贸易上的往来以外，思想文化上的交流、交锋也日益增多，在这样的大背景下，西方的各种反动、腐朽和颓废的思想势必会传入到国内来，给思想政治工作带来了前所未有的挑战。我国高校很多大学生对人类社会发展的客观规律感到迷茫，对"资本主义必然灭亡，社会主义必然胜利"的信念产生动摇。甚至出现了不信"主义"信"鬼神"，不信"马列"信"风水"的怪象，尤其是在网络新媒体环境下，社会主义意识形态的防御能力受到冲击，主导地位面临削弱，权威性遭到消解，其主要表现一是对西方意识形态渗透的应对能力不够高，二是对新媒体的引导能力不够强。这就直接影响着高校的思想政治教育的成效。

其五，全球化带来教育的国际化，高校思想政治教育将面对反华势力和西方文化意识形态霸权的挑战。随着世界经济全球化趋势的不断强化，各国把拓展知识产品出口，强化知识产权的保护和加大对他国开放服务和知识市场作为对外政策的重要组成部分，使得不同社会制度和价值观念之间的意识形态领域的冲突与斗争日益剧烈，大学生思想政治教育的国际化成为必然趋势。一方面，全球化的发展对高校、对人才培养质量提出了新的要求，谁能够培养高素质的人才，谁就能在日益激烈的国际竞争中赢得主动权。另一方面，教育国际化又促进了世界范围内的广泛交流与合作，在交往促进各民族各类文化相互交流和融合的过程中，不可避免地引发或激化全球化与民族文明、民族文化的矛盾。国际化人才的培养必将面对的是中国文化和其他国家文化之间的差异，包括宗教信仰、文化形态、民族意识、价值取向等诸多方面。作为国际化人才，既要保持本土文化，吸取西方文化中精华的部分，也要对糟粕有警惕意识，不能任其侵蚀。国际化人才在面对文化冲击时，必不可少的是文化免疫力的提升。人才在实现自身价值和维护国家利益时，如果完全被异国文化同化，就达不到培养国际化人才的目的。

二、网络新媒体环境对高校思想政治教育的挑战

随着全球化进程的加剧及新媒体的大发展，高校思想政治教育在资源极大丰富、手段也更加多样的同时，其难度和时效性也进一步增强，对教育者的要求也大大提高。

（一）网络新媒体的兴起使思想政治教育工作所处的环境日益复杂

21世纪是信息网络化的时代。在这个时代，互联网已广泛渗入到社会生活的各个领域，从而引起了社会生产和人们的生活方式的深刻变化，开始形成了人的第二个生存空间——"网络社会"。随着网络技术的快速发展，各种思想文化相互撞击，使思想政治教育工作所处的环境更加复杂，新情况层出不穷。现代高新传媒技术的发展使国内外一些错误思潮和不良文化也扩大了传播范围，弱化了舆论导向的控制力度，增加了思想政治教育工作的复杂性。全球化时代，在很大程度上，谁掌握了信息、控制了网络，谁就拥有了整个世界。特别是"斯诺登事件"爆出的内幕，更是令人感到极度震惊和不安，"互联网的发展对国家主权、安全、发展利益提出了新的挑战"。当今世界，有的国家已经把互联网作为实施渗透、干涉、颠覆他国的武器。他们利用互联网窃取他国军事和经济情报，通过互联网操控舆论、制造谣言，挑起事端、策划动乱。在"阿拉伯之春"的动乱中，网上攻击就已经成为颠覆别国政权的最常用手段，互联网成为加剧冲突和对抗的战场。

（二）新媒体的交互性与即时性、海量性与共享性深刻影响着人们的思维模式和价值观念

网络新媒体是相对于报刊、广播、电视等传统媒体而言的媒体形态，它以互联网、数字存储和移动通信为技术支撑，以网络论坛、手机报、博客、微博、微信、数字电视为主要形态，是一种向社会公众提供信息服务的新兴媒体。新媒体的交互性与即时性、海量性与共享性、多媒体与超文本、个性化与群体化等潜力和特点正快速改变着人们的生活方式，深刻影响着人们固有的思维模式和生活状态，塑造着人们的价值观念和精神风貌。根据齐鲁师范学院学生工作处对1～4年级大学生网络使用时间分布、网络使用地点分布、网络使用频率、手机上网频率、网络使用功能分布、网络关注偏好分布、网络生活辅助功

能分布、网络消费结构、网络下载结构、网络娱乐结构、网络交流功能分布、网络好友陌生人比例、网络交友有效性等项目的调查显示，网络多媒体的使用在学生中已经普及，影响极大。

一是从网络使用时间分布（详见图1-1）来看，主要上网时间是在晚上，占90.12%；课间、中午、下午上网时间比例接近，分别占29.62%、27.91%和19.77%。整体而言，大学生上网随意性比较强，各个时间段都可以上网，而且存在课堂上网甚至逃课上网的现象，比例分别能达到4.07%和1.16%。这个群体客观存在，也是学校进一步加强学风建设的方向所在。

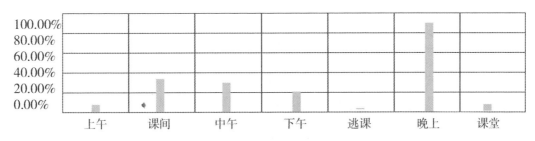

图1-1　网络使用时间分布

二是从网络使用地点分布（详见图1-2）来看，学生主要在宿舍上网，占86.63%；同时随着手机网络化的推广，有56.98%的大学生会用手机随时随地上网。在图书馆和机房上网的比重为15.12%和6.40%；随着学生公寓无线网络的覆盖率的增高，以及手机网络的普及，网吧上网的比重越来越小，仅占4.07%，这也是值得关注的特征。

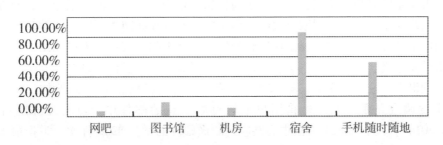

图1-2　网络使用地点分布

三是从网络使用频率（详见图1-3）来看，每天上网1~3小时的大学生比重最大，占54.07%；每天上网3~5小时的比重次之，占25.58%。这两个群体代表绝大多数学生上网的平均水平。每天上网7小时及以上的大学生占1.74%，过长的上网时间势必会占用课堂学习时间、业余休息时间，这个群体客观存在，也是引导其合理分配时间、脱离对网络依赖的重点关注对象。

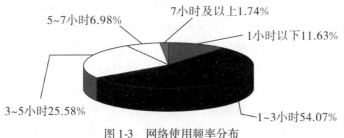

图1-3　网络使用频率分布

　　四是从手机上网频率来看，经常使用的比例占 38.37%，有时使用的比例占 45.35%，二者合计 83.72%。可见，手机网络作为新媒体在大学生中的使用率比较高，对大学生思想政治教育工作者以很大启示，大学生网络思想政治教育载体随着手机网络的发展应拓展到手机平台，研发出大学生容易接受的手机信息平台载体，比如 APP。

　　五是网络使用功能分布来看，大学生常用网络看电影或其他视频比重最大，占 81.40%，聊天比重次之，占 68.6%。这两项显示大学生网络使用的娱乐性占主要位置。大学生常用网络浏览新闻的占 57.56%，查询资料、收发邮件的占 53.49%。这两项显示其信息功能所占位置也比较明显。此外，登录论坛、贴吧和写日志、微博分别有 25% 的大学生选择此项，这两项显示网络交流是大学生网络使用功能的第三主体，参见图1-4。

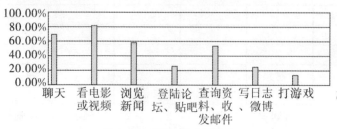

图 1-4　网络使用功能分布

　　毫无疑问，手机媒体与网络媒体的融合，拓展了信息传播方式，极大地扩大了信息传播的覆盖面，随着信息传播的迅速、便捷以及涌现的新事物、新思想、新潮流给大学生原有相对稳定的价值体系带来了极大冲击，使高校思想政治教育面临前所未有的严峻挑战。

　　其一，随着全球化进程的加剧及其网络的发展，西方意识形态的渗透和传播极大地影响着当代大学生的思想价值观念，增加了高校思想政治教育的难度。近年来，西方敌对势力试图将网络作为颠覆我国国家政权的重要手段，通过互联网大范围传播煽动性的政治内容，利用电子邮件、聊天软件、论坛等到处散布不利于国家安定、人民团结的言论，通过网络传播拜金主义、极端个人主义和享乐主义等腐败思想，意在通过对大学生日常生活的影响，达到潜在的迷惑和诱导。据 12321 网络不良与垃圾信息举报受理中心举办的 2013 年第四季度调查显示，电子邮箱用户平均每周收到的邮件中，垃圾邮件所占比例为 32.3%。2014 年 5 月 12 321 举报中心共收到垃圾邮件的举报 8254 件次，举报最多的是违法出售票、证类，占 32.2%；其次是会展类，占 21.15%；第三是网站推广类，占 18.1%，来自国际反垃圾邮件组织共享的我国境内外发垃圾邮件的 IP 地址 21 125 个。不良的手机短信及垃圾邮件极易对大学生造成误导，严重影响到大学生的健康成长。因为现在的在校大学生，基本上都是属于"90 后"，其群体性格在现实生活中往往表现为鲜明的个性化——重视自我或彰显自我，追求个性解放和自我价值实现，对传统容易表现出一定的逆反性心理倾向。特别是在虚拟网络空间中，他们因剥离了社会身份和附加属性，交流变得更为隐蔽和自由，言论和表达也会异常活跃和流畅，话题价值基调、是非观念取向总体正向积极，但因大学生的心理特征和喜好偏向，也往往会以一种非常态化、调侃自嘲的形式呈现。由于大学生处于青春晚期，好奇心强，接受新事物快，同时辨别是非的能力还不强，缺乏成熟的逻辑理性判断力，很容易被西方意识形态，以及低级颓废思想所影响和左右，出现思想观念上的混乱，这不利于他们健康思想的形成。

　　其二，网络文化的多样性，特别是"三俗"（庸俗、低俗、媚俗）文化的传播，极易导致大学生信仰迷茫、道德失准和价值取向模糊化。一方面，意识流的多样性，易使大学生无所适从或者盲目随大溜，很容易参与到网络虚拟群体中，产生网络空间小团体信仰，如"月光族""炫富族""追星族"等，往往会有意无意地选择某一种较为偏颇的人生理念作为自己生活的导向；另一方面，网络负面信息的大量涌入，特别是手机媒体信息传播的"无屏障"性，信息传播参差不齐，缺乏伦理道德的、虚假的不良信息大量涌入，甚至一些反动、色情、封建迷信的信息也大量涌入，严重冲击着大学生的价值取向和道德认知，导致一些大学生出现道德失准，对一些优秀传统道德观念盲目排斥，我行我素，道德立场不再坚定，甚至在道德行为上也出现莫衷一是的态度，甚至沉溺于黄色、暴力网站而不能自拔，严重影响正常的学习和生活，更有甚者走上了违法犯罪道路。

其三，网络的虚拟性、隐蔽性对大学生的道德意识和心理带来了挑战。在网上，人的性别、年龄、身份等均可以被掩盖，这使传统的社会道德规范的约束力在网络上相对减弱，而容易造成大学生道德意识的弱化。此外，学生在网络上过着一种完全虚拟的生活，当他们在虚拟的世界获取的快乐超过现实世界时，可能引发不良心理状态的产生，导致人际关系障碍、安全焦虑、人格障碍等。也就是说，网络的不科学使用极易导致大学生出现依赖与沉迷，甚至出现严重自闭等心理障碍。由于网络资源的丰富，使大学生充满新奇和诱惑。有调查显示，尽管大学生使用网络频率非常高，但是真正用来学习的时间还不到1/5。许多大学生将网络作为观看电影视频、玩网络游戏、交友聊天等的主要工具，由于缺乏较强的自我控制力，许多大学生在这个过程中不能够把握度的问题，出现了对网络的依赖心理，尤其是娱乐性强的网络使用，会让一些大学生陷入对网络的沉迷而不能自拔。马克思指出，人的本质在于他的社会性，大学生的健康成长是在与周围环境的互动中实现的，这突出表现在日常的人际交往和情感交流上。网络工具的人机互动信息获取方式，尽管存在许多虚拟的点对点信息沟通，但在严格意义上则是单通道的，因此网络使许多大学生脱离了现实生活，在虚拟世界中寻求精神的满足，人际交往能力不断下降，有的还出现了较为突出的自闭倾向，甚至转变为较为严重的心理障碍，其人格结构也出现异常。

其四，网络新媒体的发展，使高校思想政治教育者的知识结构和教育模式面临挑战。在以往的思想政治教育过程中，教育者往往起着主导作用。教育者可以设计并控制着思想政治教育全过程，组织和引领教育对象参加教育活动，保证了教育活动的良好秩序，促进了教育任务的完成和教育目标的实现。同时，国家在信息的传播过程中处于主导地位，且具有绝对的权威，通过传统媒体向学生传递着主流思想。但随着现代媒体的发展特别是手机媒体的不断普及和手机媒体技术的不断提升，传统的思想政治教育模式和手段受到了巨大冲击，思想政治教育者的媒体素养亟待提高。一是随着手机播报的迅速传播，海量的信息资源迅速快捷地涌入大学生视野，而相比之下部分高校思想政治教育者所具有的知识结构则相对老化，信息掌握相对滞后，利用手机媒体开展对大学生进行及时有效的思想政治教育的素养和能力面临挑战。二是在传统教育模式中，对大学生进行思想政治教育的方式主要是个别谈话、座谈会、课堂讲授等面对面的方式进行的。应该说这些方式针对性强，在以往的工作中取得了良好的成效。但随着手机媒体的普及，大学生自主性和独立性增强，更多地喜欢利用手机媒体去浏览自己感兴趣的信息。相比之下，如果高校思想政治教育者信息掌握不够灵敏的话，就难以把握大学生的思想动态和思想问题。三是随着社会的进步，当代大学生更具有学习的自主性和批判性，对于教师的直接灌输存有逆反心理，甚至提出质疑，挑战教师的权威。可以说，随着社会的发展和手机媒体的普及，思想政治教育者的主体地位正在减弱。四是网络思想政治教育实效性的主导因素使教育者队伍的结构与素质面临挑战。网络环境下，要提高思想政治教育网站的知名度、点击率，就必须首先从加强教育队伍建设入手。从教育队伍素质来看，要加大培训力度，不断提高综合素质，使教育者成为既有较高思想政治教育理论与工作艺术，又熟悉信息网络技术的复合型人才；从教育队伍结构来看，要建立良性的用人机制，整合资源，建设一支包括思想政治教育理论研究者、思想政治理论课教师、网络技术人员、政工干部、学生党员骨干等在内的专兼职结合的稳定队伍，取长补短，发挥综合优势。

三、社会转型对高校思想政治教育的挑战

改革开放以来，我国社会随着计划经济体制向市场经济体制的转型发生了深刻而复杂的变化。社会主义市场竞争体制下，不同社会主体成员在公平竞争的格局下，参与市场竞争，在追求自身利益的前提下，推动我国社会主义经济的蓬勃发展。社会主义市场机制不仅极大地推动了我国经济发展水平，也给中国民众的精神意识带来了前所未有的冲击。一方面经济社会发展过程中积累的医疗、教育、住房、收入分配、社会管理等方面的突出问题逐渐呈现，导致社会不满情绪滋生、蔓延，和谐社会建设面临重重困难；另一方面，大学生就业压力逐年递增，社会主义核心价值观培育进展缓慢，全球化的网络信息影响深远，整个思想文化领域正经历着嬗变与重组的震荡，失去了原有的平衡与稳定，给大学生思想政治教育带来了更多的困惑和难题。

（一）市场经济的物质诱惑致使一些人道德沦丧

市场经济强调物质利益原则，追求利润的最大化，在某种意义上极容易滋生拜金主义、享乐主义和个人主义思想，再加上现实生活和经济发展中存在的一些矛盾和问题，也增加了人们情感上的隔膜和思想上的波动性。这一切，都不可避免地影响着身处其中的当代大学生。加之中国社会正处于极不稳定的转型期，一些问题和矛盾，如减轻农民负担问题未能妥善解决、党内消极腐败现象仍然屡禁不止、一些地方社会治安混乱等等，也给大学生思想造成不少负面影响。与此同时，"90 后"大学生由于受到西方文化思潮和价值观的冲击及一些社会不良风气的影响，在生活中，有些学生追求腐朽没落的生活方式，出现了互相攀比、拜金、不诚信等现象。前些年，苹果 iPhone 手机在我国极为流行，有些高校学生互相攀比，争先购买 iPhone 手机，甚至出现了有的学生为了满足自己的虚荣心，为了购买一个 iPhone 手机不惜卖掉自己一个肾的恶劣事件。也有的学生为了过奢侈生活，不惜当"小三"、求"被包养"、甘当"坐台女"等等，失去了道德底线。

（二）市场经济影响学生的价值观念趋向多样化

一方面，大学生群体高度关注经济社会发展的各个方面，效率观念、生态环保观念、民主法治观念、竞争观念、合作共赢观念等不断增强，关注和平问题、两极分化问题、环境保护问题、社会公平问题等，并在行动上积极参与这些领域的社会公益活动和其他活动。另一方面，由于改革带来了利益调整和市场经济导致的社会成员的生存竞争，大学生面临许多涉及切身利益的问题，如升学、就业、发展、权利维护等不公平问题。改革带来的利益机制调整，西方实用主义价值观念的影响，都使大学生更加关注与自身的生存和发展密切相关的问题。关注自我成长、自我发展、自我价值的实现无可厚非，但在重视自我的过程中，大学生往往被各种社会思潮所左右，呈现了信仰的多样化或虚无化。有些学生对星座、算命、宗教等领域感兴趣；有些学生以自我为中心，以工具化的人生态度对待社

会和他人，以自己个人的想法来理解外部世界，以自己个人的标准来评判和选择一切，按照自己个人的需求和意志来行动；个别大学生过分关注个人功利的需要，轻视乃至忽视社会的、精神的需要，毫不隐讳自己求学的目的是为了自己，为了得到一份悠闲轻松而又收入丰厚的工作，为了出人头地；有些大学生具有逆反心理，蔑视道德，否定崇高，亵渎理想。一旦这些不满情绪滋生、蔓延开来，则容易激发大学生群体事件。社会转型期，由于经济结构不合理、体制改革不到位导致分配关系不合理、居民收入差距拉大，再加上社会经济转型时期政策不当或执行不力、腐败丛生等现象的出现，助长了社会不满情绪的滋生。这种不满情绪通过亲朋好友、用人单位、高校教职工等多种渠道蔓延到高校校园，极易使在校大学生对社会的认识出现偏差。

（三）全球化时代西方文化对大学生思想意识的冲击

改革开放的过程，对于中国而言，绝不仅仅是经济体制变革，可以说它给整个中国带来了翻天覆地的改变。改革打破了传统的计划经济体制，激发了中国企业的活力，推动了中国经济的发展。开放突破了"文革"对于民众思想的禁锢，为人们打开了一扇了解世界、认识世界、融入世界的大门。回首改革开放30多年的变迁，对外开放使得中国人民第一次有机会全方位地去感受世界各国的经济、政治、科技、文化，同时也让世界感受到中国的魅力。

改革开放敞开了中国国门，使得民众有机会接触世界，了解世界，实现了东西方文化的融合。在高校中，通过引入外教使得大学生不仅有条件提高学习语言和感受外国文化的兴趣，而且还有机会近距离接触外国人的思想观点和生活方式；通过发展中外高校学生交流活动，加深中外大学生之间的友谊，有利于东西方文化的交流；高等教育的对外开放，使得国内大学教育中第一时间引入国外最新的教科书、教学理念和教学方法，让学生明晰现代高等教育发展方向；留学制度的逐渐完善，使更多的学生有机会到国外，接受原汁原味的西方教育。这在某种程度上既能激发学生的学习热情，也有利于他们完善知识体系，丰富人生阅历。但不可忽视的是，在对外开放过程中，西方文化对中国民众的影响已危及到了人们的价值观念和思想认知。好莱坞电影、肯德基、可口可乐，这些产品已不仅仅是西方的产品，更像西方文化的一个符号。西方国家借助中国的改革开放，在向中国输入商品和服务的同时也在悄悄地通过各种方式向中国民众传输他们的生活方式、文化理念甚至思想认知，而成长在改革开放之后的"90后"一代青年学生，恰恰成为受西方文化影响最深的群体。很多学生通过消费外国商品和观看好莱坞电影，被其中所包含的文化所打动。他们羡慕西方丰富的物质财富和自由的生活理念，追求西方社会的生活方式，对中国的传统文化和现行制度产生逆反心理。这无疑给高校思想政治教育带来了一个新的难题。

有些学生在大学四年中，所关注的只是托福、雅思、GRE等英语学习，对专业知识反而不屑一顾，甚至高呼"没有 G（GRE）托，大学就没有寄托。"在这些学生心目中，外国大学和外国教育体制是一种完美的教育制度，是他们梦寐以求的目标。在该思想意识影响下，他们更愿意生活在自己的个人王国里，对于学校安排的集体活动漠不关心，也不愿意和同学打成一片，更不愿意服从学校安排。他们往往迷信外国商品比国内商品好，外国文化比中国文化有内涵，外国制度比中国制度民主、科学。因此在校园学习生活中，不仅在现实生活中追求奢侈，而且在虚拟网络上对一些热点事件发表较为偏激的言论，追捧西方制度。一些崇洋媚外思想也给高校校园带来一些不和谐因素。

（四）高等教育从精英化向大众化转变的挑战

高校招生规模的不断扩展，导致高校硬件建设增建但软件建设滞后。高校用大量的人力、物力和财力不断建设教学楼、学生宿舍、食堂、浴室等生活设施，以满足不断增长的学生规模。然而高等教育的发展，不仅仅需要配套硬件设施的完善，更需要大量高素质教师和管理人员的配套。但是，在我国目前各高校中，往往更注重对大楼、实验室等硬件设施的持续投入，而对于师资水平、教学质量和管理制度的关注却相对滞后。师资与管理等软件设施的缺乏，成为制约我国高等教育发展的短板。尽管各级教育行政管理部门一再强调高校要追求内涵发展，但师资力量的缺乏导致大班上课和集中教学的现象极为普遍。而管理人员的缺乏，使得高校学生管理的幅度明显偏高，每个学生管理者都必须管理数百甚至上千名学生，这种粗放式的教学管理模式的弊端相当明显。由于缺乏针对性的教学与管理，我国高等教育管理水平逐渐滞后于社会的需求，大学生就业难创业指导成为普遍的社会难题。

（五）新时代大学生自身特点的变化也对高校思想政治教育提出了挑战

当今的在校大学生，基本上都是"90后"，独特的成长发展环境塑成了他们一些较为特殊的心理价值倾向，其群体性格在现实生活中往往表现为鲜明的个性化——重视自我或彰显自我，追求个性解放和自我价值实现，对传统的集体观念、奉献精神容易表现出一定的逆反性心理等等。进入大学后，随着生理心理的日益发育成熟，社会活动范围的扩大以及学习生活环境的变化，大学生在思想上行为上要发生一系列明显变化，出现许多引人注目的新特点。

其一，思维敏锐。新一代大学生具有敏锐的观察力和思维力，能够感知历史跳动的脉搏，热切关注社会问题和时代变革。他们支持改革开放，关心中国特色社会主义事业的进展，同时对现存的社会弊端高呼革除；对社会中的不正之风、腐败现象深恶痛绝，非常关心党风和社会风气的根本好转；能够很快适应社会主义市场经济的新环境，具有相应的开放意识、自主意识、竞争意识和效益意识。

其二，观念多样化。由于家庭状况、学习条件、社会背景不同，人际交往范围和内容不同，所受社会影响的层面和程度不同，身心成熟状况、社会实践经验、文化知识素质不同，主观努力不同，大学生的思想观念色彩纷呈，不仅不同地区、不同年级、不同专业的大学生的观念各有其地区特点、年级特点、专业特点，即便同一班级、同一宿舍的大学生的观念也各具独特的个性色彩。

其三，行为上存在矛盾性。大学生思想尚未完全定型，存在着很大程度的矛盾性。他们希望正确认识社会，但又缺乏深刻分析和辩证思考的能力；他们愿意积极参与社会，却往往脱离社会需要陷入自我设计的空想之中；他们追求各种新知，但往往因为缺乏辨别力而良莠不分、照单全收；他们要求净化社会风气，但有时自己也会受不正之风的污染；他们想做一个道德高尚的人，但在实际生活中又常常难以律己。心理的企盼与实际行动的矛盾纠结，使很多学生陷入痛苦而不能自拔。

其四，情感的多变性。大学生涉世未深，缺少社会实际经验，世界观、人生观、价值观尚未正式定型，正处于体验、比较、思考、探索时期，因而情感具有不稳定性。社会生活的重大变革、时代思潮的迅速变化、思想文化的交错影响、学业爱情等方面的成功与挫折，都会引起情感的两极变动。其变动趋势往往非此即彼，在肯定与否定、积极与消极的两个端点之间跳跃。

另外，大学生情感变化还具有一定的盲目性。他们由于缺乏坚定正确的理想信念，缺乏明确的目的和追求，很容易受到外部环境因素的影响，为一时的冲动情绪所左右。所有这些，无疑对当今高校思想政治教育提出了新的要求。

第四节　新时代高校大学生思想政治教育的创新机遇

全球化如同一柄双刃剑，它在推动社会生产力发展和资金、资源、人才等在世界有效配置的同时，也对世界不同地区不同国家带来了新的挑战。有挑战就有机遇，抓住机遇应对挑战，就能获得新发展。

一、全球化为高校思想政治教育创新提供了宽广的平台

哈佛大学第一任女校长德鲁·福斯特在就职演说时曾特别提到一封来自50年前的信。这封信是1951年科南特校长委托哈佛档案馆保存，并转交给"下一世纪开始时"的哈佛校长的。在信中，他担心第三次世界大战的一触即发，"很有可能使我们所居住的城市包括剑桥在内遭到破坏……我们都想知道，自由世界在未来的50年里会如何发展"。福斯特强调："正如科南特所处的时代一样，我们也处于一个使我们有充足的理由忧虑不安的世界，我们面对的是不确定。"2013年哈佛推行的最新一轮课程改革，在很大程度上就是对这个时代的"不确定性"的一种回应。全球化与科技革命是其中最大的两个不确定因素，所以新课程计划中加重了科学的比例，并且一再强调"国际化视野"和"合作意识"。强调至少在这个世纪，他们希望培养的绝不是象牙塔里孤独的学者，而是能在未来世界里通时达变、应付各种各样挑战的人。哈佛大学本科生的课程设置以不少于1/4的通识课程作为必修课。这反映了哈佛大学契合全球化时代发展的不确定性而采取的一种回应。尽管在其400多门的通识课程中没有"思想政治教育"课程的名称，但却不乏伦理、道德、文化、信仰、世界中的美国等与思想政治教育相关的课程。

哈佛大学的课程改革在很大程度上启示我们：在全球化时代，思想政治教育课程有着其他课程不可替代的地位和作用，同时也告诫我们，要想保障思想政治教育的有效性就必须凸显其时代性和时效性的特点，及时抓住全球化给思想政治教育所带来的良好机遇。

（一）有效契合全球化为思想政治教育营造良好的政治环境和思想基础

全球化的发展推动了世界各国的相互联系和普遍交往，增进了国家之间的相互了解与合作，和平与发展成为当今世界的主题。虽然社会主义国家和资本主义国家之间在意识形态、政治制度上的矛盾与对立依然存在，但随着全球化进程的发展，世界经济已日益形成一个"你中有我，我中有你"的不可分割的有机整体。任何一国的发展都离不开其他国家的发展，对抗带来的是两败俱伤，唯有对话、交流与合作才会互利互惠，实现共赢。因此，发达资本主义国家从其自身利益的角度出发，也需要与包括社会主义国家在内的广大发展中国家加强交流与合作，共同解决世界经济发展和其他诸如生态危机、环境恶化、国际犯罪恐怖主义等世界性问题，这就为社会主义的发展赢得了较为有利的国际和平环境。在全球化背景下，我国对外政策更加注重"和平解决争端"。在意识形态上，既讲斗争，又重在发展自己的战略思路有利于我们在抵制西方腐朽思想文化的同时，学习其优秀的文化成果，为思想政治教育创新提供养分。同时，随着中国加入世贸组织，其与国际接轨的

步伐加快了，政府决策和行为的透明度不断提高，法制建设的完善和政府职能、管理方式的改变，为思想政治教育创造了良好的政策制度性环境。随着社会主义市场经济的发展和完善，我国经济实力不断增强，人们的行为和心理状态以及思维方式都随之发生了积极的变化。这无疑有助于我们在更深层次上认同全球的理念、民主的理念、科学的理念、法制的理念、道德的观念，增强主体意识、竞争意识，特别是我国政府应对"入世"的一系列政策和策略所体现出来的有所作为、敢于竞争和善于竞争、抓住机遇、发展自己等一系列崭新理念，为思想政治教育观念更新提供了更为直接的思想来源。

（二）全球化进程为思想政治教育提供了深厚的知识铺垫和宽广的全球视野

随着全球化的发展，世界各国的联系日益紧密，相互依赖程度加深，这使发达资本主义国家逐步认识到，发达国家的发展离不开发展中国家的发展；发达国家的长期稳定和繁荣不可能建立在发展中国家贫穷和动荡的基础上；全球化问题的解决也离不开发展中国家的参与；世界性的问题需由各个国家联合起来共同解决。新一轮金融危机的爆发及集体应对进一步证明了这一道理。因此，发达国家应该承担起支持发展中国家发展经济和改善全球环境的责任。社会主义国家是发展中国家的重要组成部分，发达资本主义国家不得不重新认识社会主义国家的力量和作用。同时，对于发展中国家来讲，社会主义国家与其具有同样的发展背景和共同的发展任务，在国际舞台上具有共同的利益，从而使社会主义国家尤其是中国在国际政治中的地位不断提高。在与世界各国频繁交往中，我们不仅能够有更多的机会在更短的时间内引进和学习世界各民族优秀文化的最新成果、先进的管理经验和现代科学技术，也使我们能够更直接、更全面、更客观地了解和认识当代资本主义，使我们能够在更加科学的意义上和更为科学的形态上构建思想政治教育新理念。在这个过程中，一些有利于经济发展的思想理念正逐步被大学生接受和强化，并被引入到高校思想政治教育中来，成为开展思想政治教育的重要资源，比如效率观念、生态环保观念、民主法制观念、良性竞争观念、合作共赢观念等。这些思想理念在经济全球化背景下都将被纳入高校思想政治教育的视野之内，成为思想政治教育内容的组成部分，使得高校思想政治教育的内容在经济全球化背景下不断地丰富起来。

（三）全球化的发展为思想政治教育提供了更加先进的技术载体

全球化、网络化为思想政治教育提供了更加先进的载体，对实现思想政治教育手段的现代化具有积极的推动作用。信息网络化扩大了思想政治教育的覆盖面，可以借助互联网，冲破围墙，向各地辐射，向不同的群体宣传，从而扩大了思想政治教育的覆盖面、增加了教育的信息量；信息网络化增强了思想政治教育的针对性。网络教育所具有的即时性、互动性特点，使思想政治教育有可能顾及每一个受教育者，使每一个受教育者都能以各种不同方式阐述自己的观点；教育者也可以为受教育者答疑解惑，从而使教育活动双方的沟通和交流得以加强，教育者还可以及时地、有针对性地对教育内容进行调整和补充，从而增强了思想政治教育的针对性；信息网络化增添了思想政治教育的生动性和多样性，利用互联网将文字、声音、图像、动画效果融为一体，营造出一个立体的、动态的、活泼的教育氛围，能够使受众有身临其境之感，发动眼耳鼻舌身全方位地接受信息，大大提高了思想政治教育的效率。

在这样的时代条件下，高校思想政治教育就需要适应网络信息传播的新特点，采取相应对策。其一，网络上的内容具有生动性和广泛性。传统的思想政治教育大多靠一块黑板、一支粉笔、一张嘴来完成，方式单一且内容枯燥。面对日益现代化的传播手段和新时期、新环境中的大学生，这样的思想政治教育不仅很难有感染力和影响力，甚至容易因使受教育者产生厌烦心理而达不到良好的教育效果。利用互联网进行思想政治教育，恰恰能克服这一缺陷。互联网上的信息不仅有文字形态的，还有声音、图片和动画。这些图文音像并茂的影视画面，具有信息整合的优势，并采用了相对独立的形式，使学生如身临其境，从而可使思想政治教育达到最佳的教育效果。其二，跨时空性。互联网营造了一个超越地域和国界的信息传播空间，它使得"地球村"的理想逐步变为了现实。在网络上没有地理空间上的局限，所以就使传统意义上的"高校围墙"陡然消失，不同高校、不同地区乃至不同国家的学生都可以通过网络实现资源共享。网络的跨时空性极大地缩短了教育者与被教育者之间的距离，打破了以往的思想政治教育中教育者和被教育者面对面接触的方式，学生可以通过丰富多彩、生动活泼的网上交流活动，对国内外的重大热点问题进行讨论，也可以随时就某些困惑不解的问题在网上向老师咨询和请教。这种使受教育者由被动变为主动的思想政治教育形式，更有利于思想政治教育工作效果的达成。其三，快捷性和及时性。高校思想政治教育工作的对象是思想认识、价值观念、思维方式等均呈个性化、多元化、复杂化的大学生群体。面对这样一个群体，能否及时地把握和捕捉信息，准确地掌握学生的思想动态，及时地发现和解决他们思想上存在的问题，直接关系到能否掌握思想政治教育工作的主动权。被喻为"高速公路"的计算机网络，其信息传输的快捷大大缩短了知识和信息传播的时间和周期，从而也极大地提高了思想政治教育工作的效率。其四，互动性。大学生们进入网络世界，都在进行自己所想要的一种人机互动。在这种情况下，如果思想政治教育工作者能很好地利用网络开展思想政治教育工作，就可以调动起学生的主观能动性，从而体现对大学生进行思想政治教育中的"自我教育"和"自我帮助"的特点。特别是网络上的匿名性的特点，可使学生更容易地说出自己的真实想法。这与以往的思想政治教育工作中大学生与思想政治教育工作者面对面时容易出现抵触情绪相比，更契合了当代大学生的心理需求，因而就更能发挥思想政治教育的功能。

二、网络新媒体的发展为思想政治教育创新提供了先进的技术支撑

现代网络新媒体高超的技术特性，是传统思想政治教育的技术和手段无法比拟的。它能随时随地地将文本、声音、图像、视频信息传递给设有终端设备的任何地方、任何人，网络中的每个人既是信息的接受者，又是信息源的提供者，这为新时期高校思想政治教育提供了一片崭新的天地，也带来了难得的创新契机。

（一）手机媒体技术在大学生中的普及应用，极大地丰富了思想政治教育的资源和实效性

目前，一些高校设置的思想政治教育网站，无疑是契合网络新媒体特点实施思想政治教育创新的尝试。据中国互联网信息中心发布的报告，在数以千万计的网民中，大学生是最活跃的群体，高校思想政治教育可以通过提高使用网络的力度来提升其实效性。例如：清华大学的"红色网站"、北京大学的"红旗在线"、上海交通大学的"焦点"网站、江西财经大学的"明德网"、浙江大学的"求是潮"等，都在高校思想政治教育方法创新方面进行了有益的尝试，发挥了重要的作用。可以说，网络新媒体环境使高校思想政治教育呈现了丰富性、互动性、平等性、即时性、隐蔽性、精准性的新特点。

一是丰富性。基于互联网服务和云服务的新媒体技术，其本身就拥有数量惊人的综合

类资源。每个人又都能进行信息的发布与交流。此外，还可以通过复制链接等技术，将其他相关媒体，特别是传统媒体，如报纸、广播中的信息整合后制作成电子版资讯上传到网络平台中。海量信息使得新媒体快速传播成为可能，也使得大量且新鲜的信息资源与素材可以源源不断地注入高校思想政治教育中，为教育工作的进一步发展奠定了基础。

二是互动性。网络是现实的延伸，既是现实的人的延伸，又是现实社会的延伸。网络环境实际上是"网上"与"网下"互动影响的系统。当然，由于网络的虚拟性，网上问题的解决必须参考网下现实社会的实践活动。也就是说，网络思想政治教育还不能取代"网下教育"，而应该探索"网上引导"与"网下教育"相配合的机制，既要"键对键"，也要"面对面"，网上网下工作配合互动，使教育效果聚集放大。

三是平等性。在传统媒体时代公众是完全的受众者，而新媒体这一网络虚拟化平台却主导了选择权和控制权，以期信息发布达到权责一致的较公平状态。此外，介入其中的个体在一定程度上淡化了自己真实的身份，使得其心理障碍降低，在与思政工作者的交流中也较容易将自己与对方置于同一互动的地位。在此情况下，更能鼓励学生将现实生活中不敢或不能说出的话，通过新媒体交互工具传达。因此，这有利于思想政治教育工作者们了解学生真正的想法，把握他们思想动态的变化，从而将自身的学习与实际工作联系起来。

四是即时性。新媒体加速了媒介与受众之间的反应速度，使得新媒体具备充分的即时性。思想政治教育者应用新媒体进一步增加了自身的应急能力，对紧急情况与临时情况的处理水平显著提高。新媒体强大的交互性对响应和处理提出了更高要求，必须当下、当时、当即给予答复，否则，爆炸式增长的信息流将很快淹没重点信息，影响到下一阶段的情况处理。"多点"对"多点"的传播方式使得即时传播的速度非常快，使得主体和客体之间的信息交流即点即通，也大大减少了思政工作者们为掌握学生情况所花去的时间，甚至还突破了地区乃至国界等时空限制，使得天南海北的思想交流成为可能。

五是隐蔽性。新媒体环境构建了独立于社会现实生活的虚拟社会，高校思想政治教育者在这一环境中具有隐蔽性和不可控性。现有的网络技术已经可以让师生自由选择服务器节点，相应的代理服务器也将更新 IP 地址，既可以单纯地以"游客"身份浏览信息而不直接参与互动，也可以更改、伪造或隐藏自身自然属性，创设虚拟身份参与其中，辅之以声音、符号、表情等方式起到传情达意的效果。新媒体的隐蔽性使得思想政治教育能够达到潜移默化的效果，让大学生在不知不觉中接受和认可相关的教育理念，并借助新媒体强大的互联性以虚拟身份进行传播，使得教授过程更为柔性，也比强制灌输意志更为易于接受。

六是精准性。新媒体网络环境营造了一个让人袒露心扉的虚拟空间，心智尚未发育成熟的青年大学生偏向将情绪和经历展示于公众空间，通过别人的关注获得心理上的满足。这也使学生更容易在网络上流露内心的真实想法和现实中的困惑，避免了在社会现实条件下因彼此间的不信任感而造成信息不对称的风险。大多数青年学生出于社交目的的考虑在新媒体网络工具上填写的个人资料具有一定的可信度，用户身份相对真实的前提使得倾诉者的安全感和真实感在一定程度上得到满足，宣泄的效果也更能符合预期。高校思想政治教育工作者可以通过校内热门帖子、QQ 群聊和"人人网"留言等方式掌握学生的思想动态，洞察细微变化，并有针对性地进行疏导和帮助，使得教育工作做到有的放矢、对症下药。

（二）手机微信、手机微博等现代通信传媒的兴起使高校思想政治教育的手段更加多样

教育手段是指教育者与被教育者相互传递信息的工具与设备。在手机媒体普及之前，高校思想政治教育的手段一般局限于课堂、座谈、谈话、社会实践等活动。应该说，这种教育形式具有一定的功效，但该类思想政治教育活动往往受时间、地点、制度的局限，而手机媒体承载的多种交流方式为思想政治教育工作提供了多样化的教育方式。手机微信是最早进入人们生活的手机媒体，它可以作为日常沟通交流的工具，弥补语言通话的不足，还可以传递新闻、服务信息，与广播、电视、互联网等其他媒体实现互动等。手机微信对于乐于追求时尚和潮流的大学生群体来说，已成为他们生活的重要组成部分。对于高校思想政治教育工作者来说，运用手机微信的独特优势开展思想政治教育工作也是如虎添翼。

因为相对于传统传媒和其他新兴媒介，手机微信在传播上具有独特优势。一是便捷，手机用户可以随时随地根据自身的需要发送微信，操作简单、发送及时、便于掌握。二是私密性，手机微信点对点传播，由信息发送者直接发送到信息接收者，保证信息的私密性。三是互动性。信息自发送者发出后，接受者就会进行回复，与发送者进行交流、互动。四是可靠性。当信息接受者关机或手机信号不好，无法及时接受信息，所发微信会自动存储，待信息接收者开机或接受到手机信号时，再次进行发送，保证信息顺利到达。五是非现场性。手机微信可以使信息发送者与信息接受者在缓冲的空间，使双方对信息的编写和回复的内容进行深入思考，有利于一些问题的沟通和事情的解决。六是可复制性。有些微信会让人如沐春风、有些微信会引人思考、有些微信会让人会心一笑，这些微信带给人的是正能量。这样的微信若希望与人分享，只需要利用手机微信的转发功能，就可以发送给其他人，与他人共享。

总之，手机微信、手机报、手机微博的兴起，极大地丰富了大学生的业余生活，促进了人际交流沟通，但一些包括色情、欺诈、诅咒等内容的不良微信的传播也严重影响着心智还不完全成熟的大学生的健康成长。对此，思想政治教育工作者就需要有效利用手机微信及网络平台，趋利避害，及时帮助青年学生在使用现代信息工具时自觉屏蔽其不良影响，净化校园手机媒体环境。

在这方面，有些高校已开始了有益探索。例如：清华大学鼓励思想政治理论课教师通过网络学堂、电子邮件、人人网、博客或微博、QQ 或微信与学生进行跨时空的交流，实行网下与网上两个课堂相结合，引起了社会的关注和同行的好评。武汉理工大学牢牢抓住新媒体在思想政治教育工作中的载体作用，通过创造环境、拓展路径、凝练内涵，不断推进思想政治教育工作。他们相继成立了微文化工作室，强化微博、微信制度建设和队伍建设；构建了以官方微博、微信为核心，以学院部门、班团支部、校园文化、社团协会、师生达人为成员的"双微"矩阵；借助学校理工党员学习教育网，设计校园生活资讯 APP "掌上理工大"，运用"啪啪""微视"等新媒体应用技术，形成新媒体思想教育的生动格局；依托新媒体平台，打造"学习两会精神""中国梦·学子梦""青年之声""小薇说事"等思想政治教育课堂品牌栏目，开展理想信念教育；在校内微博和官网上开辟"理工力量"人物通讯专栏，发布师德建设等专题稿件，依托微博、微信开展"中国梦·理工美"征文、摄影等大赛，传递正能量；开通新浪微博自助认证和粉丝服务两大平台，培育以知名教授、辅导员、思政课教师、优秀团干部等为代表的校园意见领袖，引导师生积极参与核心价值构建和主流文化引导活动；邀请人民网、新华社等知名专家来校为师生普及新媒体专业知识，与新浪腾讯微博开

展合作共建，发布校园微博年度运行报告，壮大校园微博实践和管理队伍，使新媒体素养成为思想政治工作的必备能力。南京师范大学还探索运用网络平台改革本科生思想政治理论课教学，"用网络平台传授知识点，用课堂专题传播思想"。

网络新媒体不仅为思想政治教育工作者提供了一个课堂之外融入大学生生活和真实内心世界的沟通交流平台，更建立了一个全员育人的平台。在这个开放包容的平台之上，所有的思想政治工作专职人员、专家、专业课教师、辅导员乃至学校领导都可以在新媒体建立的平台上平等互动交流，实现全员育人、全程育人、全方位育人。

三、市场经济竞争机制的建立与运行有利于培养大学生的竞争意识

我国由计划经济向市场经济的转轨，冲破了传统计划经济体制所导致的主体意识缺失、思维方式落后、激励机制匮乏等弊端，使得竞争观念、效率观念、独立意识被社会广泛接受。

（一）市场经济要求人们具备竞争意识和效率意识

市场经济与计划经济的本质区别就在于其以市场作为资源配置的基本手段，因而具有竞争性，这是市场经济体制存在与发展的根本保证。适度有效的市场竞争为企业创造了良好的外部环境，也为个人实现现代化提供了发展机会。长期以来形成的安贫乐道、安于现状、缺乏竞争的传统已经无法适应市场经济的需要，转而要求人们具有以公平、公正、公开的竞争，以竞争促进效率提升的现代化素质。竞争意识和效率观念的提升既是市场经济发展的要求，又是社会进步的体现。

（二）市场经济要求人们具备独立意识

计划经济体制下，社会运行的主体是政府而非企业，这导致了个人自我意识的缺乏和独立人格的缺失。社会主义市场经济体制将人们从指令计划、行政命令和长官意志的束缚中解脱出来，使他们摆脱了人格依附，形成了主体意识。而市场经济的进一步发展，就要求人们素质的现代化与之相适应，培养独立自主的现代意识。独立意识，不仅要求现代人在人生道路的选择上具有自主性，在工作、生活中具有独立性，而且要求现代人在个人、家庭、社会事务上具有自主参与选择、自负责任的能力与意识。身处改革开放的时代潮流中的大学生，深受市场经济的磨砺，开放意识、竞争意识、能力意识、实力意识、平等观念、效率观念相对强烈。

竞争是指个体与个体或群体之间试图超过对方赢得胜利的心理或行为。竞争能使人勤奋勇敢、充满活力，推动社会进步和发展。但过度竞争也会产生很多心理副作用，如长期焦虑、脾气暴躁、情绪紊乱、身心疲劳等。由于没有达到预期的目标，心理素质不是很过硬的人或多或少地会产生意志消沉、精神变态等情绪。竞争心理是人格特征的一个组成部分，它会影响到一个人的交际方式、行为习惯、工作热情，乃至身体健康。大学生竞争心理主要表现为个体或个体所属的群体为了己方的利益（包括物质利益和精神利益）与别的个体或群体展开争夺利益归属的心理。当代大学生，特别是90后大学生从小就生活在市场经济体制下，竞争意识比较强烈，具有目标明确、情感强烈、富有个性的特点。竞争目标清晰而明确，使竞争者时刻保持积极的态度和昂扬的斗志，百折不挠，最终取得理想的竞争结果。他们积极健康，充满热情，勇于通过竞争实现自己的目标。很多学生从进入学校开始，就在课余时间，通过社会实践、自主创业等形式，从事商业活动，在学习期间，

提前感受社会的市场竞争氛围，为今后走向社会打好基础。可以说，竞争意识的培养与形成对大学生的成长成才具有积极影响。健康的竞争意识有利于培养大学生的创新思维，促进大学生创新思维等非智力因素的形成，对大学生创新能力的培养以及健全人格的塑造起到了巨大的推动作用；竞争意识有利于促进大学生正确地评价自我，了解自身的优势和劣势，在竞争中能够扬长避短，最终达到提高自身能力的目的；竞争意识有利于培养大学生乐观开朗的生活态度，以面对生活和学习的压力，及时排解不良情绪，能够从平凡的生活中发现乐趣，积极地应对竞争和挑战。当然，竞争意识对大学生也会产生消极影响。包括现实生活中的无序竞争、逃避竞争、不讲诚信、违规犯纪、危害他人等，都会不同程度地影响到学生。例如，有些学生为了取得优异的学习成绩，不愿与同学合作，不愿与同学共享自己所学习到的新方法、新知识，以免他人超过自己，有时甚至利用一些不恰当的手段来维系自己的名次地位，弄虚作假，甚至发生给同学投毒的恶性事件等。所有这些问题表明，任何事物的发展都具有两面性，甚至多面性。高校的思想政治教育任重道远，需要面对新情况，解决新问题，契合时代发展的步伐，不断探索创新。

第二章 大学生思想政治教育理论基础

大学生思想政治教育理论是开展大学生思想政治教育的支撑，本章主要从三个维度阐析以下内容：一是大学生思想政治教育的基本指导理论，从世界观视阈，介绍中国共产党科学发展观理论；从人生观视阈，介绍马克思主义关于人的全面发展理论；从价值观视阈，介绍社会主义核心价值体系理论。二是心理学、教育学和管理学等相关交叉学科借鉴的理论，其中心理学理论有动机需要理论、教育学理论有人本主义教育理论和建构主义学习理论、管理学理论有管理激励理论。三是对国外相关教育思想理论进行梳理，并从中受到启迪，主要介绍当代西方多元文化主义教育思想和西方隐性渗透的德育思想。这些思想理论是我们开展大学生思想政治教育的依据和借鉴，同时指导其进一步健康发展。

第一节 大学生思想政治教育的基本指导理论

大学生思想政治教育是以当代大学生为对象，旨在对其进行有目的、有计划、有组织的思想政治教育并促进其思想品德形成发展的实践活动，其目标是促进大学生自由全面发展。根据思想政治教育学原理，马克思主义关于人的全面发展理论和社会主义核心价值体系理论分别从不同的视角为大学生思想政治教育提供了直接依据，是大学生思想政治教育的基本指导理论。

一、马克思主义关于人的全面发展理论

人的全面发展理论是马克思主义的重要组成部分，马克思主义中国化的过程也是实现人的全面发展，以人的全面发展作为发展方向和价值追求的过程。中国共产党人在马克思主义中国化的进程中，将马克思主义关于人的全面发展理论与中国实际相结合，经过艰难探索，提出了科学发展观，在践行马克思主义最高命题上实现了历史性突破，将人的全面发展理论提升到一个新的境界。探讨马克思主义人的全面发展理论及中国共产党对这一理论的创造性发展，对于我们重新审视新世纪全面建设小康社会背景下的大学生思想政治教育，具有极其重要的理论和实践意义。

（一）马克思主义关于人的全面发展理论的内涵

马克思和恩格斯针对资本主义私有制条件下人的片面发展进行反思得出结论，曾多次在《英国工人阶级状况》《德意志意识形态》《共产主义原理》《资本论》《反杜林论》等著作中提出对人的全面发展的理解，并不是指人应该成为无所不知、无所不能的"完人"或"超人"，而是指人的能力、社会关系以及个性的充分、自由的发展。马克思主义关于人的全面发展理论的内涵主要表现在以下几个方面。

1. 人的全面发展表现为人的社会关系的丰富和发展

人是社会的人，人是唯一以社会性为自己基础和根本特色的存在物，人总是在一定的

社会关系中存在、活动和发展的,人的内在的全面丰富的本质只有在丰富的全面的社会关系中才能得以表现和实现。马克思认为"社会关系实际上决定着一个人能够发展到什么程度""一个人的发展取决于和他直接或间接进行交往的其他一切人的发展……发展不断地进行着,单个人的历史决不能脱离他这种发展正是取决于个人之间的联系"。马克思认为,人的全面发展必然包括人的社会关系的高度丰富和发展,只有人的社会关系得到高度的丰富和发展,人的全面发展才有可能。

2. 人的全面发展表现为人的能力的全面发展

马克思认为,人的发展即人的本质力量的发展,而个人能力是人的本质力量的体现。他指出:"任何人的职责、使命和任务就是全面地发展自己的一切能力。""每个人都无可争辩地有权全面发展自己的才能",必须发展人的各种才能,人的能力的全面发展是人的全面发展的重要内容,也是马克思、恩格斯强调最多的一个价值目标。

3. 人的全面发展表现为人的需要的多方面发展

马克思把人的本质与人的需要联系在一起,他指出:"他们的需要即他们的本性。"按照他的观点,需要是人内在的、本质的规定性,是人的全部生命活动的动力和依据,需要的产生才会引发人的行为活动。因此,需要的满足程度直接涉及人的本质的实现程度,需要的发展是促使人全面发展的强大动力。马克思在《1844年经济学—哲学手稿》中写道:"人的需要的丰富性,从而生产的某种新的方式和生产的某种新的对象在社会主义的前提下具有何等的意义:是人的本质力量的新的显现和人的存在的新的充实。"

(二) 马克思主义关于人的全面发展理论对大学生思想政治教育的启示

马克思主义关于人的全面发展理论以及党对这一理论的丰富和发展无疑为我们重新审视新形势下大学生思想政治教育的价值提供了一个更宽阔的视野——高校思想政治教育是促进学生全面发展的生命线,促进大学生的全面发展是高校思想政治工作的出发点和归宿。正是因为素质教育和促进学生全面发展的需要,我们才要将高校思想政治教育与学生的全面发展、健康成长联系起来,积极促进思想政治教育工作的不断创新。

1. 培养大学生的实践能力符合人的社会关系的全面丰富理论

马克思主义关于人的全面发展理论认为,人的全面发展是在一定的社会关系中进行的,只有在全面丰富的社会关系中,人的个性才能得到充分自由的发展。1999年6月召开的第三次全国教育工作会议确定的党的教育方针特别强调"坚持教育与社会实践相结合""培养学生的创新精神和实践能力"。之所以要重视社会实践在促进人的全面发展中的作用,主要原因是客观的生活条件和教育引导对青年学生的心理发展具有重要的、决定性的作用,这种影响只有通过主体的积极活动才能真正实现。因为青年只有在与社会的互动过程中,社会才不断对青年提出新的更高的要求,从而制约和影响青年心理的步步深化,而青年也在积极的实践活动中去接触现实、认识现实、改造现实。正是在实践活动中,青年与周围的人、事物建立了日益广泛的、深刻的联系,产生了各种新的需要、情感、思想、行为,形成了稳定的个性倾向和心理特征。

因此,大学生思想政治教育要促进人的全面发展,首先就必须重视将思想政治教育与生产劳动和社会实践相结合。通过社会实践,可以促使学生在社会实践中培养和发展良好的世界观、人生观、社会态度、情感等;可以促使学生在社会实践中培养和发展个体的意志、性格、品德等;可以促使学生了解生产劳动的基本过程,理论联系实际,通过手脑结合、学用结合,培养和发展理论联系实际的能力、创造能力;可以促使学生在社会实践中锻炼身心，增强体魄，培养健康向上的心理状态等。高校思想政治教育工作要自觉引导青年大学生走与工农相结合的道路，理论联系实际，运用自己所学的科学知识，服务基层、服务农村、服务社会，在火热的社会生活中锻炼成长。

2. 以人为本的教育理念彰显了人的个性充分发展理论

思想政治教育本质上是一种人的哲学，他的直接对象是现实中的人。我们应该深刻地认识到，促进人的个性的充分自由发展，培植学生积极、健康的个性，培养学生的创新精神和创新能力是思想政治教育的一项重要任务。以人为本是人的全面发展的必然要求，对大学生思想政治教育来说，以人为本，就是要以学生的成长和发展作为高校思想政治教育的出发点和归宿。大学生思想政治教育目标、内容、方法的设置和实施都必须充分考虑学生的特点和需要，服从和服务于调动大学生的积极性和主动性，最大限度地挖掘和发挥他们的潜能。

大学生思想政治教育要做到以人为本，必须尊重人、理解人、关心人。对大学生思想政治教育而言，它要求我们尊重学生的主体地位，与学生平等相待，而不是将学生视为客体、手段和工具；要切实了解当前大学生的思想状况，了解大学生关注的各种问题，了解学生思想问题产生的主客观原因，有针对性地做好思想教育工作；要关心学生的学习生活，围绕实际工作做好思想政治教育，将解决思想问题与解决实际问题相结合；要围绕学生成才、发展的需要，将思想政治教育工作与学生成长成才相结合，增强思想政治教育的说服力和有效性等。在当前的具体工作中，大学生思想政治教育可以围绕学生的生活指导与服务、学生的学习指导与服务、心理健康的指导与服务、就业指导与服务几个涉及大学生学习生活的关键环节来进行。树立为学生服务的理念，将解决学生思想问题与解决学生实际问题相结合是坚持以人为本的关键。

3. 突出学生的主体性印证了主体性的充分发挥理论

根据马克思关于人的发展过程理论，人的发展是人的主体性社会基础不断改善、主体意识逐步觉醒、主体性日益增强的过程。尽管我们还未能跨越"以物的依赖性为基础的人的独立性"，但我国还处于市场经济建设的初级阶段的特殊国情，决定了我们必须把培育和发展适应市场经济体制的人的独立性和自主精神作为当务之急。思想政治教育中的人的主体性主要是指在思想政治教育的过程中，教育者和受教育者都具有一定的价值倾向性、个性以及不同程度的能动性、自主性和创造性。

大学生思想政治教育要"高扬人的主体性"，这给高校思想教育工作者和受教育者提出了相应的要求。大学生思想政治教育的一个很大误区就是将受教育者当作单纯的受教育的对象，当作纯粹的教育客体，"我说你听""我教你学"，忽视了学生作为一个有情感，有意志，有着主动性、能动性、创造性的人的存在，因此出现了注重知识体系的灌输，忽视了理论与实践的结合，忽视了受教育者的身心发展规律的现象，导致一些大学生在实践中出现"知与行的背离"。实际上，思想政治教育并不是教师作为主体改造学生这一客体的活动，而是教师与学生互为主体的活动。在高校中，"教师的作用只是为学生的自主研究提供一定的环境与条件，进行启发、引导、激励等"，要做到这一点，作为高校思想政治教育工作的组织者、发动者、实施者，必须努力提升自身的主体性。这种主体性具体表现为主动性、主导性、创造性，即作为大学生思想政治教育工作者必须积极主动地进行思想政治教育，而不是消极被动地应付学生的突发事件；必须正确运用灌输，既传授德育知识，又尊重学生的主体性，与学生平等地交流对相关问题的看法，启发、引导学生正确分析和解决问题；必须潜心钻研新时期高校思想政治教育理论，努力提升自己，注重思想政治教育工作的创造性，勇于探索、开拓创新，不断探索思想政治教育的新途径和新方法，不断思考如何增强思想政治教育的有效性和针对性。可以说，思想政治工作者的主体性，决定着其作用发挥的程度，决定着思想政治教育工作的功能和效率。另一方面，作为有意识、有思想的思想政治教育的客体，在接受教育时不是完全被动的，而是具有主动性和主体性的。只有受教育者能够主动地参与和接受教育，即只有受教育者充分发挥其主观能动性，才能最大限度地提高思想政治教育的可接受性，从而将思想政治教育的内容内化为自己的思想道德素质，并付诸行动。思想政治工作者育人的结果就是通过学生"育人""律己"来实现的。可见，只有学生的积极参与，并发挥学生的主体作用，才能提高思想政治教育的有效性。

4. 促进学生能力的全面发展融合了人的能力的全面发展理论

马克思主义人的全面发展理论认为，人的需要的充分满足是实现人的全面发展的前提，人的全面发展是人的能力的全面发展。在高校里，学生的最大的需要就是成长成才的需要，这种需要必须通过各方面能力的锻炼和素质的培养来满足。大学生思想政治教育工作只有自觉地围绕学生的这个需要来展开，思想政治教育才具有说服力和吸引力，才能引起学生的思想共鸣，使学生自觉地将思想道德素质的提高内化为自己的成才需要，自觉地加入思想政治教育活动中来，接受教育和锻炼。当前，高校学生思想教育活动丰富多彩，但有一部分活动得不到学生的积极响应和参与，究其原因，就是高校思想政治教育工作中存在一定的形式主义，即不是从学生的特点、实际、需要出发，或者不是从服务于学生的素质能力提高出发来展开，而是为了追求表面上的轰轰烈烈，或者为了评优评先等目的，这样做的结果自然得不到学生的欢迎。随着高校的扩招和大学生就业压力的增大，在校大学生都有着强烈的能力锻炼和素质拓展的愿望，他们对于所接受的教育内容更趋于理性和现实。

因此，高校的一切工作，包括思想政治教育，必须树立为学生素质拓展服务的意识，为学生素质教育服务。大学生素质拓展计划就是由团中央和教育部在全国高校中发起的一项旨在加强和改进高校学生素质教育的活动。它以全国统一印制的素质拓展证书为载体，使素质教育有计划、有落实、有记载，使素质拓展成为广大学生的强烈意识和主动行为，必将极大地促进大学生素质教育的规范化和深入开展。高校思想政治教育要以此为契机，有意识地将思想政治工作渗透在素质拓展的活动计划中，紧紧围绕学生素质拓展来开展思想政治工作，充分发挥学生自我教育、自我管理的意识和能力，让素质拓展工作成为思想政治工作的新载体。通过素质拓展活动努力培养学生多方面的能力，使学生成为全面发展的人才。

三、社会主义核心价值体系理论

教育的本性是育人，其终极价值在于提高人的素质，促进人的全面发展。党的十七大报告提出，建设社会主义核心价值体系，增强社会主义意识形态的吸引力和凝聚力。这为我们进行学生道德教育提供了明确的方向和强劲的原动力。

（一）社会主义核心价值体系的基本内涵

社会主义核心价值体系是指在中国特色社会主义建设过程中，始终坚持马克思主义在意识形态领域的指导地位，牢牢把握社会主义先进文化的前进方向，大力弘扬民族精神和时代精神，积极倡导和谐理念，在实践中完善社会主义道德规范和道德体系，形成为建设中国特色社会主义宏伟事业和中华民族伟大复兴神圣使命提供有效服务的社会意识形态体系。其主要内容可以概括为以下四个方面。

1. 坚持马克思主义指导思想

马克思主义是我们立党立国的根本指导思想。在我国社会主义核心价值体系建设中，马克思主义为我们提供了正确的世界观和方法论，提供了正确认识世界和改造世界的强大思想武器。只有用马克思主义的立场、观点、方法来正确认识经济社会发展形势，正确认识当今社会思想意识的态势，才能在错综复杂的社会现象中看清本质、明确方向。在长期的社会主义革命和建设实践中，我们党依靠马克思主义的正确指导，取得了中国社会主义革命和建设的伟大胜利，特别是取得了具有中国特色的改革、开放和发展的历史性成就。马克思主义在我们党和国家生活的指导地位，决定了它是社会主义核心价值体系的根本指导思想。

2. 坚持中国特色社会主义共同理想

理想是一个民族、一个社会的灵魂所系。马克思主义对理想问题做了科学阐述，把理想问题与人类历史发展规律内在地联系起来，使人们对理想问题有了更为科学的把握和自觉的认识。以马克思主义为指导的中国共产党人，始终坚持远大而崇高的共产主义理想，并从实际出发，将实现远大理想和现阶段的目标相结合，使崇高理想成为我们党、我们民族精神生活中不可或缺的一部分。对于中国共产党人而言，最高理想是实现共产主义；在现阶段，建设中国特色社会主义是我们全社会的共同理想。建设社会主义核心价值体系，应该用中国特色社会主义共同理想来统一思想、凝聚人心。中国人民在建设社会主义的伟大实践中选择了建设中国特色的社会主义。改革开放以来，中国特色社会主义事业的蓬勃发展，不仅使中国人民长期追求的崇高理想一步步变成现实，而且也进一步昭示中国在建设现代化的伟大征程中，有能力走出一条具有鲜明中国特色的社会主义发展道路。

3. 坚持以爱国主义为核心的民族精神和以改革创新为核心的时代精神

习近平同志指出："以爱国主义为核心的伟大民族精神是中国人民抗日战争胜利的决定因素。古往今来，任何一个有作为的民族，都以自己的独特精神著称于世。爱国主义是中华民族民族精神的核心。"民族精神和时代精神是一个民族赖以生存和发展的精神支柱。高昂的民族精神，是衡量一个国家是否具有较强综合国力的表征。缺乏昂扬的精神和崇高的品格，民族就无法自立于世界民族之林。在五千多年的发展中，中华民族形成了以爱国主义为核心的团结统一、爱好和平、勤劳勇敢、自强不息的伟大民族精神。在建设中国特色社会主义的新时期，中华民族又形成了勇于改革、敢于创新的时代精神。在加快推进社会主义现代化的进程中，民族精神和时代精神就是中华民族的凝聚力和向心力，并深深熔铸成民族的生命力和创造力，成为社会主义核心价值体系中不可或缺的一部分。

（二）社会主义核心价值观对大学生思想政治教育的指导作用

"赢得青年就赢得未来"，在校学生正处于世界观和人生观的形成和成熟时期，他们思想观念趋于成型，但仍具有一定的可塑性，他们接受新鲜事物的能力很强，但鉴别能力明显欠缺。我们以社会主义核心价值观加强对青年大学生的教育，具有鲜明的时代意义和现实意义。

1. 是新时期大学生思想政治教育内容创新的现实要求

大学生思想政治教育内容应该与时俱进，体现时代性。既要有稳定的、连续性的内容，又要紧跟时代的发展和学生自身思想实际的发展。青年学生作为充满理想、活力和激情的优秀群体，对党的理论创新成果反应快速，对党中央所提出的必须共同遵守的价值目标和行为规范容易接受。实践证明，用马克思主义中国化的最新成果教育广大学生，是实现高校思想政治教育创新的重要抓手。因此，学校教育工作者应该成为社会主义核心价值观学习、宣传和教育的"践行者"。

2. 是意识形态领域交锋的迫切需要

每一种社会制度或同一社会制度下的不同发展时期，都有相应的核心价值观。一个国家一个社会，如果没有一种为大多数人所认同的核心价值观，那么这个国家这个社会就难以形成一种统一的精神力量，就会丧失凝聚力和战斗力，其发展就不可能健康、快速和持续。只有用社会主义核心价值观教育学生，才能使其明辨是非，正确区分马克思主义世界观、人生观、价值观和各种非马克思主义甚至是反马克思主义世界观、人生观、价值观；才能帮助学生排除干扰、驱除杂念、坚定信仰，为社会培养更多优秀人才。

3. 是大学生核心价值观形成的客观要求

目前我们正处于社会转型期，市场存在的一些负面影响给学生的价值观带来冲击。一些学生政治信仰模糊，功利意识严重；一些学生价值取向扭曲，重物质利益轻无私奉献，重等价交换轻爱心付出；一些学生知行脱节，虽然了解社会主义道德的一些基本内容，但实际行动又是另外一种表现；更有不少学生只关注自我，忽视社会发展需要，缺乏社会责任感。社会转型期也是价值观的反思、裂变、更新和塑造时期，这更使得学生在价值观方面产生迷茫、困惑和疑问，所以，迫切需要用社会主义核心价值观加以强有力的引导。

第二节　大学生思想政治教育对相关交叉学科理论的借鉴

大学生思想政治教育研究要在新的历史条件下实现理论的发展创新，离不开相关交叉学科的视野。这一视野对于大学生思想政治教育研究质量的提升、学科建设的推进和研究者能力的提高都具有非常重要的价值。对于研究者而言，应该树立一种"学科协同"意识，努力达到学科建设自觉，准确把握被教育者思想政治状况之"实然"，并科学设定教育之"应然"，为大学生思想政治教育相关交叉学科的确立提供认识论基础。寻找相关学科和大学生思想政治教育的交叉点，为确立大学生思想政治教育的相关交叉学科提供充分的依据和科学的路径。

一、大学生思想政治教育对心理学理论的借鉴

思想政治教育教学的效果如何，主要取决于接受主体对其内容的认同、接受和实践。思想政治教育教学内容究竟能在多大程度上被接受主体认同、接受并转化到自身的思想政治素质结构中去，则取决于其接受动力。接受思想政治教育的动力多种多样，而最根本的动力就在于接受主体的需要。

（一）关于需要理论的界定

需要理论认为，人的行为都是由需要引起的。需要引起动机，动机产生行为，行为驶向目标。所谓需要，就是有机体缺乏某种物质时产生的一种主观状态，它是有机体对客观事物需求的反映。这种需求反映在个人的头脑中就形成了需要，需要能够推动人以一定的

方式进行积极的活动。需要被人体感受得越强烈，所引起的活动就越有力、有效，因此，需要成为行动的一种直接动因。而在思想政治教育学的视阈中，所谓需要就是人对客观外界事物的渴求或欲望，是人的生命存在、发展、延续的客观要求，是对客观的生理条件和社会条件的主观反映。从思想政治教育的角度来看，需要具有以下特点：

1. 人的需要具有个体性、差异性和发展性

由于个人的历史背景和社会地位等因素的不同，即使是在同一社会历史条件下，也会使不同的人形成不同的价值观，从而形成不同的人有不同的需要这一情况，于是就产生了需求的个体性和差异性。如有人追求物质需要，有人追求精神需要，有人生理需要强烈，有人社会需要突出。这种个体性和差异性会使接受主体在接受思想政治教育时表现出选择性，即对思想政治教育内容进行选择性接受。人的需要是不断发展的，思想政治教育接受主体的需要也是不断发展的，随着社会生产力水平的提高和社会文明程度的演进，人的需要也会不断发展和变化。因此，思想政治教育者必须把握好接受主体需要的个体性、差异性和发展性等特点，有针对性、灵活地进行思想政治教育。

2. 人的需要具有多样性和层次性

人有各种各样的需要，人的需要有不同的层次和不同的状态。因此，在实际的思想政治教育接受活动中，必须充分考虑到接受主体需要的多样性和层次性的特点，针对各种不同的需要及需要的不同层次选择不同的教育方法。如由于需要层次可以不断提高，人们会不断追求由低级到高级的需要，并且在这种高级需要实现时，才能感到最大的幸福和宁静。自我发展、自我完善，是人的一种本质追求，因此，要善于引导接受主体的高级需要。

3. 人的需要具有自然性和社会性

在思想政治教育接受活动中，必须首先从人的本性需要出发，首先考虑到接受主体的自然需要、低级需要和合理需要的满足，然后才能促使其社会需要和高级需要的提升。对于任何个体而言，思想政治教育接受需要首先是以潜在的形式而存在的，并且这种存在也是不以个体的意志力为转移的，既不取决于人的意志、意识，也不取决于人的生理、心理的感受，而是取决于人的社会本性，取决于人在生产关系体系中的地位，取决于人的客观生活条件。只是被个体意识到以后，它才转化为个体的内在要求、心理意愿或心理倾向。

综上所述，需要就是指对事物的欲望或要求，通常以愿望、意志、行为的形式表现出来。被人认识到的需要就会成为行为的动机。需要一旦被主体认识到了，就以动机形式来支配人的行为，并驱动人们通过行为来满足这种需要。

（二）需要理论在大学生思想政治教育实践中的运用

接受主体的需要作用于思想政治教育教学接受活动的整个过程。因此，只有激发其需要，才能取得思想政治教育教学的实效。

1. 大学生思想政治教育应强化和提升接受主体内在的自我的需要

需要唤醒接受主体的接受注意，强化其接受准备，使接受主体产生对与自己需要有关的思想政治教育信息源的敏感和专注。需要制约记忆，如果思想政治教育内容符合接受主体的需要，那么其所获得的新知识将相当巩固和稳定，产生长期记忆，甚至终生难忘，反之则易于淡忘。需要催发接受转化和提升。接受主体的需要使他们将新接收的思想政治教育内容迅速转化为内在的情感、意志，并迅速转化和提升为言论、行为，促使他们个人新思想的社会化。

任何一种接受活动都是在一定的社会环境和教育背景下进行的，是由接受主体内在的需要和社会要求的外在强制力有机结合共同推动的。从根本上来说，我们的社会在思想政治教育等方面的教育目标和要求本身就包含了接受主体的需要，是接受主体自我需要的集中体现和升华。一旦接受主体认识到了人的个体性与社会整体性之间的辩证关系，就必然产生一种对集体、社会和国家利益的认同感和责任感。这种认同感和责任感反过来又促使接受主体将社会要求转化为个体需要，进而成为接受思想政治教育的根本动力。

2. 大学生思想政治教育应适应与满足接受主体合理的需要，调整接受主体不合理的需要

教育者在进行思想政治教育教学过程中，不能不适应与满足接受主体的需要，但是也不能简单地迎合其需要。人的需要具有自然性和社会性。首先必须从人的本性需要出发，一方面要努力适应与满足接受主体自然的、低级合理的需要，然后促使其产生社会的、高级的需要；另一方面还必须调整接受主体不合理的需要，从而使这种需要也成为接受思想政治教育的真正动力。

当今的时代是一个各种元素大汇合的时代，作为思想政治教育的接受主体，面对众多来源不同、内容不同、性质不同的信息客体，其需要也是多种多样的。有合理的需要，如对物质、求知、社交、审美、信仰、情感、尊重和自我实现等方面的需要；也有不合理的需要，如对物质的过度追求，我们鼓励满足自身物质利益的基本需要，但有的人只崇拜金钱，注重非物质欲望，欣赏和追求低级趣味；再如，有的人有全面发展、完善自我、释放潜能的需要，并且社会已给他们创造了良好的实现条件，但总有部分人好高骛远，兴趣多变，缺乏持之以恒的精神等。因此，对合理的需要，教育者必须努力去适应与满足其需要，使其合理的需要得到最大的满足；而对不合理的需要，不能简单地迎合，而是要善于矫正和化解其非合理和非现实的需要，防止需要的异化。调整和引导他们正确地对待需要上的挫折，教给他们认识和处理社会生活的经验，使他们懂得社会生活的复杂性，以正确的途径和方法去满足其需要，从而调动其对思想政治教育内容的认同、接受和实践的积极性和主动性，最终取得大学生思想政治教育教学的最佳效果。

3. 大学生思想政治教育应激发接受主体正确的需要，引导接受主体抛弃不正确的需要

需要激活思维，需要激发接受主体求知的欲望，引起接受主体在接受活动中的积极性和主动性；需要支配选择，需要越强烈，对大学生思想政治教育教学内容的选择意识和对象选择越明显；需要影响兴趣，如果大学生思想政治教育教学内容适应主体的内在需要，则会引发主体的接受兴趣，产生积极的甚至是贪婪的接受反应；反之，则主体反应会是麻木、迟钝甚至对抗的。

由于接受主体的差异性和复杂性，导致他们需要的多样性、层次性、个体性、选择性、可变性和矛盾性，这种"需要驱动"在接受过程发挥作用的机理肯定是非常复杂的。但是需要驱动的理论清楚地表明，接受主体的内在需要和由此而产生的内在动机是大学生思想政治教育教学接受活动产生的内在的强大的决定力量。因此，大学生思想政治教育者要善于激发接受主体正确的需要与动机，用科学的思想理论去教育他们，帮助他们树立崇高的理想、形成良好的道德品质，引导他们克服"重物质需要、轻精神需要"的倾向，正确组合自己的需要层次和顺序，把个人的需要放在第二位，坚决抛弃那些自私的、低级庸俗的等不正确的需要。

同样，接受主体的需要也具发展性。接受主体的需要不是一成不变的，而是随着客观情况的变化而变化的，随着原有的需要的解决，新的需要就产生了。接受主体的需要虽然具有多样性和可变性，但并不等于说接受主体的需要变化无穷，不可捉摸。只要教育者细心观察研究，其变化的规律是可以找到的。一般来说，接受主体需要的变化是从较低层次向较高层次演化的，一个层次的需要相对地满足后，就会表现出学习接受的积极性和主动性，如果其需要未能满足，就会表现出消极性。消极情绪的发展，就会导致某种需要的消除和抑制。

4. 大学生思想政治教育应驱动接受主体的真正需要

人的需要是多种多样的，究竟何种需要缺失才是导致接受主体对思想政治教育教学接受难的真正原因呢？在马克思的需要理论中，把人的需要分为第一需要和新的需要、表面需要和本质需要、有效的需求和无效的需求。而在马斯洛的需要理论里，又把需要分为低级需要和高级需要、缺失性需要和成长性需要。在他们的需要种属划分中，把新的需要、本质需要、有效的需求、高级需要和成长性需要看作是指导、推动和驱动人类行为的真正动力。一般而言，在大学生思想政治教育教学中最重要的缺失需要就是爱和自尊。如果接受主体觉得自己没有被人爱，或认为自己无能，他们就不可能有实现较高水平成长目标的动机。他们常常不能主动探索和理解新知识，对新观念也不会具有创造性和开放性，因而表现出"随大溜"的特点。如果教育者能让接受主体觉得自在、被人理解和接纳，激发他的成长性需要，接受主体则会更加渴望学习，乐于创造和冒险，敢于接受新观点。所以在思想政治教育接受活动过程中，既要相对地适应、满足、激发、强化与提升接受主体合理的、正确的、内在的需要，同时更要驱动接受主体新的需要、本质需要、有效的需求、高级需要和成长性需要等这些真正需要的实现。

永不满足性是需要的内在属性。任何需要，不管其程度强弱如何，也不管其满足的可能性有多大，它都有一个不可遏制的、要求满足的态势和趋势。正是"需要—满足—新的需要—新的满足"的这种无止境的循环态势和趋势，启动了大学生思想政治教育教学接受活动的原动力，并保持了其接受活动永不停息的持续动力。它可以帮助教育者找到思想政治教育教学接受发生困难的根本原因和主要症结，从而增强思想政治教育教学的针对性，并进一步提高大学生思想政治教育教学的实效性。

二、大学生思想政治教育对教育学理论的借鉴

教育学作为研究教育现象、揭示教育规律的科学，是整个教育科学体系中的基础学科。思想政治教育从一定程度上作为教育学的一个分支学科，其理当为思想政治教育方式、方法的完善提供理论的借鉴，开拓新的思路。

（一）大学生思想政治教育对人本主义教育理论的借鉴

从孔子的"知之者不如好之者，好之者不如乐之者"到爱因斯坦的"兴趣是最好的老师"，不难得出结论，从兴趣中获得快乐，从快乐中提升兴趣，对学习有着最为积极的内驱动作用。因此，快乐型教学可使学生的快乐学习与学习兴趣形成良性循环，最终达到自动、主动、自觉、高效。

1. 人本主义教育学的基本内容

以 20 世纪 60 年代美国人本主义心理学为理论基础的人本主义教育学非常重视培养学生快乐的学习动机、学习心态，认为"没有压力"，得到理解和受尊重的"快乐"学习心态对教学至关重要，教师的重要职责之一就是以人为本，营造快乐的学习氛围。代表人物

是马斯洛和罗杰斯。其主要观点如下。

（1）建立良好的师生关系是有效教育的基础。良好的师生关系是融洽、快乐的教育氛围的重要条件。人本主义教育学重视教师的态度定式与教学风格，重视师生关系、课堂气氛及群体动力的作用，促使教师在营造"快乐型学"氛围的同时，正确地理解自己并促成"快乐型教"。罗杰斯认为促进学习的关键不在于教师的能力，而在于师生关系。构建良好的师生关系的要素包括：充分信任学生能够发挥自己的潜能；表里如一，以真诚的态度对待学生；尊重学生的个人经验，重视其感情和意见；深入理解学生的内心世界，设身处地为学生着想。教师这四方面的态度品质，能使学生产生学习的快乐感、安全感和自信心，免除学生精神压力和挫折感，从而自觉积极主动地学习。

（2）以学生为中心的教育观。罗杰斯把心理治疗中的当事人中心疗法理论三个理念，"真诚一致""无条件积极关注"和"同理心"运用到教育之中，提出以学生为中心的教育原则：人皆有其天赋的学习潜力；教材有意义且符合学生目的才会促进学生主动快乐地学习；在心理压力较小的情况下，学生才能有效学习；学生主动自发投入学习时才会产生良好效果并产生满足感。为贯彻这种教育原则，教师应当以学生为中心，充分地尊重、了解与理解学生在教学过程中的认知、情感、兴趣、动机、潜能等内心世界，创设自由、宽松、快乐的学习气氛，使每一个学生都能得到被教师重视而产生的快乐，使学生感受到学习的乐趣，从而全身心积极投入学习。

（3）提倡"非指导性教育"模式。非指导性教育的核心和关键就是要促进学生的学习和自我实现。它以人的本性为出发点，将教育视为促进自我实现的工具，以此开发创造潜能，培育个性，最终培养知、情合一，生理和心理健康的完整的"快乐学生"。非指导性教育实现条件包括：一是教师以真诚的态度对待学生，把学生放在教学过程的中心地位，为学习创设心情愉悦、心理自由和心理安全的教学环境；二是教师作为"顾问"提供学习的手段和材料，摒弃传统的支配者身份，转而扮演关注学生情感发展、指导学生成长的促进者。

2. 人本主义教育学对大学生思想政治教育的内在启迪

学生"快乐型学"是快乐型教育的中心，实质就是教育者如何实践快乐型教育。从实践来看，需要教育者围绕"以人为本"，即"以学生为本"这一核心，做好以下工作。

（1）正确认识学生心理状况，成为学生的师长和朋友。大学生，尤其是大学新生，仍是尚未成熟定型的大小孩，既要理解大学生稚气未脱的状况，又要把其看成是独立自主、有主见的成年人，这样才能解决好教育者与学生的代沟问题，使学生觉得教育者不是单纯的甚至是对立的指导者，而是朋友兼长辈。对教育者来说，这种双重角色是一种挑战，也是搞好大学生思想政治教育的第一步。

（2）热爱学生，建立良好的师生互动关系。一是态度。不论是班干部还是非班干部学生，无论是家庭环境较好的学生还是普通家庭的学生，绝对待以同样的真诚和不偏不倚的态度。可以在每次开学时向学生讲明教学的公平、公正和公开性，并在大学生思想政治教育过程中把这一理念贯穿其中。

二是深入理解学生的内心世界，设身处地地为学生着想。只有把握了学生的思想脉搏，才算拿到了教育的主动权。可利用课余时间与学生交流，调研学生的想法，征求学生的看法，了解学生的兴趣点，了解每一个学生的户籍、年龄、家庭、民族、喜爱的体育和明星、获奖情况等基本情况，并积极组织和参与学生开展辩论比赛和其他文娱活动等。实际上，分享学生的快乐是最容易赢得学生信任的途径。

三是尊重学生的观点和意见，鼓励并支持他们发表不同的观点和看法，为学生创造一个心理安全的环境。在大学生思想政治教育中，营造积极轻松的教育氛围，重视"积极参与"的行动而不是"一言堂"，这一让学生放下包袱的"思想动员"效果很好。学生们在此鼓励下，才能把自己的"心声"说出来。

四是对学生充满关爱和期望。正如罗森塔尔效应所分析的那样，教育者的微笑、眼神、安慰、鼓励，都可能激发学生无限的生机与活力，激起学生强烈的兴趣，而且情绪会由此变得开朗，愿意与教育者亲近。美国心理学家詹姆斯说："人性中最深切的本质就是被人赏识的渴望。"著名教育家夏丏尊认为，"没有情感，没有爱，也就没有教育"。教师对学生的关爱和期望会对学生产生积极的心理暗示。因此，教育者在大学生思想政治教育中应特别注意发现每一个学生的闪光点，赞许他们的每一点进步，让每一个学生在赏识中快乐成长，并产生良好的自我实现的预言效应。

五是严格要求学生。既要尊重学生人格、热爱学生，又要严格要求学生。对学生的一些可能涉及未来人生发展的错误，给予严肃的批评指正，把尊重与严格要求辩证地统一起来。

六是教师要充分信任学生能够发挥自己的潜能，要相信每个学生都能以自己的方式处理好自己的学习、生活。为此，每学期可安排一定数量的日常工作交由学生处理，给予完全的信任。实践证明，学生对于老师的信任是很重视的，也能根据相应的要求做出不同寻常的工作。

（二）大学生思想政治教育对建构主义学习理论的借鉴

建构主义理论是当今世界对传统学习理论和教学理论的一场革命，是当代教育心理学理论研究的重要发展，也是"以人为本"的教育理念在教育教学理论中的深化。建构主义理论进一步揭示了学习者在学习过程中的主动性，同时突出了意义建构和社会文化互动在学习中的作用。

1. 建构主义理论的基本内涵

20世纪80年代中期以来，建构主义作为一种新的认识论和学习理论在教育研究领域产生了非常深刻的影响。它和客观主义相对立，强调对事物的理解不是简单地由事物本身决定的，而是人在原有的知识经验基础上建构对现实世界的解释和理解。在知识观中，建构主义理论强调把握知识在具体情境中的灵活变化；在学生观中，建构主义理论则强调学生经验世界的丰富性和差异性；在学习观中，建构主义理论主张学习的主动建构性、社会互动性和情境性。

2. 建构主义理论为大学生思想政治教育提供重要的理论视野

建构主义理论作为一种新的认识方法和研究范式逐渐为各个学科所运用。在思想政治教育中，学习和把握当代先进的教育教学理论，有利于促进思想政治教育的改革，从而进一步实现思想政治教育的目标。

（1）协作学习可以使学习活动更加丰富和全面。由于学习活动被认为是学习者以自己的知识经验为背景，构建对客观世界的独特理解，因而，不同的人，对同一事物可能获得不同的理解。这就要求在学习活动中，既要关注学习者的个性化特点，同时也可以通过不同学习者的相互协作与沟通，丰富学习活动的内容。

（2）学习者是学习活动的主体。建构主义理论认为，学习是一种"意义"的获得，是学习者通过自身新旧经验的反复、双向的相互间作用而构建成的。学习者是以自己对于世界独特的经验及信念为背景，积极主动地与环境相互作用，从而构建自己对世界的理解。因此，学习者才是学习活动的主体。

（3）教育者在学习活动中发挥重要的引导作用。学习活动是学习者通过对某种社会文化的参与而内化相关的知识技能、掌握有关工具的过程，这一过程常常需要通过一个学习共同体的合作互动来完成。而教育者是学习共同体的一部分，在学习活动中，与学习者分享资源、沟通交流，共同完成学习任务。由于教育者在经验背景、资源占有等方面具有一定的优势，因而在学习活动中能够发挥积极的引导作用。

（4）情境是学习活动的重要平台。建构主义理论提出了情境性认知的观点，它强调学习的过程不是简单的信息输入、存储和提取，而是与情境化的社会实践活动结合起来的。因此，在学习的过程中，学习者要积极主动地与环境相互作用，以一定的情境为平台，从而获得意义。而且，建构主义理论也强调客观世界知识的变化性，特别是在具体的情境中，意义不尽相同，需要学习者具体甄别，灵活把握。

三、大学生思想政治教育对管理学理论的借鉴

激励是大学生思想政治教育的一种重要方式。对学生的激励，就是通过一定的外在因素去诱发、活化学生个体的需要和动机，产生行为的推动力，使其有向着一定目标前进的积极性。在大学生思想政治教育中实施激励的目的，就是根据学校或国家的人才培养需要，提出一个奋斗目标，通过一系列激励手段将学生个体满足某种需要的动机激发起来，产生一个与学校目标一致的自觉的期望的目标，继而倾力为之奋斗。

（一）激励的内涵分析

激励就是通过管理工作设定的一定条件，激发被管理者去实现工作目标的积极性、主动性和创新精神，达到预期管理效果。激励分为内激励和外激励。内激励是指人们对活动本身感兴趣，能够满足他的需求，活动本身就是一种激励；外激励是通过外部刺激诱发人们参与活动的积极的动机。激励的途径主要有三条：一是通过对被管理者需要的满足、引导，激励其积极性；二是通过设置富有吸引力且实现可能性大的目标来激励被管理者的学习、工作积极性；三是通过一定的管理方式，不断强化被管理者的行为，从而激励被管理者的学习、工作积极性。强化型激励理论是经典的管理激励理论之一，其主要代表人物是斯金纳。他认为，"无论是人或动物都会争取一定的行动，当行动的结果对他有利时，他就会趋向于重复这种行为，行为的频率就会增加，凡能影响行为频率的刺激物，即称为强化物；当行动的结果对他不利时，这种行为就会趋向于减弱或者消失。他会凭借过去的经验来'趋利避害'，对个人的行为提供奖励，从而使这些行为得到进一步的加强，就是正强化；对那些不符合组织目标实现的行为进行惩罚，以使这些行为削弱直至消失，就是负强化"。

（二）管理激励理论为大学生思想政治教育创设新的平台

在大学生思想政治教育中，要做到真正引导学生朝着激励的目标去努力，就要积极引导学生将个人需要与学校或国家的需要结合起来，将个人期望的目标纳入学校和国家的大目标中来，将个人的动机变成实现学校和国家目标的动力，在实现学校或国家教育目标的过程中，实现自己的自觉的期望目标。在大学生思想政治教育中，激励的方式多种多样，

主要的有以下几种。

1. 理想激励

即通过树立一种理想或信念，树立正确的世界观、人生观、价值观，以此来激励人们为之奋斗。在理想激励实施中，要注意把崇高的社会理想与每个人的具体理想紧密地结合起来，教育学生使之懂得包含在共同理想之中的个人理想才是崇高的、伟大的。

2. 奖惩激励

奖励和处分是在大学生思想政治教育中的重要内容之一。目标在于激励先进、鞭策后进，鼓励学生德、智、体全面发展，为我国社会主义现代化事业输送更多的优秀人才。奖励有物质的也有精神的。精神奖励方面有口头表扬、通报表扬，发奖状、证书或授予荣誉称号等；物质奖励主要有奖学金、奖品等。惩罚是对违纪学生给予纪律处分或批评，是对学生思想行为中消极因素的一种否定，达到明辨是非、纠正错误、促进转化的目的。奖惩是一项严肃的工作，要做到公平、及时，要营造气氛达到鼓励和教育之目的。

3. 竞赛激励

即通过开展多种形式的评比竞赛，激励学生的进取精神和学习热情，推动各项工作的开展。学生的进取心很强，竞赛对同学既是压力也是动力。竞赛激励能激发学生的潜能，能培养学生的集体主义精神、组织纪律性和责任感，从而提高在大学生思想政治教育中的成效。

4. 情感激励

即通过多种形式、多种因素，影响教育对象的情感以提高其理性认识，培养其健康情感。教育者必须做到情真意切、情理结合，要运用好情感激励的方法。一是，要深入了解掌握学生的需要，教育者要想学生所想、急学生所急，经常关心学生的学习、生活，关心困难学生的疾苦，帮助他们解决困难；要了解学生的思想状况，及时帮助他们解决思想上的困惑，缩短师生之间的情感距离。二是，用自己的行为影响学生，教育者的行为如果给学生以平等待人、体贴尊重的印象，无形中会增强教育者的影响力，提高教育者的权威，学生工作会收到事半功倍的效果。

5. 榜样激励

榜样的力量是无穷的。学生身边的榜样力量更是无形的。榜样激励即用先进人物优良品德激励、感染、影响受教育者，使之养成优良品德。榜样激励的方法是符合人的模仿心理和学习心理的。树立榜样时，一定要注意真实性，人为拔高的典型学生是不能接受的，唯有言行一致、表里如一、真实过硬的先进榜样学生才会接受。在大学生思想政治教育中，我们应树立多方面的学生典型榜样，让每种类型的学生都学有榜样。

第三章　新时代高校大学生思想政治教育的内容创新

思想政治教育的内容是思想政治理论教育目标的具体体现。我国高校思想政治教育的主要内容是社会主义主流意识形态教育，其基本内容是从社会主义革命、建设和改革实践中总结概括出来的，具有相对稳定性，但又不是一成不变的。根据教育目标和教育对象身心发展规律的变化而不断调整教育内容，根据时代和社会发展而不断充实和丰富发展教育内容，就成为思想政治教育创新的首要任务。

第一节　新时代高校大学生思想政治教育内容创新的目标依据

一、新时代高校思想政治教育内容创新的理论依据

理论依据主要是与思想政治教育密切相关的历史唯物主义的基本原理和中国化马克思主义理论体系的重要原理等。其中，马克思主义关于社会存在与社会意识的辩证关系原理，以及上层建筑与经济基础的辩证关系原理是最基本的理论依据；而马克思主义的人学理论，以及社会主义精神文明建设的原理则是直接的理论依据。

第一，社会存在与社会意识辩证关系原理要求高校思想政治教育内容不断创新。恩格斯指出："每一个历史时代的经济生产以及必然由此产生的社会结构，是该时代政治的和精神的历史的基础。"历史唯物主义认为，社会存在与社会意识二者是辩证统一的。社会存在决定社会意识，社会意识又反映着社会存在，社会意识是对社会存在的主观反映，产生于现实的社会存在。唯物史观向我们揭示了社会存在与社会意识之间的辩证关系。社会存在是社会生活的物质方面，主要包括人们的生产方式、人口因素和地理环境等方面；社会意识主要是指社会生活的精神方面，包括政治、法律、哲学、道德、科学以及社会心理和风俗习惯等方面。社会存在与社会意识辩证关系原理为高校学生思想状况原因的分析，以及基于此的高校思想政治教育内容的制定提供了科学的理论基础。

马克思主义历史唯物主义基本原理告诉我们，社会意识的发展具有不可忽视的历史继承性。同时，社会意识与社会存在的发展、社会发展水平又是不平衡的，具有很强的相对独立性。社会意识并不完全依赖于社会生产力发展水平，即便是在落后的社会物质条件下也可能产生先进的社会意识和社会文化。而且各种社会意识形态一经存在，彼此之间就会产生相互作用和影响。而在这些思维形式中，社会意识处于主导、支配的地位，而且只能是统治阶级的思想意识形态。同时，社会意识对社会存在的发生发展起反作用时，可能促进社会进步，也可能阻碍社会的进步发展。顺应历史发展趋势的社会意识一旦被人民群众

所掌握，就能够成为人们改造现实世界的巨大物质力量，具有推动社会发展的巨大动力。发挥社会意识的能动性，必须通过具有目的和意识的人的社会实践活动，才能够得以实现，统治阶级要想维护和巩固本阶级的统治地位，就需要使用本阶级的意识形态教育青年一代，形成统一的思想意识，培育本阶级统治所需要的青年接班人。正是基于这一原理，我国高校思想政治教育内容的发展和创新过程中，要始终坚持不懈地用马克思主义理论和中国特色社会主义理论教育广大高校青年学生，使他们树立共产主义的远大理想，坚定他们走中国特色社会主义道路的信念。

第二，上层建筑与经济基础关系原理要求高校思想政治教育内容不断创新。在马克思主义哲学理论体系中，经济基础主要是指在社会发展到一定阶段后形成的社会经济制度，即社会生产关系的总和。马克思主义认为经济基础是上层建筑的基础，一定的经济基础和一定的上层建筑共同构成一定的社会意识形态。上层建筑是指建立在一定经济基础上的社会意识形态以及与之相适应的政治法律制度和设施等的总和。在阶级社会中，政治法律制度和设施是上层建筑的重要组成部分，通常简称为政治上层建筑。马克思主义认为，经济基础和上层建筑具有辩证关系，即经济基础和上层建筑是辩证统一的。一方面，经济基础决定上层建筑。经济基础是上层建筑赖以产生、发展和存在的物质基础；经济基础的性质决定上层建筑的性质；经济基础的变革必然能够引起上层建筑的变革，并因此而决定着其变革的发展方向。另一方面，上层建筑对经济基础同样具有反作用。上层建筑会为自己的经济基础的形成和巩固服务。上层建筑能够通过多种多样的形式反作用于经济基础，而思想政治教育就是其中极为重要的形式。如前所述，中国高校思想政治教育内容必然是中国共产党和社会主义国家通过高等院校教育教学实践，对高校学生进行有规划、有组织的教学活动中所蕴含的思想政治、道德法纪和心理健康等方面的实质性内容。实践已经反复证明，在中国社会主义革命和建设中，中国共产党的思想政治教育工作发挥了巨大的能动作用，不仅保障了经济发展工作以及其他一切工作，沿着社会主义建设道路的发展方向前进，而且提高了社会主义建设者的思想政治觉悟，使他们焕发出蓬勃的劳动生产积极性。同时，党的思想政治教育内容在高等教育中的推行，也为社会主义现代化建设事业培养了大批合格的社会主义事业建设的接班人。高校思想政治教育内容是高校思想政治教育的基础，要发挥高校思想政治教育的重要作用，必须强调高校思想政治教育的内容要与时俱进，使教育内容始终符合历史进步的趋势，符合我国社会经济的发展要求。

第三，马克思主义的人学理论指出了高校思想政治教育内容创新发展的方向。马克思主义认为："人的本质不是单个人所固有的抽象物，在其现实性上，它是一切社会关系的总和。"人的本质不是一成不变的，而是随着社会关系的发展而不断发展变化的，在不同的生产力发展阶段，由于生产关系不同，因此人的本质也不尽相同，社会关系对人的本质形成具有决定性的影响作用。当前高校学生思想特点的认识是我们思考问题的前提，要想把高校思想政治教育内容传输到学生的脑海里、心坎上，就必须从当代大学生的实际情况出发。马克思主义的人学理论以人为研究对象，揭示了人的生存、发展的规律。高校思想政治教育内容发展和创新的目的是促进大学生的全面发展，培养社会主义建设的"四有"新人，因此两者在本质上是一致的。马克思主义的人学理论指出了高校思想政治教育内容创新发展的方向，运用马克思主义人学理论可以指导和引导高校思想政治教育内容创新和发展。在高校思想政治教育内容发展和创新中运用人的本质的理论，从高校学生的社会属性出发，准确判断当代高校学生的思想观念，在高校学生现实的社会关系基础上设置思想政治教育内容，结合各种社会关系的处理引导广大高校学生，把个人价值和社会价值结合起来，在为社会做贡献中实现个人价值。

第四，社会主义精神文明建设的原理要求高校思想政治教育内容不断创新。改革开放以来，中国共产党将精神文明与物质文明共同作为我国社会现代化建设的目标，逐步提出并且不断完善了中国社会主义精神文明建设的理论体系，以及一系列理论内容。社会主义物质文明与社会主义精神文明之间具有紧密联系，社会主义精神文明建设需要以社会主义物质文明建设作为基础，同样物质文明建设需要社会主义精神文明为其提供精神动力和智力支持。思想道德建设属于社会主义精神文明建设的理论范畴，思想道德建设决定着精神文明建设的社会主义性质和发展方向。社会主义精神文明建设同时还包含教育科学文化建设，教育科学文化建设则是提高人民群众道德水平和思想觉悟的重要保障。思想道德建设与教育科学文化建设相互影响和渗透，其关系处理得当就可以互相促进、共同发展。这些社会主义精神文明建设理论内容，不仅创造性地发展了马克思主义经典理论，而且成为中国化马克思主义理论体系的有机组成部分。

二、新时代高校思想政治教育内容创新的实践依据

高校思想政治教育就其内容的存在形式来说，既是理论文本式的，也是实践经验的及时总结和概括。这就决定了高校思想政治教育内容创新富有实践性。

首先，创新思想政治教育内容是时代发展的需要。在全球化时代，多媒体网络高度发达，信息传播快速发展，特别是随着我国社会转型带来的新变化和改革开放后我国高校及大学生的一系列新变化的出现，要求高校思想政治教育内容必须坚持从实践中来，经受实践的检验，并伴随实践的发展而不断调整，通过创新来满足实践的需要。新媒体环境下思想政治教育呈现了如下特征：一是教育主客体关系的交互主体性特征，即教育主客体互动的模式由主客二分向主体际性转向，教育主客体互动的方式由人与人的直接互动向人与机的间接互动转向，教育主客体互动的时空向度由实时同步向实时同步与延时异步相融合转向；二是教育内容传播的技术性特征，即教育内容传播时效由单向滞后性向多向即时性转向，教育内容传播形式由单一媒体形态向多媒体形态转向，教育内容传播范围由相对封闭的小众向整体开放的大众转向；三是教育环境的耗散结构特征，即教育环境是开放的联系、非平衡的联系、非线性的联系；四是教育方法的连续统特征，即教育方法的存在原理是现实性与虚拟性的连续统，教育方法的运用理路是网上教育与网下教育的连续统，教育方法的作用机理是显性灌输与隐性渗透的连续统。面对新媒体带来的全新的理念以及大学生不断多样化的价值取向，思想政治教育内容必须更新，使之更接近现实，更易被学生所接纳，更富有实效性。

其次，注重吸取教育学、社会学、心理学、行为学等相关学科的最新研究成果，是达成思想政治教育目标的需要。从现实需要出发，适应客观形势的变化，注重利用现代高科技手段，重视校园文化、家庭、社会环境在思想政治教育中的重要作用，对思想政治教育的方式方法进行大胆探索和创新，才能不断增强思想政治教育的效果。当今时代的高校思想政治教育，作为社会运行大系统的重要组成部分，一方面要将自身汇入以改革创新为核心的时代潮流中；另一方面，必须以整体性的系统的创新实践才能真正反映时代精神的要求。高校思想政治教育只有从整个体系上综合体现改革创新的时代精神，才能真正提高其

针对性和实效性。为此，要将高校思想政治教育看作是一个有机的整体，实现全面的且各部分有机结合、相互影响、相互促进、共生实效的创新体系。这个创新体系包括：高校思想政治教育课程和教材创新，高校思想政治教育队伍创新，高校思想政治理论课教学方法创新等。当前中国正由生存型社会向发展型社会转型，经济、政治、社会、文化、教育的发展都呈现出鲜明的阶段性特征，这对大学生思想政治教育产生了深刻影响。所以，思想政治教育必须准确把握社会转型的阶段性特征和大学生的思想行为特点，与时俱进，创新发展，在理念上坚持一切为了学生的发展；体制机制上注重科学化与灵活化；方式方法上注重精细化与生活化；途径上注重课堂化与社会化；手段上注重现代化与信息化。这样才能不断提高思想政治教育的有效性和实效性。特别是在知识经济时代，高校思想政治教育在培养德才兼备、情智并重、身心健康的创新人才方面需要承担起时代的责任，努力构建一个发展性的教育系统，以替代传统的矫治型的教育系统，从而促进大学生心理健康教育的良性发展。在这个过程中，如何构建大学生心理健康教育体系尤为重要。

再次，有效结合发展稳定性与连续性来实现内容创新。高校思想政治教育内容在马克思主义指导下，以中国特色社会主义理论体系为核心内容，总体而言是具有稳定性的。但改革开放以来，我国社会各方面均发生了日新月异、翻天覆地的变化。现实社会实践的变化，最终决定高校思想政治教育的内容，必须要随之而发展与创新，以适应现实社会存在的发展变化，实现思想政治教育内容的科学化。思想政治教育科学化就是指在马克思主义科学理论指导下，运用科学的理念、原则和方法，认识、把握、运用思想政治教育规律，实现思想政治教育最终目的的过程。思想政治教育科学化是思想政治教育合目的性和合规律性的统一。所谓思想政治教育合目的性，是指通过思想政治教育增强社会主义意识形态的吸引力和凝聚力，提升全社会的思想政治水平。所谓思想政治教育合规律性，是指在思想政治教育学科研究中所形成的理论范畴、研究对象、话语体系等不是对表面现象的感性概括，而是经过严格提炼并能够准确反映思想政治教育本质和社会发展规律的理论概括，并且这种理论概括是运用本学科独特的专业术语和概念来表达，达到精确化、规范化、系统化的水平。这既是思想政治教育科学化的内在要求，也是人文社会科学建设发展的必然规律。思想政治教育科学化主要包括学术研究科学化、人才培养科学化、教育实践科学化三个维度。其中，学术研究科学化是龙头、是根本、是指导，人才培养科学化是条件、是平台、是关键，教育实践科学化是基础、是源泉、是目的。在推进思想政治教育学术研究科学化中，主要应处理好揭示特殊规律与揭示普遍规律的关系，应用研究与基础研究的关系，主干学科建设与分支学科建设的关系，单一学科研究与交叉学科研究的关系，继承研究和时代化的关系，借鉴研究和本土化的关系，理论研究与成果转化的关系；在推进思想政治教育人才培养的科学化中主要应处理好人才培养目标与课程设置的关系，学历教育与在职培训的关系，学历教育中本硕博不同层次人才培养的关系，在理论学习研究中培养人与在实践中培养人的关系；在推进思想政治教育实践科学化中主要应处理好系统理论教育与日常思想政治教育的关系，政治观、世界观、人生观、道德观、法纪观等教育内容的关系，大中小学德育的衔接关系，学校教育、家庭教育、社会教育的关系以及单位内部党政工团合力育人的关系。当前推进思想政治教育科学化，要坚持以马克思主义科学理论为指导，牢牢把握思想政治教育理论与实践发展的正确方向；要大力加强思想政治教育学科建设，努力推进思想政治教育学科化发展进程，切实提升思想政治教育学科化水平；还要加强思想政治教育实践创新和当代发展，努力使思想政治教育体现时代性、把握规律性、富有创新性，实现与时俱进的发展。

第二节　新时代高校大学生思想政治教育内容创新的任务要求

任何一个国家的高等教育特别是思想政治教育，都会对这个国家未来的面貌产生直接的、重要的、深远的影响，将决定着未来高级专门人才的思想、政治和品德素质。

高校思想政治教育内容具有针对性、相对稳定性、一定灵活性、相应层次性和递进连续性的特点。实现高校思想政治教育内容创新的基本要求是：一要根据大学生思想品德形成的规律和社会发展的要求确定高校思想政治教育创新的内容；二要根据高等教育整体规划安排高校思想政治教育创新的内容；三要根据高校思想政治教育总体目标设置高校思想政治教育创新的内容；四要根据高校思想政治教育内容是中学思想政治教育内容的深化和延伸，组织高校思想政治教育的新内容。现阶段，创新思想政治教育内容就是要坚持以马克思列宁主义、毛泽东思想和中国特色社会主义理论体系为指导，解放思想、实事求是、与时俱进，立足于帮助大学生树立正确的世界观、人生观、价值观这一目标，深入开展马克思主义基本理论教育，开展中国化的马克思主义理论教育，开展人生观、价值观、道德观、健康观和法制观教育，开展中国革命和建设、特别是改革开放的历史教育，开展基本国情和形势与政策教育，开展社会主义核心价值观教育，开展实现中华民族伟大复兴的"中国梦"的教育。

改革开放以来，在全国高等学校中普遍开展了坚持四项基本原则、爱国主义的教育。党的工作重点实现战略转移时，为避免社会上极少数资产阶级自由化分子打着"解放思想""民主、自由、人权"旗号制造思想混乱、煽动闹事而给高校及大学生带来不利影响甚至造成破坏国家安定团结的严重后果，高校依据邓小平必须坚持四项基本原则、反对资产阶级自由化的论述及中共中央宣传部、中央书记处研究室发布的《关于加强爱国主义宣传教育的意见》及中央有关文件精神，组织和引导广大教师认真学习，提高认识，深入了解资产阶级自由化思潮在学生中的影响，加强教育教学的针对性。同时，对大学生进行以坚持四项基本原则教育为中心的形势政策、道德品质教育，积极引导学生坚定党的信念，把爱国主义的情感、觉悟变成奋发图强建设祖国、保卫祖国的实际行动，走德智体美劳全面发展的成才道路。1993年，中共中央、国务院转发的《中国教育改革和发展纲要》，明确了学校德育工作的根本任务，强调要以邓小平理论为指导，进一步加强和改进学校德育工作，把德育工作提高到一个新水平。1994年，中共中央国务院召开了改革开放第二次全国教育工作会议，会后印发的《爱国主义教育实施纲要》和《中共中央关于进一步加强和改进学校德育工作的若干意见》（下称《意见》），深刻地总结了学校德育工作的经验教训，明确了学校德育工作的形势与任务，提出了改进学校德育的内容、途径、方法，完善学校德育的管理体制，加强党对学校德育工作的领导等基本要求，使各级各类学校的德育工作有了更加明确的纲领。为贯彻落实《意见》精神，1995年原国家教育委员会印发的《中国普通高校德育大纲（试行）》全面规划了有中国特色社会主义高等学校德育体制，体现了把高等学校德育作为一项社会系统工程来建设的思想。1998年，中共中央宣传部、教育部印发的《关于普通高等学校"两课"课程设置的规定及其实施工作的意见》，要求各层次各科类学校都要开设形势与政策课，其主要内容是帮助学生全面正确地认识党和国家面临的形势和任务，正确理解建设中国特色社会主义的理论和实践，树立辩证唯物主义和历史唯物主义的世界观，确立远大的理想和正确的人生观。1999 年，中共中央发出《关于深化教育改革全面推进素质教育的决定》，开始把素质教育纳入德育工作的视野，强调必须把德育、智育、体育、美育等有机地统一在教育活动的各个环节中。2000 年 6 月，中央召开思想政治工作会议，对新形势下思想政治工作做出了全面部署。2004 年下发的《中共中央关于加强和改进思想政治工作的若干意见》指出："我国正处在改革的攻坚阶段和发展的关键时期……学校思想政治教育要全面贯彻党的教育方针，全面推进素质教育。"2015 年 7 月 27 日，中宣部、教育部印发了《普通高校思想政治理论课建设体系创新计划》，对高校思想政治理论课建设体系创新计划的指导思想、基本原则和目标任务做出了明确部署，强调高校思想政治理论课建设体系创新计划的指导思想是：高举中国特色社会主义伟大旗帜，以马克思列宁主义、毛泽东思想、邓小平理论、"三个代表"重要思想、科学发展观为指导，深入贯彻落实党的十八大和十八届三中、四中全会精神，深入贯彻落实习近平总书记系列重要讲话精神，深入贯彻落实《关于进一步加强和改进新形势下高校宣传思想工作的意见》精神，全面贯彻党的教育方针，立足于坚定大学生对中国特色社会主义的道路自信、理论自信、制度自信，以教材体系、人才体系、教学体系建设为核心，以学科支撑体系、综合评价体系、条件保障体系建设为关键，以推动综合改革创新为动力，以问题为导向，以教育教学实效性为评价标准，进一步坚定信心，强化责任，系统规划，整体推进，落实思想政治理论课在高校立德树人工作中的战略地位，把培育和践行社会主义核心价值观融入教书育人全过程，为实现"两个一百年"奋斗目标、实现中华民族伟大复兴中国梦发挥应有的作用。

党的基本理论教育，主要是马克思主义基本理论的教育；党性教育也包括理论教育的一些内容，但突出的特点是鲜明的党性立场。理论教育的知识性特点更鲜明，党性教育的纪律、规矩性特点比较明显；二者密切相关，党的理论教育是党性教育的理论支撑，党性教育是党的理论教育坚持正确政治方向的保证，二者都是为了保证党的政治路线的贯彻落实。总结新形势下尤其是党的十八大以来党的理论教育和党性教育的历史进程和经验，对于提高新形势下党内教育的效果，锤炼"四铁"干部队伍，有十分重大的意义。

与此同时，高校思想政治教育内容逐渐融入社会实践活动。1995 年，团中央、中宣部、国家教委等部门联合发出通知，要求连续开展"中国大中学生志愿者扫盲与科技文化服务活动"。1997 年，团中央、中宣部、国家教委、全国学联发出《关于开展中国大中学生志愿者暑期文化科技卫生"三下乡"活动的通知》，首次提出开展文化、科技、卫生"三下乡"活动，将大学生社会实践活动进一步拓展和深化。这一阶段社会实践的内容更加丰富，广泛开展了支教扫盲、业余文艺演出队下乡、乡镇青年科技图书站建设、乡镇企业咨询会诊、博士硕士农村发展讲座、医疗服务和乡村卫生常识普及等多种形式的志愿服务活动。同时，青年学生还深入到城市社区、工厂企业，开展了社区服务、挂职锻炼、社会调查等丰富多彩、生动活泼的社会实践活动。2005 年 2 月，中共中央宣传部、教育部颁布的《关于进一步加强和改进高等学校思想政治理论课的意见》（以下简称《意见》）提出学科建设是加强和改进思想政治理论课的基础。设立"马克思主义"一级学科，开展马克思主义理论体系研究、马克思主义中国化研究、思想政治教育研究，为推进党的思想理论建设和巩固马克思主义在高等教育教学中的指导地位，培养思想政治教育工作队伍提供有力的学科支撑。《意见》正式提出，新的思想政治理论课设置为 4 门必修课。此次课程改革以"思想政治理论课"来概括原来的"两课"，客观地反映了"马克思主义理论"和"思想品德"这两类课程的内在联系，科学地综合了"两课"的基本内涵。在课程设置上突出了如何进行马克思主义基本原理、中国社会现实和中国历史这三方面结合为一体的教育，切实增强对当代大学生的全面的思想政治教育。

追溯思想政治教育发展轨迹，可以看出高校思想政治教育载体形式的多样性与有效性。从"思想政治理论课"的开设，发展到"政治理论课"与"思想品德课"，再到大学生社会实践等多种载体，其间还增添了"法律基础""形势与政策"等课程内容。从内容上看，不断成熟完善；从形式上看，载体丰富多样。实践证明，内容不创新，就没有思想政治教育的发展出路。实践同时也证明，模式拘泥于传统，忽视理论的先导作用，同样没有理想的结果。当前，面对青年学生现实生活中的热点、难点，从解决实际问题着手，提高思想政治教育的实效性，不断创新思想政治教育内容，既是时代发展的需要，也是高校思想政治教育工作者的历史使命。因此，要抓好以下几个方面的工作：

1. 世界观教育

对于任何社会历史条件下的思想政治教育来说，世界观教育都是最根本的内容，是其他教育内容的奠基石。全球化大趋势的背景下更是如此。习近平总书记把世界观、人生观、价值观比喻为思想政治教育的"总开关"。这无疑凸显了世界观教育的重要性。

大学生世界观教育是引导大学生健康成长、顺利成才的根本保障，是加强和改进大学生思想政治教育的主要内容。大学生世界观教育的效果直接关系到高等教育的人才培养质量，关系到社会主义人才培养目标的实现。因此，高校必须努力构建一个科学的、有实效的大学生世界观教育长效机制。高校思想政治教育工作部门应创新理念，为构建大学生世界观教育长效机制提供思想保障；加强队伍建设，为构建大学生世界观教育长效机制予以组织保障；通过科学管理，为构建大学生世界观教育长效机制提供制度保障；加大经费投入，为构建大学生世界观教育长效机制创造条件保障。

2. 政治观教育

政治观教育是思想政治教育的核心内容，政治素质是个人全面发展的首要素质。学生的生活离不开政治，大学生的政治观如何，不仅关系到大学生个体的健康成长，而且事关社会主义的前途命运。因此，加强对大学生的政治观教育，是一件艰巨而意义重大的事。高校历来是各种不同的理论学术观点、思想观点，交汇、融合、斗争的阵地。在世界风云变幻的形势下，高校坚持社会主义方向，塑造政治素质合格的人才，关系到中国社会未来的命运。马克思指出："人创造环境，同样，环境也创造人。"政治观教育总是在一定的社会环境中进行的，既受环境的影响，也对环境产生一定作用，我们在看到环境对人们政治思想作用强化的同时，也要看到人们改造环境的作用也在强化。因此，大学生政治观教育必须以马克思主义德育环境论为指导，探索优化政治观教育社会环境的新思路。

在新的历史条件下，政治观教育环境正经历巨大的变化和发展。大学生政治观教育必须与变化了的时代主题相适应，与变化着的社会环境相适应，与鲜活生动的教育对象——当代大学生的思想实际相适应。主导性的政治观念只有在社会生活实践中为各种环境因素所强化，才能被大学生真正接受并内化为个体的政治品德，成为他们政治行为的指南。

3. 人生观教育

青年大学生，朝气蓬勃、思维敏捷、勇于创新、积极进取，身心发展都处在"活跃—动荡—变化—成型—基本定型"这样一个过程之中。处于人生关键时期的大学生建立什么样的人生观，对其个人和社会都是至关重要的。针对当前高校大学生的思想状况及存在的问题，加强和改进大学生思想政治教育工作应把"人生观"教育作为重点和突破口，并在深化大学生人生观教育的工作实践中拓展有效途径。

高校思想政治教育一直都非常注重培养学生健康的、科学的人生观。面对当前大学生中存在的突出问题，人生观教育应该着重于加强"以人为本、关爱生命"的内容，着力于引导大学生认识生命的价值，尊重自己和他人的生命，努力提升自身生命的内涵和价值。加强对大学生人生观的教育，首先，思想政治教育工作者应努力树立"以人为本、关爱生命"的新型学生观，应该树立从生命的角度和高度来理解学生的本质、将学生视为不断走向个体完善的独特生命的存在的学生本质观；树立立足于学生发展的终身性，为学生的发展奠基，增强学生发展的自主性，激发学生的创造潜能，实现学生发展的个性化，促进每一位学生发展的学生发展观；树立强调学生生命主体的能动性，将学生视为社会活动的实践者、平等交流的对话者的学生角色观。其次，要改进人生观教育的形式和内容，使人生观教育充满时代内容和强大的生命力，通过开设相关课程，并在其他课程中加强渗透与开展课外活动，增加实践体验相结合的人生观教育方法，使大学生学会珍惜生命、丰富生命、升华生命。

4. 法制观教育

大学生法制观问题一直是学校和社会关注的焦点。研究大学生的法制观，有针对性地对大学生进行法制观教育，是思想政治教育的重要内容。

针对大学生对法律知识的掌握还不够全面和深入、对法治的理解也存在偏差、对司法现状表示担忧和不满、对法治的价值判断和现实选择存在矛盾等问题，高校应强化法律基础课教育，增加学习时间，使学生能够有足够的时间系统学习我国现有的重要法律，同时把民主教育作为专项教育内容，培养大学生的宪法观、公民观、民主观。通过增加社会实践活动，引导大学生正确认识我国的司法现状。实行依法治校，营造良好的校园法制环境。优化校园环境，发挥环境育人的作用，可以提高法制教育的实效。校园环境对学生的教育影响方式与其他教育影响方式不同，主要表现在三个方面：一是直接现实性；二是长期性；三是潜移默化性。校园环境还拥有一种巨大的精神力量，良好的校园环境能控制和限制不良风气和行为的滋长，规范学生的言行。

5. 道德观教育

思想政治教育对大学生道德观教育影响重大。加强大学生道德观教育，并结合思想政治教育方法进行教育和引导，让其树立马克思主义的科学道德观，是摆在当前高校教育者和全社会面前的一个重大课题。

大学生优良道德品质的形成是长期的过程，是在一定的社会生活实践经验的积累以及个人自觉锻炼和修养中逐步形成的。面对当代大学生道德观的变化和发展，我们既要进行客观分析，也要以历史的眼光正确对待，从中发现问题，找出对策，改进和加强思想政治教育工作。在思想政治教育过程中，道德教育作为思想政治教育的基础性内容，是思想政治教育工作的目标和任务之一，加强大学生道德观教育离不开思想政治教育工作。针对当代大学生的道德现状和新的特点，一方面思想政治教育工作应加强大学生道德践行能力的培养，这是解决愿望与行动的矛盾，实现道德理想最有效的途径。作为大学生在道德修养上不仅应知道做什么，更重要的在于知道如何做；另一方面要加强大学生道德修养，帮助大学生树立马克思主义的科学道德观，培养他们高尚的道德品质和强烈的社会责任感。

6. 创造观教育

一个人是否具有创造力，关键是看其能否进行思维创新。所以，思想政治教育不仅要进行世界观、人生观、价值观教育，而且要开展创新思维教育。传统的思想政治教育思维往往把思想政治教育等同于理想教育，思想政治教育内容通常具有高度的政治理想性。在大众文化繁荣发展的当下，大众文化已经成为当代人思想观念、价值准则、审美倾向、行为方式、思维模式构造的重要文化参数。因此，"思想政治教育在突出政治性内容的同时，要注意把政治性内容的教育纳入社会发展和人的发展的轨道上来，使政治性内容与生活性内容相耦合，把整体性、全局性的宏观教育内容与个别的、具体的微观教育内容结合起来，增强教育内容的现实性、针对性和实效性"。同时，不能忽视对科学思维的培养教育，因为它是追求真理与真知的认识图式，有利于学生正确运用辩证思维的方法，把握事物的本质和发展规律，综合运用各种科学思维方法面对新情况，解决新问题。最后应该注意的是社会主义核心价值体系与思想政治教育思维教育的关系，要始终用社会主义核心价值观引导、鼓舞、塑造青年。

7. 健康心理教育

健康的心理是一个人全面发展必须具备的条件和基础。大学生是未来社会的主要领导者和建设者，他们将在很大程度上决定着未来社会的走向和发展状况，他们的心理健康与否，不仅影响着他们的学习和健康成才，而且对整个社会都至关重要。人类社会的快速发展，世界格局的动荡，地球环境的变化，使每个人的理解能力和承受能力都将经受更为严峻的考验。在当今大学生心理问题比较严峻的状况下，加强心理健康素质的培养，丰富不同学生心理教育的形式，改善培养、教育的条件和环境，是高校思想政治工作的当务之急。加强大学生心理健康教育可促进人格健康发展，提高学生综合素质，亦可以发挥学生潜能。为此，要不断加强对大学生的适应性、承受力、调控力、意志力、思维力、创造力以及自信心等心理素质的教育与培养，使其形成健康的心理和成熟的性格。

第三节　新时代高校大学生思想政治教育内容创新的方法路径

一、借鉴他山之石

"他山之石，可以攻玉。"综观当代发达国家的高校教育，尽管没有使用思想政治教育的名称，但在其课程设置和内容设计方面，都包含着丰富的思想政治教育内容。例如：在美国，网络教育内容非常发达，其中就包括公民教育、历史教育、法制教育、宗教教育与信息素养教育等内容，并呈现出隐蔽的政治性、较强的拓展性与明显的针对性三个主要特点。

在英国，高校教育经过宗教化、宗教与世俗化并进、世俗化三个阶段的发展，形成了宗教性、隐蔽性和多样化的突出特征。英国高校注重发挥传统文化的积极作用，充分发挥显性教育与隐性教育两种方法的优势，构建全社会合力育人的教育体系。

在日本，高校教育中思想政治教育的内容多种多样，主要通过以下几种途径来实施：一是专门课程教学。虽然日本各高校开设的专门思想政治教育课的名称及具体设置有所不同，但通过专门的思想政治教育课程来加强思想政治教育的目的是共同的。二是小组讨论。小组研究和讨论的授课形式是日本高校普遍采用的思想政治教育方式，对深入思想政治教育的内容教学有着独特的作用。三是主题讲座。开设主题讲座，是日本高校思想政治教育实施的重要一环。四是实践活动。在日本，实习、考察、调研等实践活动不是简单的课外活动，而是与课程相关联的一部分。此外，日本高校还通过专业课程教育和课外活动等形式补充和完善思想政治教育的内容。

韩国的思想政治教育更具特色："孝道"教育从娃娃抓起，并渗透在韩国经济、社会生活的各个角落；以个人为圆心，逐渐扩展到家庭、学校、社会、国家的思想政治教育内容结构模式；具有韩国特色"身土不二"的爱国主义教育；采用古为今用、洋为韩用的方法；思想政治教育评价坚持多样化原则，多方面、多角度地考察教育效果，强调对学生思想道德品质进行客观、全面、准确的评价。我们需要认真学习和借鉴韩国的"孝子"产业、韩国特色"身土不二"的爱国主义精神和强调知与行统一的观念。

北欧一向以经济发达、社会自由、福利优厚、清正廉洁、人民幸福指数高而闻名于世，具有北欧特色的思想政治教育对此功不可没。北欧各国的思想政治教育目标主要包含两个内容：反映个人要求的心理品质的目标和反映国家要求的公民品质的目标。北欧国家思想政治教育特色鲜明：一是思想政治教育的宗教色彩浓厚，二是重视对社会核心价值观的宣传与教育，三是思想政治教育的形式灵活多样，四是注重隐性的思想政治教育。这对我国思想政治教育具有重要的启示：首先，夯实思想政治教育的信仰基础，增强对中国特色社会主义的认同感和适应性；其次，努力拓展思想政治教育的空间，注重实践性和开放性；再次，大力改进思想政治教育的形式，注重柔性灌输与渗透性。发达国家思想政治教育的内容和方式启示我们，创新思想政治教育内容可以从多途径、多角度入手。

二、营造良好的学科环境

一所大学的学科布局、规模和水平，构成一所大学的知识平台，也决定着创新教育的学科环境。学科环境是思想政治教育环境的重要组成部分，适宜的学科环境在一定程度上也是通才教育目标实现的重要因素。所谓学科环境是指大学校园内部能影响受教育主体的各种学科条件的综合，有四个构成要素，分别是学科设置、人（即教师和学生）、物（即图书资料、仪器设备等）、观念。"科学的学科设置和良好的学科氛围在大学生的成长过程中是不可或缺的，它构成了高等教育的一种生态。"

然而，从当下中国高校的学科布局来看，思想政治教育作为一个专门学科，起步于20世纪80年代，建设时间较短，学科体系构建尚不完善，不仅学术界对该学科体系内容的构成观点不一，而且在实际运行过程中也没有引起应有的重视，甚至在一些高校还存在被边缘化的倾向。从事思想政治教育学科的教师往往遭受冷遇，仅有的学科研究在很大程度上处于"自娱自乐"状态：有的陶醉于自我思辨，从概念中来又回到概念中去，论题越来越玄、论证越来越烦琐，越来越小众化；有的则满足于注释、汇编与组合，将思想政治教育学实质上演化为"寻章摘句"之学，致使思想政治教育研究成为"无根性"研究。有学者抽取21世纪以来十年内我国10所高校思想政治教育专业硕士研究生学位论文2077

篇、博士论文 279 篇作为样本，经分析后发现，思想政治教育研究存在"无根性"特质。与其他学科相比，思想政治教育不同程度、不同范围地存在着"杂、散、疑、平、虚"等问题。要实现思想政治教育内容的创新，首要问题就是要完善和强化思想政治教育学科建设，凸显其科学性和规范性，实现其意识形态性和政治性特有属性的价值，既不能简单地用"思想教育""道德教育""政治教育"代替"思想政治教育"，也不能与一般的"公民教育"相混同，而是要作为一门独立学科来建设，并且还要下大力气克服思想政治教育事实上存在的"两张皮"现象。所谓"两张皮"是指下面几种现象：一是目前高校中，部分思想政治教育研究人员只管理论探讨，单纯地进行所谓体系的"架构"，对于现实生活中人们的"困惑"与"不解"视而不见；二是部分思想政治理论课教师，只对课本上、文件中的内容进行机械传输，对于传播内容的价值与意义则不予以揭示；三是部分思想政治教育工作者，只是沉迷于日常管理，对大学生新出现的诸多思想问题不能科学认识与分析。高校思想政治教育"两张皮"现象的普遍存在，不仅制约了思想政治教育实效性的提升，而且也损害了思想政治教育学科环境的营造，更影响着思想政治教育内容的创新。对此，需要进一步提高提高思想政治教育者的理论素质，要站在学科及学术的前沿，开阔创新视野，重视理论研究及国际间的学术交流。积极营造科学、理性的学科环境，为思想政治教育内容创新提供广阔的空间。

三、转变思想政治教育观念

转变思想政治教育观念是开展思想政治教育内容创新的先导。传统的思想政治教育往往是"灌输"和"说教"，对其内容的科学性、严谨性和吸引力很少顾及。革除"传统教育"的弊端，必须从转变教育思想观念开始。

就中国的高等教育来说，要树立全新的教育观和人才观，就需要把以传授知识为主的传统教育观转变成人文精神、科学素养和创造能力协同培养的新型教育观；把培养精英人才的教育观转变成培养"专通结合"人才的教育观；把片面的智力教育观转变成培养综合素质的教育观；把继承性和传播性教育观转变成内在价值观与外在价值观协同作用的教育观；把唯物质的教育观转变为可持续发展的教育观；将单纯的经济、政治的教育观变成以经济、科技和人力资源为基础的综合国力的教育观；把以学科为中心的教学模式转变为以学生为中心的教学模式。学生只有成为知识的主人而不是容器，才能创造性地应用知识，进而对知识进行创新。伴随高等教育观念的全面创新，思想政治教育就需要按照党中央的要求和部署，抓住机遇迎接挑战，唱响主旋律，打好主动仗，勇于创新和发展，不断提高思想政治教育的水平，更好地为改革开放和社会主义现代化建设提供强大的精神动力和有力的思想保证。这就要求思想政治教育必须与时俱进，积极适应时代和社会的变化，实现全面创新。思想政治工作的创新既包括思想政治工作观念的创新，也包括内容、方法和机制的创新。

思想政治教育观念的创新是思想政治教育内容创新的前提。只有思想政治教育观念创新了，思想政治教育的内容、方法、机制等才能真正创新，才能发现和开辟思想政治工作的新天地。实际上，目前我国高等学校仍然沿袭着传统教育模式，虽然人们已经认识到传统教学方法的弊端，但在实际教育教学实践中，依然盛行着"仓库理论"。教育者把学生的大脑看作储存知识的仓库，在教学过程中大量使用的还是灌输型、塑造型的传统教学方法，而引导型、发展型的现代教学方法仍处于辅助地位。思想政治教育教学过程仍然停滞在"传播知识—接受知识"的被动的旧式教育模式下，教师讲课的方法仍然沿着"原理＋例子"的模式。有些教师在教学过程中虽力争引进国外案例教学的方法，但在传统的重原理、轻实践的教学模式影响下，一个案例实际上只起到一个例子的作用。最新的教育理念、策略和方法难以引入课堂，因为现行的教学管理制度，强调的是按既定的大纲讲课，按既定的大纲要求命题考试，并以成绩作为考查教学质量的主要依据。这种教学评价模式不仅使学生没有独立思考的机会，学习的主动性、参与性及创造性受到制约，而且使教师的教学内容、方法和教学创造性也受到制约，这种教学方式培养出来的学生既缺乏应用能力，也缺乏创新能力。所以，我们强调创新思想政治教育内容，就必须做到：第一，始终站在理论和实践的前沿，更新思想政治教育观念，进一步强化服务学生的意识，这是实现思想政治教育观念创新的最重要、最核心、最根本的观念；第二，确立符合时代要求的新观念，这是实现思想政治工作观念创新的现实需要；第三，坚持以人为本，促进人的全面发展，这充分体现了新时期思想政治教育的价值定位和角色定位的新变化。

四、优化课程内容体系

优化课程体系是实施创新教育的根本。课程的设置是培养具有创新能力人才的核心环节。只有构建起面向21世纪、面向知识经济的课程体系，才能孕育出知识经济时代高素质的人才。知识经济时代，我们面对的是瞬息万变的知识创新的局面，传统的以学科为中心的课程模式所形成的学生的知识结构、智能结构已不能适应知识经济时代对人才的需要。

创新课程内容体系是思想政治教育工作改革的重点所在，也是转变观念的主要落实之处。在谈到内容的改革时，人们往往很自然，也很直接地想到，应该根据目前形势和国际潮流的变化，补充一些什么新颖的东西，或者调整一下布局。实际上，在进行思想政治教育的内容设计与选择时，首先必须澄清这样一个问题，即这种教育的内容体系应该如何确立？只有理顺了思路，才能真正有针对性地确定教育的内容。

在我们几十年的思想政治教育工作中，尽管取得了突出的成绩，但同时也有许多教训值得认真汲取。其中最重要的教训是：在设计教育内容时，不是从最基本的公民素质培养开始，逐步地上升到崇高的理想的引导，而是从一开始就为学生确定了一个可望而不可即的目标，忽略了如何让学生一步一步实现它，结果导致了学生在学习时目标不明确，对未来茫然不知所措。教育的过程应该是：感性认识—感悟知识。知识是学习的最高阶段，只有经历前面两个阶段才能获得知识。教育的过程是一个获得智慧的过程，从中使受教育者获得创新的能力。但长期以来的填鸭式教育，使学生们从小就能很容易获得知识，但缺乏探究，没有感悟，最终只是学得了知识，但没有得到智慧。改变这种状况，不仅要改变传统的教育观念，而且必须从优化课程内容体系入手。可以说，新时期以来我国高校在思想政治教育课程设计的理论与实践方面取得了一些进展，但在建设社会主义市场经济发展体制和高等教育大众化背景下，高校思想政治教育的内容设置仍不够切合学生思想实际。目前我国思想政治教育课程设置中只有"马克思主义基本原理概论""毛泽东思想和中国特色社会主义理论体系概论""思想道德修养与法律基础""中国近现代史纲要""形势与政策"五门必修课，从形式上看有点单一，缺乏多样性，具有统一模式化、非个性化特点。这导致学生关于马克思主义理论与实践的知识结构单一狭窄。还有一个问题就是课程内容设计学术性过强，缺乏灵活性、趣味性，与市场经济中创新型、应用型人才的思想政治素质要求不吻合，与未来人才培养规格不适应。

分析我国高等思想政治教育课程设计的情况，以学科为中心的课程设计观念没有考虑到大学生是受教育的主体，忽视了作为主体的大学生。以活动为中心的课程设计主要目标指向学生的实际操作技能，解决实际问题，没有考虑到知识的思想教育价值。思想政治教育课程设计应该考虑大学生的思想需求与兴趣，把科学的知识结构和理论体系结合起来构成思想政治课程的内容。思想政治课程设计应该把理论与实践有机地结合起来，使大学生有新奇感，启发大学生的思路，鼓励大学生大胆探索、大胆设想，放手让大学生在实践中自我锻炼，依靠自己的力量使大学生产生自豪感，增强自信心，强化思想发展意识。

五、抓好社会主义核心价值观教育

社会主义核心价值观是社会主义核心价值体系的内核，体现社会主义核心价值体系的根本性质和基本特征，反映社会主义核心价值体系的丰富内涵和实践要求，是社会主义核心价值体系的高度凝练和集中表达。党的十八大以来，中央高度重视培育和践行社会主义核心价值观。习近平总书记多次做出重要论述，提出明确要求。中央政治局围绕培育和弘扬社会主义核心价值观、弘扬中华传统美德进行集体学习，中共中央办公厅还印发了《关于培育和践行社会主义核心价值观的意见》。党和国家的高度重视和有力部署，为加强社会主义核心价值观教育实践指明了努力方向。

党的十八大提出，要积极培育和践行社会主义核心价值观，倡导富强、民主、文明、和谐，自由、平等、公正、法治，爱国、敬业、诚信、友善。富强、民主、文明、和谐是国家层面的价值目标；自由、平等、公正、法治是社会层面的价值取向；爱国、敬业、诚信、友善是公民个人层面的价值准则。这 24 个字是社会主义核心价值观的基本内容。

社会主义核心价值观与社会主义核心价值体系是两个既有内在联系，又彼此区别的命题。从根本上来说，社会主义核心价值观与社会主义核心价值体系在本质上是一致的、统一的，它们都体现了社会主义的核心价值追求，是建设中国特色社会主义不可或缺的重要组成部分。但从严格的意义上来说，它们又是相互区别的。社会主义核心价值体系指的是社会主义意识形态中那些反映社会主义经济、政治和文化制度要求、体现社会主义发展趋势的核心思想意识、价值观念的总和，而社会主义核心价值观则是对社会主义核心价值体系核心内容和精神实质的高度凝练及抽象概括。从具体内容来看，社会主义核心价值体系是一个由马克思主义指导思想、中国特色社会主义共同理想、以爱国主义为核心的民族精神和以改革创新为核心的时代精神、社会主义荣辱观等多方面内容所构成的科学价值体系，而社会主义核心价值观则是集中体现这种核心价值体系的根本目标和要求，即"富强、民主、文明、和谐、公平"等社会最高价值追求。社会主义核心价值体系的内容比较具体全面，而社会主义核心价值观的内容则比较抽象概括。确立社会主义核心价值观与构建社会主义核心价值体系，是一个相辅相成、有机统一的过程。对高校思想政治教育来说，加强社会主义核心价值观教育，就要做到：

第一，坚守高校社会主义核心价值观教育主阵地，清醒认识"普世价值"的西方意识形态的渗透本质。西方发达国家凭借经济科技上的优势，把持着强势话语权，维系着其思想上的统治，以"普世价值"名义推行自身价值观。当今世界，意识形态的冲突突出表现为文化软实力竞争的加大，特别是核心价值观的冲突。欧美发达国家打着"普世价值"的旗号进行核心价值观上的渗透，力图把握思想主导权，抢占道德制高点。而马克思主义在深刻揭示了西方自由、民主、人权的阶级实质和历史局限后，成功抢占了当代人类文明的道德制高点。以马克思主义为指导的社会主义核心价值观，是我们把握新时期主流意识形态建设主动权的基础。高校大学生处于社会化的敏感阶段，其价值观极易受到社会多元文化的影响，特别是披上"普世"外衣的价值观更容易受到青年学生的推崇。当代青年学生担负着建设社会主义和谐社会的重任，加强高校大学生社会主义核心价值观教育，占领高校核心价值观教育阵地，是加强与巩固当代青年学生对社会主义、马克思主义认同感的迫切要求。同时，要用马克思主义引导学生深刻认识资本主义本质，培养学生形成良好的价值判断力和价值分析能力，提高他们的思想品德素质和综合能力。

第二，培育和弘扬社会主义核心价值观必须立足中华优秀传统文化。"牢固的核心价值观，都有其固有的根本。抛弃传统、丢掉根本，就等于割断了自己的精神命脉。"中华文化源远流长，积淀着中华民族最深层的精神追求，代表着中华民族独特的精神标识，为中华民族生生不息、发展壮大提供了丰厚滋养。中华传统美德是中华文化的精髓，蕴含着丰富的思想道德资源。不忘本来才能开辟未来，善于继承才能更好创新。吸取传统文化精髓，立足我国发展现实，注重培养核心价值观教育中的时代精神。我国核心价值观的建立离不开对传统文化精华的广泛吸收，也离不开时代要求和发展现实，所以在高校核心价值观教育中要立足中华民族传统美德，合理吸收传统文化精髓，注重中华文明的传承。同时，在新的时期，还要树立时代榜样，用勤俭节约、诚信、友善等社会美德塑造新一代大学生。世界各国都非常重视对本民族整个历史发展过程的宣传，以增强青年学生的民族自豪感和自尊心，培养他们的民族意识和爱国精神。我国对学生的爱国主义价值观教育也只有根植于本国历史传统，才能有效地实现富有中国特色社会主义核心价值观教育的目标。

第三，加强在隐性教学活动中对大学生进行的核心价值观教育。社会主义核心价值观融入高等教育的过程离不开思想政治理论课的建设。思想政治理论课在高校社会主义核心价值观教育过程中发挥着主导性作用。应充分认识思想政治理论课的主导地位，充分发挥思想政治理论课的引领作用，充分提升思想政治理论课的课堂控制力，充分发挥思想政治理论课教师的主导作用，全面提升思想政治理论课在高校社会主义核心价值观教育中的主导性。除了思想政治理论课，其他专业课程、选修课程、实践课程乃至学生社团活动、校园文化等都对培育学生的核心价值观起着重要作用，而且正是这些隐性课程实现了潜移默化、润物细无声的教育目的。目前我国高校思想政治理论课教学存在着学生排斥大于喜爱的情况，因而将核心价值观教育真正渗透到学校教学、管理、服务、活动等各个环节所发挥的作用不可小觑。所以，应把社会主义核心价值观渗透到文学、历史、艺术、政治等课程中，渗透到校园文化、社会实践活动、学生社团活动以及学校管理各环节中，增强核心价值观教育的实效性。

第四，拓宽核心价值观教育的实施途径，多样化开展核心价值观教育活动。在对大学生进行核心价值观教育时要采取多种方式。思想政治理论课是大学生核心价值观教育的主渠道，但不是唯一途径，要充分开发和利用多种价值观教育途径，调动学校一切有利于价值观教育的资源开展核心价值观教育。教育规律显示，社会实践在社会主义核心价值体系教育中的作用：首先，社会实践对大学生认知社会主义核心价值观具有转化作用，使大学生化抽象理论为具体行为，化被动接受为主动学习；其次，社会实践对大学生认同社会主义核心价值观具有强化作用，能够增强实践体验、澄清理论是非，提升社会主义核心价值观教育说服力；再次，社会实践对大学生践行社会主义核心价值观具有承载作用，能够提升社会主义核心价值观的个体化和整合力。同时，社会实践对大学生弘扬社会主义核心价值观具有辐射作用，是大学生模范践行社会主义核心价值观、增强其影响力的重要平台。微博在社会主义核心价值观教育中也有着不可忽视的作用。社会主义核心价值观要得到大学生群体的认可和接受，就必须进行广泛和有效的传播。微博作为一种新型的传播媒体，其传播速度快、传播范围广、内容可互动等特点与大学生群体所具有的高素质、性格活跃等特点相契合，已经成为向大学生传播社会主义核心价值观的重要媒介。这就需要转变社会主义核心价值观的传播理念，重视微博在传播社会主义核心价值观中的重要作用，把大学生关注的现实问题与社会主义核心价值观教育联系起来，运用核心价值观说明、解释现实问题，充分发挥微博"意见领袖"的作用，扩大社会主义核心价值观传播的影响。

第五，坚持以人为本的价值观教育过程，加强学生价值判断能力的培育。实践证明，成功的价值观教育不仅是满足社会的需求，更是个人发展的要求。价值观的主体是个体的人，解决学生实际需求、贴近现实生活的教育形式才更有意义。因此，要把社会主义核心价值观的教育过程与学生的成长和发展结合在一起，把核心价值观教育变为学生自身发展的需求。学生在不同的年龄阶段，身心发展都有一定的规律性，并且有着不同的需求，因此在核心价值观教育的过程中，要遵循他们的身心发展规律，适时提供比如职业生涯规划教育、心理咨询服务、就业指导服务等内容，帮助他们解决成长过程中可能遇到的情感、学业、人际交往、就业择业等各方面存在的困惑，真正做到以人为本，增强他们对学校的归属感和对社会主义核心价值体系的认同感和亲近感。同时，要重视对学生价值的引导教育，重视加强价值理性的培养，增强学生的价值思考和判断能力，激发大学生自身的道德意识，提升他们的道德判断能力。

六、加强优秀传统文化教育

博大精深的中华优秀传统文化既是"涵养社会主义核心价值观的重要思想来源"，又是"我们在世界文化激荡中站稳脚跟的根基"；既是中国化马克思主义不可或缺的思想来源，也是马克思主义中国化不断深化的思想支撑；既是中华民族以爱国主义为核心的民族精神的传承，又是每一位中国人尤其是青年学生树立正确的世界观、人生观、价值观的重要精神食粮。教育部社科司于2014年初颁布的《完善中华优秀传统文化教育指导纲要》，为推动大中小学中华优秀传统文化教育一体化，促进优秀传统文化进教材、进课堂、进头脑，做出了新的部署。

中华优秀传统文化和社会主义核心价值观具有内在的、历史的联系。一方面，中华文化是社会主义核心价值观的重要根源，社会主义核心价值观的产生、形成和完善，是优秀传统文化内容自然的、历史的延续和发展；另一方面，社会主义核心价值观与中华优秀传统文化基本价值相对接，充满与中华优秀传统文化相同的民族精神。离开中华优秀传统文化的支撑，社会主义核心价值观将成为无源之水、无本之木。继承弘扬中华优秀传统文化，要与培育和践行社会主义核心价值观紧密结合。开展中华优秀传统文化教育有三个层面的主要内容：一是以天下兴亡、匹夫有责为重点的家国情怀教育；二是以仁爱共济、立己达人为重点的社会关爱教育；三是以正心笃志、崇德弘毅为重点的人格修养教育。这三个层面，分别体现了与"富强、民主、文明、和谐"国家层面的价值目标、"自由、平等、公正、法治"社会层面的价值取向和"爱国、敬业、诚信、友善"公民个人层面的价值准则的对接。比如，"家国情怀"是对国家具有高度认同感和归属感、责任感和使命感的体现，是出于对国家价值发自内心的认可而生成的一种对国家的特殊认知和情感归属。从国家层面上看，家国情怀是国家凝聚力形成与维持的重要动力源；从个人层面上看，只有建立了家国情怀，才会感受到自己与国家之间的紧密联系，感受到国家给予的幸福和力量，才能将中国梦当作共同的愿景和追求去努力奋斗。

此外，深入推进传统文化的理论研究和宣传普及，是时代赋予广大高校哲学社会科学工作者的光荣使命。一方面，我们要认真汲取中华优秀传统文化的思想精华和道德精髓，深刻认识并发挥我们的独特文化优势，激活传统文化的价值观基因，在新的历史条件下成为中华优秀传统文化的切实继承者；另一方面，要将马克思主义原理和中华优秀传统文化有机结合起来，立足当代中国实际，深入开展"实现中国梦""社会主义核心价值观与中华优秀传统文化""文化典籍整理挖掘"等专项研究，以海纳百川的气魄汲取各种文明养分为我所用，成为中华优秀传统文化的高水平研究者；同时，还应以自觉自信的态度深入开展国际学术交流与合作，通过"请进来"和"走出去"相结合的方式，在世界上主动发出中国学术的声音，为弘扬中华文化做出积极贡献，成为中华优秀传统文化的积极传播者。高校作为人才培养的摇篮，首先要加强对传统文化教育意义的认识，充分体会传统文化教育对于培养大学生的民族精神、人文精神，帮助大学生形成正确的人生观、价值观和世界观，塑造健康人格等方面的重要作用；同时，从根本上改变原来的传统文化教育模式，不断探索传统文化教育的新路径。

第一，开设传统文化教育通识课程，构建传统文化教育教学课程体系。开设传统文化教育通识课程，就是立足各高等院校的实际情况，将传统文化教育作为学生的必修或选修课程，列入教学大纲，纳入学校课程体系。另外，在其他基础课中，可以有选择地增加有关中国传统文化的教学内容，为大学生较系统地学习传统文化知识提供必要的平台，使学生能够系统地了解中国传统文化历史，从而有利于他们接受传统文化熏陶，习得传统美德智慧。目前，一些高校已经开设了以"博雅课程"命名的传统文化教育通识课程，并将相关课程纳入学校的课程建设体系，采取立项方式进行重点打造，给予充分的经费支持，鼓励高水平教师和学科带头人申报建设，使得这些学校兴起了浓厚醇郁的"博雅艺术"之风。构建传统文化教育教学课程体系，还包括在思想政治理论课教学中融入传统文化教育内容。马克思主义政治理论课和思想品德教育课最主要的任务是引导学生学习掌握马克思主义的立场、观点和方法，把握正确的世界观、人生观和价值观，确立建设有中国特色社会主义的共同理想，促使青年学生健康成长，成为时代所需要的合格人才。这里面包含着人文素质教育的目标，也是提高大学生的文化修养、理论修养、道德修养方面的要求。如果在思想政治理论课中恰当地穿插、引用传统文化知识，不仅能使教学内容生动翔实、深入浅出，而且能够吸引大学生的关注，更容易为他们所接受，从而使得思想政治理论课的思想政治教育工作更能收到实效，同时也使得传统文化教育工作真正落到实处。

第二，提升师资队伍素养，挖掘学科课程的人文内涵。在高校现有的传统文化教育模式中，任教教师大多从中文、历史等学科的现任教师中抽选。他们大多有自己的专业课程教学任务，再承担传统文化教育课程，往往会觉得力不从心，很难投入更多的精力，从而影响到课程教学质量的提高。这就要求学校在这方面应该加大投入，争取建立一支专职传统文化教师队伍，即使是选任相关学科教师，也应合理分配他们的教学任务，以便使他们有足够的时间来备课。同时，要认真做好传统文化教学队伍的建设工作，有条件的应开展对教学队伍的培训工作，通过派出学习、资助课题、组织交流研讨活动等形式，打造一支知识深厚、业务熟练、勤于钻研、敢于出新的教师队伍。在此基础上，学校要加强对师资队伍的检查、督导工作，并定期进行考核，以便使得传统文化教学工作走上正轨并保持可持续发展的良好态势。在具体的课程教学业务指导方面，应引导教师队伍探索出一条针对性强、切实可行的教学方法，避免由于学术气太重、课程太过艰深古涩而打击学生们的接受兴趣。在此基础上，教师再引导学生理解传统文化中蕴含的深刻含义，令其真正体会传统文化的精髓，从而在潜移默化中受到良好的教育。

第三，营建良好校园文化环境，打造传统文化教育优良载体。营建良好校园文化环境，就是在高校校园内呈现传统文化的精髓与意蕴，要从校园物质文化建设和精神文化建设两个方面着手。校园物质文化，是校园物质创造的形式和成果的总和。在许多办学历史悠久的高等院校校园，能够看到保存较为完好的古代园林建筑。亭台轩榭、雕台镂窗、墨迹遗画，都是一笔极其珍贵的传统文化教育资源，让求学其间的大学生们无形之中就受到了良好的教育。即使是建校时间不长的高等院校，也可以在校园建设过程中多加留意，道口路边的名人名言、古朴雅净的书画长廊、庄重肃穆的圣人雕像，所有这些都可以转化成传统文化教育资源。在精神文化建设方面，通过学校团委、学工处等具体部门的引导，适当组织一些传统文化纪念、推广活动，创设良好的传统文化情境，营造良好的传统文化宣传氛围，以此去感染、启迪、陶冶和塑造学生。比如，许多高等院校利用清明节、端午节、中秋节等传统文化节日，组织一系列生动活泼、参与广泛的传统民俗文化宣传活动，在校园内掀起浓浓的民俗情怀，让一些热衷于过洋节日、与传统节日隔膜较深的大学生受到良好的教育，真正领略到中国传统节日文化的魅力，增强民族自豪感和认同感，在潜移默化中提升民族精神和人文精神。

第四，坚持"引进来"与"走出去"相结合，拓宽传统文化教育新途径。传统文化教育工作的开展，可充分利用社会上的丰厚资源。近年来，随着各地对传统文化教育的高度重视，不少地方免费开放了博物馆、展览馆等文博机构。这就可以有计划地组织大学生参观相关场馆，让他们切身感受到中华文化的源远流长、博大精深。主动和相关传统文化演出机构联系，邀请他们到学校来演出。近几年来，由教育部、文化部、财政部等部门联合发起的"高雅艺术进校园"活动就收到了很好的效果。京剧以及各地方剧种纷纷走进各大高等院校，为广大师生们呈上了一道道丰厚炫目的传统文化大餐。一时间，各大高等院校掀起了"戏曲热""传统文化热"。"昆曲演习社""国学社""戏苑沙龙"等社团组织纷纷问世，带动了校园传统文化教育工作的开展，效果十分显著。因此，有条件的高等院校应该主动与相关部门建立联系，定期或不定期地邀请相关机构到学校演出，建立"高雅艺术进校园"的长效机制，进一步营造良好的传统文化宣传与学习氛围。

以学生社团为抓手，把传统文化教育与开展各种活动结合起来。传统文化教育的推广，既有赖教师的认真传授和相关部门的大力推广，更应依靠学生的内在推动力。通过学生社团等力量的宣传普及，能够使得传统文化更加迅速地走进大学生的生活。长期以来，大学校园内一部分热爱传统文化的学生自发成立的学生社团一直顽强地维持下来。在近年的传统文化热潮中，又涌现出一大批研习传统文化的社团，如国学社、剧社、诗社、古文研习社、古琴演习团、太极沙龙等。高等院校应该充分重视学生社团工作，有组织地引导学生社团开展活动，并在资金、场地、成员培训等方面给予必要的支持，使得各传统文化社团能够尽快扎根立足，并迅速走上正轨，真正成为推广传统文化的"播种机"、吸引传统文化爱好者的"吸纳器"。在引导传统文化社团开展活动过程中，应注重将社团活动与开展主题活动、社会实践活动结合起来。在诸如传统文化节日和纪念伟大历史人物、重大历史事件的纪念活动中，重视传统文化社团活动的开展，充分发挥传统文化社团的带动作用，吸引更多的同学关注传统文化。

第五，运用现代技术和手段实施传统文化教育。当代大学生对新鲜事物拥有明显的求知欲，传统的教育模式必然使学生感到兴趣索然，因此，教学方式的改革对传统文化教育十分必要。针对学生们的喜好，把计算机技术充分引入到传统文化教育的课堂中，会收到意想不到的效果。以韩国为例，韩国的教育者非常重视传统文化教育与高科技媒介的紧密结合。他们致力于探索、挖掘传统与现代紧密结合的方式方法。在首尔，经常有各种各样的展览会，传统文化经过计算机的制作、合成、加工，以一种无与伦比的美展现在人们的面前，这种传统与现代的完美结合深受学生们的喜爱。更为重要的是，学生们可以在内心深处不断地认知和感受传统文化的精髓。传统文化并不是通过灌输就能被学生接受并喜爱的，而是应该以各种各样灵活的方式深入并渗透到学生们心中，让他们在不知不觉中认识、接受、喜爱它。

中华优秀传统文化是人类文明进程与文化成就的重要组成部分，是中华民族最深厚的软实力。当人类社会在最初走进经济为主的社会形态的时候，精神方面的缺失造成的社会影响并不显著。但是随着社会物质生活的越来越富裕，这方面的影响也就越来越明显。高校作为人才培养的摇篮，在全球化时代，面对学生们在传统与现代、东方与西方之间的彷徨与困惑，有责任担当起传承和弘扬优秀传统文化根基的使命，努力用中华民族创造的一切精神财富来以文化人、以文育人。

第四章 新时代高校大学生思想政治教育方法创新

"工欲善其事，必先利其器。"创新高校思想政治教育，方法是关键。方法是人们想问题、办事情的思路和方式。方法"是工具，是在主体方面的某个手段，主体方面通过这个手段和客体相联系"。方法对头，事半功倍；方法不对，事倍功半，甚至事与愿违。创新思想政治教育方法，就是要把握思想政治教育的规律性，找到教育者与受教育者之间紧密契合的桥梁，以增强教育的实效性。

第一节 方法创新与观念创新的重要性

一、方法创新

方法创新是实现高校思想政治理论教育目标的必要条件，更是影响思想政治理论教育效果的重要因素。在全球化时代，知识爆炸，信息网络技术高度发达，无论是知识的获得路径还是人们的行为方式和生活方式都越来越趋向多样化。这样的时代条件，客观上要求高校思想政治教育方式方法必须实现从单向灌输型向双向交流型转变、从显性型向显性与隐性结合型转变、从单一型向综合型转变，利用信息网络等新技术，实现高校思想政治教育方式方法的现代化、多样化。

（一）方法创新的内涵

方法是主体把握客体的手段、方式与途径的总和，是主客体相关联、相结合、相统一的中介条件。方法是由目的、主体能力、客体形式、工具等因素共同组成的结构，这种结构决定了人的活动方式，即方法样式。方法与理论同属主观认识范畴，都是对客观事物的反映。但二者的认识对象有所不同。理论是对客观事物及其规律的认识，客观事物是理论的客观原型；而方法必须以客体的规律为依据，但又不同于对规律反映的理论，而是客体规律与主体因素的统一，是主体为更有效地把握客体而创造出来的规则、手段。也就是说，一方面，方法并不是任意的主观性的东西，必须以客观规律为依据；另一方面，它又是人的主观创造的产物。方法帮助人实现自己的目的，人借助于方法及其工具接近或作用于客体，以使客体能够满足自己的各种需要。方法扩大了人生存与活动的世界，动物只能以有限的、不变的方式生存，而人总是能够通过方法、工具、技术的革命，进入新的活动空间，体验新的生活方式。方法给人以多种选择，同一目标可以采用不同的途径实现，这使人可以权衡利弊，比较优劣，以多样化的方式从事自己的活动，显示自己的存在。

方法创新是属于以人的活动方式、程序为对象的创新，它直接创造出的是新的方法，它所导致的活动结果的改变、活动对象的增值是派生的。人们往往注意既成的、物化的、易观察的创新，而没有充分重视方法的创新及其作用。实际上，很多的对象化创新都离不开方法的创新，是方法的创新推动了对象的创新，因为方法创新选择了新的活动方式，开辟了新的活动途径，也就自然进入了新的活动区间，产生了新的活动结果。方法创新不像物化创新那样具有直观的和凝固的形态，而是一种操作性的、过程性的形态，因此界定方法创新要在动态中把握，从方法使用与运行的过程中区别出其发生的变化；在结构中把握，从方法要素的改变看引起的整个方法模式的转型；在样式中把握，从方法类型的整体转变判断方法的根本变革；在输出端把握，从方法的效果变化由果溯因分析方法的创新。如同黑格尔所说的"理性的技巧"，方法创新是人不断增强中介性活动的能量，利用新的工具性因素，放大自己的体力与突破自己的生理极限，提高自己的活动效率，扩大人的世界的范围。荀子说："君子生非异也，善假于物也。"善于发明与使用工具就是方法的实际运用，而且随着工具的不断革命，人类所利用的"物"也从古代的"舆马""舟楫"发展到今天的航天飞机、核潜艇等。

方法创新是人类文明进步的基石。正是依靠生产方法、生活方法以至于社会运行方法的大大小小的不断创新，才发展出如此丰富、复杂、多样的现代文明世界。英国教育家阿弗烈·诺夫·怀特海指出："19世纪最大的发明就是找到了发明的方法。一种新方法进入人类生活中来了。如果要理解我们这个时代，有许多变化的细节，如铁路、电报、无线电、纺织机、综合染料等等，都可以不必谈，我们的注意力必须集中在方法的本身。"由此可见，教育的创新也必须从方式入手，以实现教育的主题。

（二）思想政治教育方法创新的必要性

思想政治教育方法是连接教育内容和教育对象的重要桥梁和纽带，是实现教育主体与客体之间双向交流的渠道，它的作用在于实现思想政治教育的目标，完成思想政治教育的任务。在长期革命和建设实践中，我们党历来高度重视思想政治教育的方法问题。毛泽东早就指出："我们不但要提出任务，而且要解决完成任务的方法问题。我的任务是过河，但是没有桥或船就不能过。不解决桥或船的问题，过河就是一句空话。不解决方法问题，任务也只是瞎说一顿。"2006年6月，江泽民在中央思想政治工作会议的讲话中强调指出："加强和改进思想政治教育，过去行之有效的好传统、好方法要坚持，更重要的是要适应新情况，不断探索新方式、方法、手段和机制。"新时代，习近平总书记多次论述了新时期开展思想政治教育的方法问题，提出"要通过教育引导、舆论宣传、文化熏陶、实践养成、制度保障等，使社会主义核心价值观内化为人们的精神追求，外化为人们的自觉行动"。这些思想理论无疑为搞好思想政治教育工作提供了方法指导。

众所周知，高校思想政治教育的过程既与学生的"认知过程"统一，又与学生"人格养成过程"统一。作为对科学知识的"认知过程"，主要着眼于事实判断，是一个求真的过程，其教育的目的是使受教育者熟练而系统地掌握该思想和方法，并能够运用其分析和解决实际问题；而作为育人的"人格养成过程"，主要着眼于价值判断，是求善的过程，其教育的目的是使受教育者认识和理解、体验和认同价值体系的意义，并能够身体力行，形成自己的情感、态度、价值观，确定自己的理想、信念和人生目标。要达到这样的教育目标，教育方法的不断更新就应该成为一种常态。

二、观念创新是方法创新的先导

观念创新在人类和社会发展中起着极为重要的引导作用。全球化时代条件下，特别是在中国社会转型期，各方面矛盾的突显使得高校的思想政治教育工作面临空前的压力。如何在错综复杂的社会背景下构建以科学发展观和社会主义核心价值观为指导的高校思想政治教育工作，就成为高校思想政治教育观念创新的重要课题。

（一）观念与观念创新

所谓观念，就是指一种认识或思想，是人们由其所具有的知识及过去的实践而长期形成的种种观点与概念的总和。"观念创新，就是要改变人们对某种事物的错误的、过时的或不利于实践的既定看法和思维模式，换一个新的观察角度，得出一个新的结论或形成一个新的观点，从而采取新的态度和方法的过程。"一切创新，观念先行。观念是创新之本，失去创新的观念，如无本之木，无源之水。事实上，一定的内容、形式、体制、方法等都是一定观念的反映。因为人的任何行为都是受到意识的引导，具有什么样的观念也就决定了在工作中会采取什么样的工作方式，自然也就会产生不同的工作效果。我们说观念创新是思想政治教育创新的先导，是因为：

1. 思想政治教育观念创新是内容创新的基本前提

思想政治教育本质上的思想性、政治性、时代性，必然要求其内容与时俱进。而教育内容的创新又是以观念的创新为前提的。如果思想政治教育的观念不转变、不创新，仍停留在传统的思想政治教育层面上，思想政治教育在内容上就不可能有新的突破，也就难以体现社会发展的要求和时代精神的精华。实际上，经济全球化为思想政治教育观念更新提供了崭新的思想基础和宽广的国际视野。经济全球化带来的全方位的社会变革将直接导致人们思想的进一步解放和观念的进一步更新。随着社会主义市场经济的发展和完善，我国经济实力不断增强，人们的心理状态、思维方式都将随之发生深刻的变化。这将有助于我们在更深层次上认同全球的理念、民主的理念、科学的理念、法制的理念、道德的观念，增强主体意识、竞争意识。特别是我国应对加入WTO以后的一系列政策和策略所体现出来的有所作为、敢于竞争和善于竞争、抓住机遇、发展自己等一系列崭新理念，为高校思想政治教育观念更新提供了更为直接的思想来源。

2. 思想政治教育观念创新是方法创新的内在动力

在全球化、信息化、文化多样化的时代，传统的单向的理论灌输和说教的方法已很难达到教育的理想效果。这就需要从思想观念创新的角度入手来促进教育方法的创新，使教育观念由保守转向开放，由单一转向多样，推动思想政治教育方式向着主动性、现实性和多样性的方向发展。首先，要树立社会化的思想政治教育理念，由全社会共同承担思想教育任务，形成人人做思想教育工作、时时做思想教育工作、事事做思想教育工作的大气候。也就是说，思想政治教育不仅仅是思想政治工作者的事业，而且是全体人民的事业。动员全社会成员都积极参与，使人人都成为教育者，人人都能受到教育。其次，思想政治教育应当适应新形势，针对新问题，注重吸取教育学、社会学、心理学、行为学等相关学科的最新研究成果，注重利用现代高科技手段，重视校园文化、家庭、社会环境在思想政治教育中的重要作用，对思想政治教育的方式方法进行大胆探索和创新，以增强思想政治教育的效果，达到思想政治教育的目标。

3. 思想政治教育观念创新是机制创新的保证

思想政治教育的优化过程就是建立健全并贯彻落实各项制度的过程。思想政治教育的机制能否得到创新优化，直接关系到思想政治教育价值目标的实现。只有引入先进的思想政治教育观念，优化和创新思想政治教育的机制，才能最终实现思想政治教育的实效性。因为高校思想政治教育是由高校思想政治教育者按照一定的社会政治要求、思想观念、道德规范，利用各种环境、机制、载体等手段，对受教育主体施加有目的、有计划、有组织影响的政治教育、思想教育、道德教育和心理教育等实践活动。而以人的思想和精神世界作为工作对象的思想政治教育，因信息生产的高效和传播新媒体（包括互联网和手机在内）的迅猛发展，进入到了一个无限选择的时代。在这样的时代条件下，思想政治教育者的观念创新就成为其机制创新的保证。

（二）思想政治教育观念创新的任务要求

从教育观念创新角度来看，全球化进程要求高校思想政治教育转变传统的思维方式和方法，树立全新的国际化意识。所谓国际化意识是指人类价值主体在承认国际社会存在共同利益和人类文化现象具有共同性的基础上，超越社会制度和意识形态的分歧，克服民族国家和集团利益的限制，以全球视野去考察认识社会生活和历史现象所形成的一种意识。但国际化意识并不等于国际一体化，它更多的是指一种思维方式。国际化意识主要包括人类生存意识、人类共同发展的意识、人类和平意识和人类整体的意识。全球化的发展使得世界各地区和各民族之间有了更多的"共识"，从而以全新的视角思考解决各自民族问题甚至全人类共同的问题。这种国际化意识并不要求抛弃国家的民族的特色，恰恰相反，其发展的基础是在尊重差异的根基上建立的。

从全球化视野来看，高校思想政治教育方法是多元化的，包括课程内容的设置。例如：在哈佛大学，从20世纪40年代开始，哈佛大学就把本科生的课程分成三个部分：主修课、选修课、通识课（相当于我们的思想政治教育课程），此外还有写作课与课外活动。哈佛通识教育委员会主席 J. 哈里斯认为，这些都是哈佛式"自由教育"的基本元素。主修课致力于培养学生对某一学科的深入理解，这是专业化时代的要求——只有当一个人深入钻研了某一复杂学科，不仅学会分析问题，而且学会合理地解释解决问题之后，才能明白真正的智力探究与探索是什么意思。即使一个人学生时代选择的专业与他未来的事业之间毫无关联，或者20年后将所学的专业知识全部忘光，但他至少懂得精通一门专业是怎么回事。选修课占1/4，是为了让学生按自己的兴趣自由探索主修专业之外的知识，比如一个文科生偶尔也会仰望星空，追问宇宙大爆炸是怎么回事；或者一个满脑子代码的计算机系学生可能也愿意欣赏一点贝多芬、莫扎特或印象派的作品。

哈佛的通识课程占总课时量的1/4。所谓通识课程，就是学校提供给本科生的一系列基础课程，学生必须从中选出几门作为必修课，无论他们的专业或兴趣为何。从2013年开始，哈佛新的通识教育计划正式推行，重新划分了学生需要涉猎的八大知识范畴领域，包括艺术和诠释、文化与信仰、经验推理、伦理推理、生命系统科学、物理世界科学、世界中的社会、世界中的美国，共计400多门课程。在哈佛，主修课可以任意选、任意换，甚至专业也可以换，唯有通识课属于校方指定必修的，非选不可。哈佛大学认为，比起古典名著或者最前沿的科学知识，某些学问的方法才是学生必须掌握的，比如你可以没读过莎士比亚的作品，但必须在教授的指导下以评论和分析的方式研读经典文学；你可以不了解法国大革命的历史，但你得懂得如何将历史作为一种探究和理解的方式，观察和分析当今世界的主要问题；你可以没上过"经济学原理"，却不可能没修过一门探讨社会问题基本原理的课程。哈佛文理学院院长威廉·科比提出过这样一个问题：21世纪前25年，何谓"受过良好教育的人"？这是个最简单，却也最艰难的问题。对哈佛学生来说，没读过莎士比亚更可耻，还是不知道染色体与基因的区别更丢人？哪些知识是重要到必须教给每个学生的？比如足够多的经济学知识让他们看懂华尔街的财务报表，足够多的科学素养让他们读懂《科学美国人》上的每篇论文，还是足够多的幽默感让他们看懂《纽约客》上的笑话？"受教育"与技术训练不是一回事。尤其在"自由教育"（Libera Education）的视野之内，一个受过教育的人，必须理解自己以及自己在世界中的位置——文化的与自然的——从而追求一种富有意义的人生。曾任哈佛大学校长、著名科学家、教育家科南特指出："美国教育的要务不是使少数幸运的年轻绅士学会欣赏'美好生活'，……我们的目的是培养最大量的未来公民，理解自己的责任与利益，因为他们是美国人，是自由的人。"对一所真正的大学而言，为学生寻找一个共同的知识核心，在他们各自的天赋与兴趣之外，发展他们的综合知识能力与教养，是不可推卸的责任。"通识教育"就是作为一种与"专业化""职业化""功利化"相抗衡的力量，于19世纪末20世纪初，随着美国现代研究型大学的崛起而成为一种教育潮流。

从这个意义上讲，我们认为，我国高校思想政治教育必须要做到如下创新。

1. 价值观创新

我国传统的思想政治教育体制，受当时国情的影响，偏重于强调社会价值的重要性。在国家利益与个人利益相冲突时，以牺牲个人利益为主。在这种思想的指导下的教育，无疑对我国社会的稳定和发展做出了贡献，并且有其历史必然性。但是随着全球化进程的推进，社会的发展，人们思想的更新和改变使得个体日益重视自身的权益，而教育的指导思想却没有根据人的发展与时俱进，导致以社会本位为主的价值观与以个人本位为主的价值观常常发生对立。在思想政治工作目标的确定上，以往的教育侧重强调社会要求，忽视甚至否定个人的内在需要，致使思想政治工作难以吸引受教育者的积极参与，理论上的高标准严要求以及追求社会发展的理想化状态在实践中却难以实现。而随着全球化的发展，大量信息涌入人们的视野后，一股个人本位思潮因迎合了人们长期得不到满足的心理而一度盛行起来。这股思潮过于追求个人的需求，忽视甚至否定社会价值，致使思想政治教育更加难以开展。在全球各民族联系日益紧密的时代，思想政治教育必须跟上时代的步伐，不能片面地把社会价值与个人需求相对立。实际上，社会价值与个人价值是一种"真实的共同体"，具有内在的统一性。一方面，社会利益实际上是个体利益的总和，"只有在共同体中，个人才能获得全面发展其才能的手段，也就是说，只有在共同体中才能有个人自由。"另一方面，重视个体的发展，满足个体的需要也是社会的当务之急。"每个人的自由发展是一切人的自由发展的条件。"国家和社会在发展经济的同时，保障个人的合法权益，创造个人发展的机会，充分重视和尊重个人的需要也是社会发展进步的有力保障。这就是说，我们在确立思想政治教育目标上，要充分尊重个人的利益，破除单纯的唯社会价值的教育观，确立社会价值与个人价值内在统一的新价值观，真正使思想政治工作在满足社会发展需要的前提下，保障个人的正当权益，促进社会价值与个人价值的协调发展。

2. 任务观创新

传统的高校思想政治工作任务侧重单向地向大学生灌输社会的政治、思想和道德规范，把学生当成被教育的对象，而不重视受教育者的实践能力和个性的培养。诚如著名教育家蔡元培先生所说："教育是帮助被教育的人，给他能发展自己的能力，完成他的人格，于人类文化上能尽一分子的责任；不是把被教育的人造成一种特别的器具，给抱有他种目的的人去应用的。"而现代教育发展观强调教育过程的互动性，教育者与被教育者都具有主观能动性，认为大学教育的目的是提高大学生的生存能力和发展潜力，注重保障大学生的充分发展，鼓励大学生参与社会事务，发挥其影响社会变革和变迁的积极作用，使之更好地融入社会。思想政治教育以人作为思想政治教育的逻辑起点，以人的发展和需要为自身的使命。人的发展决定着思想政治教育的教育方向。随着全球化进程的深入，人们的思想和生活方式都发生了根本变化，人们对精神生活的要求更高。因此，我们应该充分尊重大学生的个性发展，确立灌输社会规范与培养能力和发展个性有机统一的新任务观，切实把握好个性发展与社会进步之间的辩证关系，处理好个人价值与社会价值和谐共存、相互促进的关系。

3. 主体观创新

高校思想政治教育工作是做大学生的工作，必须坚持以大学生为本，着眼于大学生的全面发展，既教育人、引导人、鼓舞人，又尊重人、理解人、关心人。但是，在传统的高校思想政治教育工作中，长期存在着视教育者为唯一主体，忽视受教育者的主体作用，把受教育者仅仅视为消极接受教育的对象的现象。这种片面的唯教育者的主体观，必然导致思想政治工作进程中的单向输入的倾向，忽视受教育者在教育过程中的能动作用，使得整个教育过程缺乏互动，严重压抑了受教育者在教育过程中的积极性和能动性。改革开放以来，随着市场经济的发展，受教育者的作用越来越受到重视，但在现实教育中又产生了片面关注受教育者的主观要求，而忽视了对其进行正确引导和约束的现象，即片面地强调受教育者为唯一的主体，强调受教育者的自我教育和自我修养，忽视教育者的教育和引导作用。实际上，教育者和受教育者在思想政治教育的过程中都有着至关重要的作用，只是两者扮演的角色不同，忽视任何一方主体的地位都将影响教育的实效。所以，在思想政治教育工作过程中，我们既要克服唯教育者的主体观，又要防止片面的唯受教育者的主体观，确立教育者的主体性与受教育者的主体性的辩证统一的新观念。

4. 效益观创新

高校思想政治教育工作作为培养大学生的思想品德的活动，其效果的评判应该以人的思想素质的发展为标准。爱因斯坦曾说过："只用专业知识教育人是很不够的，通过专业教育，他可以成为一种有用的机器，但不能成为一个和谐发展的人。"而以往一些学校偏重学生基础学科的学习和专业知识的学习，缩小思想政治教育的时间，轻视对学生做人的能力的培养，特别是一些理工科的学生更是不把政治理论课当回事，甚至一些学校的领导和管理人员也存在偏见，有意无意地削减思想政治教育的内容和时间，以所谓的技能教育代替素质教育，忽视了教育的本质和基础。教育领域这种本末倒置的效益观必须改变，必须通过思想教育和人文精神的熏陶，通过理想和信念的塑造，使学生真正懂得修身、齐家、立国、立言的根本道理，做一个真正的文明社会的建设者。

第二节　新时代高校大学生思想政治教育方法创新探索

有效的思想政治教育，是"教育者通过各种形式对受教育者进行有关政治、思想以及道德、心理等方面的教育，使其内化接受并进一步将教育内容外化付诸于行为。"为了达到此目的，思想政治教育者就必须在方式方法上下功夫。

一、借助信息技术实现新时代高校思想政治教育手段创新

在经济全球化、政治多极化、信息网络化、文化多元化的时代条件下，传统的说教式、灌输式的教学模式已远远不适应时代的发展。借助信息网络新媒体技术实现思想政治教育手段的创新就成为一大趋势。

现代网络新媒体高超的技术特性，是传统思想政治教育的技术和手段无法比拟的。它

能随时随地地将文本、声音、图像、电视信息传递给设有终端设备的任何地方、任何人。网络中的每个人既是信息的接受者，又是信息源的提供者，这为新时期高校思想政治教育提供了一片崭新的天地，也带来了难得的创新契机。可以说，在信息全球化的今天，过去那种"嘴喊、腿跑、手抄"的体能型模式，"以时间换空间"的思想政治教育模式，已远远落后于时代所需。充分利用网络等新媒体技术，实现高校思想政治教育方法的现代化，就成为时代发展的必由之路。

（一）运用各种现代网络媒体阵地，有效开展思想政治教育

运用各种现代网络媒体阵地，有效开展思想政治教育，关键在于思想政治教育工作者需要及时转变教育观念，紧跟时代发展的脚步，善于掌握新技术，适应信息时代发展的需求。网络的出现和发展，是信息时代发展的必然结果。网络所形成的是一个具有开放性技术架构的生存空间，正如互联网的创建者们所言，互联网的关键概念在于，它不是为某一种需求设计的，而是一种可以接受任何新的需求的总的基础结构。正是由于网络基础架构的开放性和人的需求的无限性，激发着人们不断创造出新的网络应用技术。而每一种网络技术的广泛应用，都会形成一个由网络技术媒介与相应的用户群体以及信息内容组成的微观信息系统，这些微观信息系统实际上就是一个新的思想政治教育场域。随着网络技术的不断创新和发展，这些新的场域也是在动态的发展变化之中。因此，在这个新的技术革新浪潮时代，思想政治教育工作者必须具有前瞻意识，把握科技创新的时代脉搏，主动地发挥每一种新的技术力量的进步因素和教育价值，实现对技术应用的积极引导和网络教育场域的主动营造，这是当前高校思想政治教育工作发展的正确策略选择。

开放的信息传播环境在推动人们开阔视野、拓展素质的同时，也造成西方意识形态以及社会多元化思想的大量涌入，冲击大学生的理想信念的健康成长。这就要求学校教育者在推进校园网络硬件建设的同时更要大力建设网络"软环境"，用积极向上、丰富多彩的教育内容来吸引大学生，把大学生凝聚在互联网上的马克思主义阵地周围。其一，教育工作者要真正进入现代网络媒体境地，努力适应网络这种全新的教育环境。教育者必须努力学习网络知识，掌握网络的使用技术和操作技巧；并且在日常的学习、工作和生活中多接触网络，使用网络；最重要的是要培养起自己参与大学网络文化生活的意识，加强与大学生进行网上交往活动的主动性，真正地融入网络生活，真切地去感受网络文化，体验大学生们在网络空间的交往、学习、娱乐方式以及他们思想、心理以及行为的发展变化，真正做到与大学生在同一个环境下进行交流。其二，教育工作者要不断进行话语体系的创新，要熟悉和掌握网络文化，学会网络语言，采用大学生喜闻乐见的话语体系，做到在网络环境下能够与大学生实现有效沟通，以增强思想政治教育的吸引力和渗透力。其三，教育工作者要转变教育观念，在与大学生平等对话的过程中引导他们思想和行为的发展。网络社会的崛起对于当代教育提出了新的文化境遇。传统教育从文化意义上看是典型的"前喻文化"模式。教育者以权威的身份向教育对象灌输教育内容，两者之间缺乏平等的交流。而网络时代带有显著的文化反哺的特征，由于大学生走在互联网使用的前列，是网络社区的主体力量和文化创造者，因而在网络信息传播的条件下，大学生在某些方面反过来变成了其前辈的知识传授者和信息传播者。这形成了具有典型意义的"后喻文化"色彩的文化场域。思想政治教育工作者要充分认识和把握教育文化的时代特征，在教育活动中转变教育观念，创新教育方式，充分重视与大学生在网络实践中的平等交流和沟通，积极引导他们发挥自主性和创造性，在教育和自我教育的结合中发展进步。

现代网络不仅改善了思想政治教育工作者的工作条件，增加了开展工作的工具和载体，更重要的是带来了新的工作方式、思维方式和价值观念。网络文明极大地促进了人的主体意识的成长，当代大学生在平等意识、自主意识、参与意识、选择意识等方面有了较大的发展和提升，民主参与的行为更为活跃。在思维方式方面，网络的便捷性、开放性、自由性、平等性、共享性使得主体自身的自由个性和创造性思维能力、思维水平得以前所未有的充分发挥，反映出信息时代条件下人的实践发展水平和科学文化水平的提升，并进而在精神状态上呈现出自主、自立的精神状态和更加活跃、理性的独立思考的精神状态。正是网络时代带来了教育环境和青年大学生思想意识的显著变化，这就向思想政治教育者提出了新的要求：

其一，注重把价值观念的教育渗透在知识性教育之中。网络思想政治教育最为重要的工作就是使得受教育者能够在纷繁复杂的网络信息海洋中明辨是非、正确选择自己的立场并形成观点，从而引导和帮助大学生树立起正确的价值观体系。在这个工作中，要运用"价值认识的形成依赖于相关真理"这一基本规律，把价值观念的教育渗透在知识、信息的传播过程中。在学校新闻宣传工作中，要积极地通过丰富多样的知识性信息发布、客观真实的新闻报道等渠道实现对大学生思想发展的积极影响，努力让知识性信息或知识性认识的发布和传播服务于促进青年正确价值观的形成。

其二，注重把教育理念和价值观念渗透在校园网络文化的建设之中。大学生群体是一个同质性很强的特殊社会群体，他们在年龄、心理特点、兴趣爱好、行为方式等方面都比较接近，有着较为一致的文化需求，校园文化正是大学生文化生活需求的反映。作为应对社会大众文化冲击、在网络空间保持和发展校园文化的一种"防卫性反应"，大学生们有着建设校园网络文化、在校园网上营造自己的精神文化空间的积极性和创造性。在许多高校，大学生们正是在校园网络上建构出了属于自己的学习生活和交往场所，创造和发展着属于自己的网上精神文化空间。因此，高校教育工作者要主动参与和引导校园网络文化的建设和发展，把主流价值观渗透在这块承载着大学生归属感和文化认同感的网络空间中。

其三，注重把价值观念渗透在技术创新和应用之中。技术是蕴含价值的，技术的价值性包含在其知识、方法、程序及其结果之中，蕴含着丰富的内容。互联网的出现本身就是开放、创新、共享、平等的体现，如开放的技术架构、公开的软件代码以及自由创新和获取信息等。具体到每一种网络技术，都有其教育价值可以挖掘和应用。如P2P技术（又称"点对点传输技术"）推动了以信息的即时交互为载体的社会交往网络的发展。用户在交换信息资源的同时，主动地进行交流和互动，进而衍生出配套的管理规则和交互礼仪。针对此类技术应用的内在价值，思想政治教育工作者可以通过引导和支持大学生开发出用于学生集体学习和信息资源共享的公共软件，在大学生网络实践中弘扬利他主义精神，这是加强集体建设、加强集体主体教育的有效途径。

（二）占领网络教育制高点，使思想政治教育进网络

现代网络的发展为高校思想政治教育工作提供了新的工作载体和手段，开辟了新的空间和新的渠道，是我们大力弘扬主旋律的主要阵地。所以，高校的思想政治教育必须积极占领网络教育的制高点。中国互联网信息中心发布的报告显示，在数以千万计的网民中，大学生是最活跃的群体。互联网带给校园文化的是丰富、庞杂的信息，这些信息良莠互现、正反交错、泥沙俱下，是一柄"双刃剑"，给高校思想政治教育工作增加了极大难度。不少大学生把网络作为在校园中发表言论、交流感情的主要场所，这对他们的学习、工

作、生活和思想观念产生着深刻的影响。

　　网络使得学生的社会化程度得到很大的提高，但许多学生对网络的负面影响缺乏足够的认识。因此，要加大高校思想政治教育进网络的力度。一方面，要加强大学生网络道德教育，加强国家有关互联网管理的法律法规的宣传教育，制定大学生互联网道德规范，开展大学生健康上网自律承诺活动，自觉遵守网络道德，告别不健康网站；另一方面，要建立思想政治教育网站，积极推进社会主义核心价值观进网络活动，组织专门力量，制作一些思想性强、趣味性好、适应性广的优秀信息移植到校园网中，并针对一些社会热点问题提出正确的观点；同时，还可在校园网上开设网络互动栏目，开展互联网知识竞赛、网页设计竞赛等活动，用正确、积极、健康的思想文化充实和占领网络阵地，不断提高思想政治教育网站的点击率和影响力。让思想政治教育内容在"进教材、进课堂"的基础上"进网络"，以拓展思想政治教育的渠道。目前清华大学、北京大学、浙江大学等分别设置的"红色网站""红旗在线""求是潮"等无疑是思想政治教育平台的一种拓展。利用网络这个平台，给学生提供一些与国家、民族或学生自身利益息息相关的热点问题供学生讨论，增强思想政治教育的针对性和实效性。

（三）利用现代通信传媒技术，提高思想政治教育的实效性

　　手机微信已成为人们交往的一种便捷方式。它可以作为日常沟通交流的工具，弥补语言通话的不足，还可以传递新闻、服务信息，与广播、电视、互联网等其他媒体实现互动等。手机微信对于乐于追求时尚和潮流的大学生群体来说，已成为他们生活的重要组成部分。这对于高校思想政治教育工作者来说，运用手机微信的独特优势开展思想政治教育工作也是如虎添翼。可以说，手机微信、手机微博的兴起，极大地丰富了大学生的业余生活，促进了人际交流沟通，但一些包括色情、欺诈、诅咒等不良内容的微信的传播也严重影响着心智还不完全成熟的大学生的健康成长。对此，思想政治教育工作者就需要有效利用手机短信及网络平台，趋利避害，及时帮助青年学生在使用现代信息工具时自觉屏蔽其不良影响，净化校园手机媒体环境。

　　其一，充分利用手机微信与大学生进行点对点深入交流。微信交流的非现场性，可以使交流双方避免面对面的尴尬。微信交流形式使一些不便直说且可能产生分歧的意见尽情地表达出来，使交流双方比较轻松随意。这种交流方式可以使高校思想政治教育者与大学生在交流时具有充分的思考时间，使教育者有一定的时间根据学生的问题慎重提出解决的方法，学生也有一定时间进行反省、思考，认真地考虑教育者提出的意见，进而在教育者的引导下努力向着积极的方向转化。通过微信交流，有利于高校思想政治教育者更加深刻地把握学生的思想动态，了解学生的内心世界，发现大学生隐性的思想问题，进而有的放矢地开展具体的心理辅导，增强思想政治教育的实效性，保证大学生能以积极健康的心态工作、学习和生活。同时，大学生还可以根据自身的情况主动地与高校思想政治教育者进行交流，将面对面的不好意思说出的心理困扰通过微信及时与高校思想政治教育者进行沟通，以获得科学指导，避免在成长的道路上走不必要的弯路。

　　其二，积极开展校园微信文化活动，提升学生微信文化品位。校园微信文化活动以创建文明健康的微信为宗旨。活动方式可以根据各高校自身条件自主选择，如校园微信宣传活动、校园微信征文活动、校园微信创作比赛等。在校园微信文化活动的开展过程中，大学生可更加深入地参与到微信创作的过程中，更加深刻地理解校园微信的内涵，更加自觉地接受校园微信文化的熏陶，从而有效地净化校园微信文化环境，提升大学生的微信文化品位，使大学生从根源上抵御不良微信的侵蚀，使不良微信失去生存的土壤。

其三，创建高校微信平台，弘扬红色微信文化。红色微信意指积极、健康、向上的微信，包括马克思主义、理想信念、社会主义核心价值观，以及古今中外的名人名言、格言警句、中华传统美德和社会公德的励志箴言等内容。利用高校手机微信平台传播校园红色信息的具体方法包括：一是需要组建红色微信创作队伍，选拔科学文化素质高、思想政治素质过硬的教师、政工干部、辅导员、学生党员等组成红色微信创作小组，搜集、编写科学健康、积极向上的红色微信并在恰当的时间发送给学生。二是建立多位一体的工作机制，建立以校级、院级、年级、班级为单位的手机微信平台，层层联动，保证红色短信覆盖高校每一位学生，取得红色微信的教育效果。三是建立高校双向交流工作机制，即除高校红色微信创作队伍专门创作红色微信之外，鼓励所有大学生参与到校园红色微信的创作中来，使大学生不仅对校园红色微信文化提出自己的意见和建议，还可以自己动手编写红色微信。四是建立校园手机号码和红色微信数据库，高校红色微信创作小组可以根据微信内容进行筛选，挑选优秀的短信输入红色微信数据库，并及时更新，确保所有大学生在特定的时机都能够收到高校手机短信平台发布的红色微信。

其四，科学把握微信发布时机，取得良好教育效果。在恰当的时机发布具有教育意义的微信，才能取得良好教育效果。恰当的时机一般指重大节日、重大社会事件发生日以及特定大学生群体活动日等。在重大节日，发布节日祝福微信，并将思想政治教育内容融入其中，可以使大学生在接受节日祝福的喜悦中积极地将思想政治教育的内容内化。例如：国庆节到来之际，高校思想政治教育者向大学生发送节日短信，在表达祝福的同时将革命先烈们浴血奋战才得以建立中华人民共和国的历史信息融入其中，让学生们深感建国的艰难，倍加珍惜现在的幸福生活。同时国内外重大事件（包括党的代表大会的召开、国际热点问题的爆发等）的发生也会引起大学生的广泛关注，高校思想政治教育者应及时把握时机，因势利导，提高大学生的思想认识。此外，在一些特殊时期，包括新生入学之际、每学期期末考试之时、大四考研期间、毕业生择业之季，大学生都面临着程度不同的压力或困惑，高校思想政治教育者可通过手机微信对学生进行即时疏导，给予鼓励和宽慰，做大学生前进道路上的知心人和引路人。

（四）综合运用现代科学研究成果，丰富高校思想政治教育工作方法体系

现代世界各国争相运用现代化信息技术加强和改进对外传播手段。我们必须适应这一趋势，加强信息传播手段的更新和改造，在高校思想政治教育中必须积极掌握和运用现代传播手段。高校学生思想政治教育工作人员必须对新技术的发展变化具有一定的敏感性，尤其是新事物、新技术、新工具引发的大学生思想状况的变化，以及相应工作内容、规律、方法的变化。这既是大学生思想政治教育工作人员对自身的要求，也是高校应当尽力实现的工作要求。大学生思想政治教育工作人员只有提高自身的敏锐性，及时把握这些技术对大学生思想政治教育带来的影响，加强自身相关技术业务培训力度，掌握大学生使用现代传媒，包括手机播报、手机微博等的基本情况，并注重微博对大学生影响情况的主动了解和分析，才能早日占领和建设思想政治教育工作的新领地，把握这方面工作的主动性。同时，高校对大学生思想政治教育工作人员运用微博等方式开展工作应该提出明确的任务与要求，有针对性、有力度地开展这方面的学习、培训和交流，并利用新技术建设好思想政治教育阵地，积极吸引大学生的眼球和目光，凝聚他们的行动，让大学生朝着党和国家的总体育人目标方向成长。

应该说，新媒体作为一种教育载体，具有不可替代的形式或工具意义，但是绝不能让形式遮蔽或掩盖思想政治教育的目的或内涵。我们必须明确，一方面，思想政治教育的一以贯之的价值理念是新媒体条件下开展思想政治教育的前提和基础，如果缺乏这些思想政治教育的价值内涵支撑，新媒体条件下的思想政治教育只会流于形式，不仅会走向现实思想政治教育的反面，而且还不利于青年学生群体道德水平的提高；另一方面，新媒体化思想政治教育是传统思想政治教育在新媒体上的延伸和发展，传统思想政治教育作为基础性工程，必须占据主导和支配地位，对高校学生思想政治教育起着决定性作用。新媒体在虚拟的实践条件和环境中形成的判断和观念，必须经过现实社会实践的考察和检验才能最终被认可、接受和推广。正是因为新媒体在思想政治教育领域的介入，促进了教育手段的现代化，更促进了教育观念的现代化。在新媒体环境下，创新思想政治教育应以传统思想政治教育为基础，以新媒体化思想政治教育为拓展，建立新媒体化思想政治教育与传统思想政治教育相结合的有效模式，实现两者的互通与融合。

二、构建"凸显个性—综合呈现"的教学方法体系

思想政治理论课作为大学生思想政治教育的主渠道，是帮助大学生树立正确的世界观、人生观、价值观的重要途径，其教学效果直接影响思想政治教育的实效性。也就是说，学生对教师课堂教学传授的知识和信息是否乐意接收、理解、接纳并转化为自身的行为，就成为衡量思想政治教育实效性的重要尺度。

然而，目前我国高校思想政治教育过程中，学生对教师所讲授的内容不同程度地存在着不接收、不理解、不接受、不行为的"四不"现象。所谓不接收，就是在思想政治理论课教学过程中，受教育者在选择性注意、选择性理解和选择性记忆这三个环节中将教育信息屏蔽掉，没有把教育者所传递的教育信息纳入到知觉系统的现象，也就是说受教育者并没有注意、理解和记忆教育信息。所谓不理解，即教育对象对所接收到的教育信息并不理解，不明白为什么是这样或者为什么要这么做。所谓不接受，即教育对象已理解了所接收到的教育信息和内容，但是并没有将其内化为自己的认知，也就是对于教育内容不认同，不相信。所谓"不行为"，即教育对象已经接受认同了所接收的教育信息，并已将其内化为自身的信念，但却没将已接受的规范、准则等付诸实际行动。所以，产生了"知而不行、言行不一"的现象。应该说，导致"四不"现象的原因很多，而从创新教育方法的角度审视以往高校思想政治理论课的教育教学，其枯燥单一的说教式的教学方式无疑是制约该类课程实效性发挥的瓶颈。为此，我们倡导构建"凸显个性—综合呈现"的教学方法体系，以实现教学方法全面创新。

所谓构建"凸显个性—综合呈现"的教学方法体系，就是根据思想政治理论课体系中不同具体课程的特点及教学要求，在对多种教学方式方法进行深入研究和认真选择，并充分把握它们的特点、内在联系及其共同取向的基础上，对教学方式方法进行优化组合。核心是坚持以教学观念转变为先导，牢固树立"以学生为本"的理念，注重根据学生的实际情况和教学内容的目标要求，善用探究式、讨论式、启发式、参与式、案例式等教学方法因材施教、因时施教、因人施教，以实现"教学有法，教无定法，贵在得法"。其本质是通过教学方法的整合，构建形成各种方式方法协调配合、具有更强教育功能和最佳教学效果的教学方法系统，以达到提高教学实效性的目的。

（一）探究式教学法

探究式教学方法又称"发现法""研究法"，是指学生在学习时，教师只是给他们一些事例和问题，让学生自己通过阅读、观察、实验、思考、讨论、听讲等途径去独立探究，自行发现并掌握相应的原理和结论的一种方法。它的指导思想是在教师的指导下，以学生为主体，让学生自觉地、主动地探索、掌握认识和解决问题的方法和步骤，研究客观事物的属性，发现事物发展的起因和事物内部的联系，从中找出规律，形成自己的概念。在探究式教学的过程中，学生的主体地位、自主创新能力得以充分体现。

思想政治理论课的教学目标是促使学生从思想上掌握政治理论，在实践中践行政治理论的思想原则。也就是要旗帜鲜明地表明自己的政治立场，将学生培养成为建设中国特色社会主义事业的栋梁之材。因此，要想以理服人，让学生信服教师所讲的思想政治理论，就必须针对学生的特点因材施教。如果我们仅仅去说服他们，他们是无法完全接受，或者是半信半疑，或者是拒绝的。因此，我们要在教学中适当地运用探究法，由学生自己探究获得结论或者真相，这样更容易令他们信服。例如："中国近现代史纲要"是给本科学生开设的一门思想政治理论课。本科生主动学习的能力较强，探究问题的愿望也很强烈。关于近代以来的历史，他们从中学时代就已经开始接触，对重大的历史事件也比较清楚。如果教师还是只讲课本的基本事件，基本线索，学生们就会感到厌倦。毕竟什么知识也不能反复多次，反复多了就会引起学生的排斥或逆反。90 后的大学生思维敏捷，个性化突出，有自己的见解，但是他们缺乏系统性的理论思想来支持自己的行为。甚至有的学生认为课本掩盖了历史事实，历史真相不可见，用历史来说服他们很困难。因此，采用探究教学法，让学生主动参与到课堂上，以探究的方式来完成教学任务就会取得事半功倍的效果。

（二）问题式教学法

问题式教学方法是通过提出问题、解决问题来完成教学任务的一种常见手法，是通过问题的设计来激发学生对事物的认知过程。问题本身的设计要有一定的难度和深度，否则起不到应有的效果。如前所述，无论是"马克思主义基本原理概论""毛泽东思想和中国特色社会主义理论体系概论""中国近现代史纲要""思想道德修养与法律基础""形势与政策"的公共必修课，还是"当代世界经济与政治"的选修课，其内容和思想都有着内在的联系性，尤其是每门课程又都自成体系，非常严谨，这就要求在给学生的问题提出上要有前后联系性，起到发人深省的作用。

问题式教学法最值得提倡的是培育学生的问题精神。没有疑问的学习是没有收获的学习，这就是孔子所说的"学而不思则罔，思而不学则殆"。只有养成"打破砂锅问到底"的学习习惯才会培养学生终身学习的良好品质。问题式教学法在具体运用时还需要注意的是：教师不能整堂课都在问学生，一个接一个地问下去，要有主次，要分清轻重缓急，将布置作业与课堂的问题紧密结合起来，有准备地组织课堂。在问题式教学中，教师的讲解一定要论从史出，史论结合，不能只有史的叙述没有论的评价，因为只有在论中才融入了人的情感、观点、立场，才会激起学生的情感和思想的活动，达到师生之间的互动与共鸣。

（三）讨论式教学法

讨论式教学法强调在教师的精心准备和指导下，为实现一定的教学目标，通过预先的设计与组织，启发学生就特定问题发表自己的见解，以培养学生的独立思考能力和创新精神。讨论式教学法通常以学生一定的知识积累和对问题的分析能力为前提，由学生讨论，甚至是辩论，以求达到共同的认知目的，提高自身的素养。

讨论式教学是以师生平等为原则，以培养学生的主体意识和创新能力为目标，在承认学生的主体地位的前提下，改变传统的以教师为权威主体的教学模式，营造师生平等交流的学习氛围，构建师生相互交流知识和情感的平台，使师生在相互对话与交流中实现教学相长的一种教学模式。互动型教学模式的互动不仅包括教师与学生之间的互动（主体互动），还有教学内容、教学形式和手段与教学主体、教学对象之间的互动（物人互动），理论与实践之间的互动（知行互动），历史与现实之间的互动（时空互动），课内与课外之间的互动（场所互动），以及思想与心灵之间的互动（性灵互动）等。讨论的过程也就是这些互动的碰撞与交流，从而产生新的思想火花，并内化于心，外化于行。

（四）案例式教学法

案例教学是一种使学生在一个高度拟真的情境中，综合运用所学的理论独立地分析问题，做出判断和决策的教学方法。教师经过精心准备，把抽象的理论转换成具体生动的事例即案例教给学生，并组织他们开展讨论。由于每一个案例的内容都是不同的，新奇的事物对青年学生有特殊的吸引力，可以激发他们主动思考、积极探讨的热情，从而实现从知识层面向理论层面的转化，再由理论探讨向分析实践、解决问题的过渡，从而使思想政治理论课教学质量与效果不断提高。

案例教学形式，由于它生动形象并富有深刻的教育意义，广受学生欢迎。但这并不意味着只要是案例教学就一定深受学生追捧和认同。究其原因，我们现在面对的是一个开放程度很高的信息社会，在学生获取知识信息的手段、途径、渠道很多的情况下，学生的知识面宽、思维活跃、理解力强，这对我们的案例教育提出了很高的要求，案例要服务、服从教学内容的需要。在"思想道德修养与法律基础"课程教学过程中，可以充分灵活地运用案例教学法，将反映道德修养或法律知识的现实情况展现给学生，从而由表及里地帮助学生深入学习理论知识。当然，案例教学要有思想性和针对性，要求有精辟的思想分析和独到见解。要想做到这一点，教师必须要有深厚的理论功底和广博的知识。教师积累的案例素材要多、要精，选取的案例应集知识性、科学性、趣味性为一体。教师在教学过程中对案例举证和案例分析要合情合理，要由表及里、由此及彼地找出案例中隐藏在现象背后的、带有规律性、普遍性的本质特征，由此归纳总结并建构和深化理论。这样才能将理论知识与所举案例包含的思想道理融会贯通，才能将思想政治理论课讲得生动有趣而富有思想教育意义。引入案例教学法，使教学从现实生活中的具体事例出发，贴近实际、贴近生活、贴近学生，把学生普遍关心的现实问题拿到课堂上来，并让学生亲自参加讨论和分析，这不仅符合青年学生的思维特点，容易引起他们的共鸣，同时也为思想政治理论课理论联系实际找到了契合点，使学生学会自觉地运用所学理论去认识和解决社会实际问题。通过对典型案例的分析和讨论，获得了在无须亲身实践的条件下就能在短期内接触并处理大量的各种各样实际问题的机会。对于所选案例不能只是故事般的叙述，而是要对案例的内涵进行挖掘，要深度解读，并给学生留有余地回味思考，使学生透过案例所蕴含的理论知识和人生道理进行思想上的反思、反省、提升。理论联系实际是思想政治理论课教学的基本要求，也是搞好思想政治理论课教学的重要原则。通过案例举证和逻辑分析让学生思维活跃、视野开阔、知识面拓展，激发学生的学习兴趣和学习动力，从而最大限度地增强思想政治理论课教学的有效性，达到以案说理、以理解案、理案结合的有效教育。

（五）启发式教学法

启发式教学是指教师在教学过程中根据教学任务和学习的客观规律，从学生的实际出发，采用多种方式，以启发学生的思维为核心，调动学生的学习主动性和积极性，促使他们生动活泼地学习的一种教学指导思想。这里要着重说明，启发式教学不仅是教学方法，更是一种教学思想、教学原则和教学观。教师在教学过程中要根据教学任务和学习的客观规律，从学生的实际出发，采用多种方式，以启发学生的思维为核心，调动学生的学习主动性和积极性，促使他们生动活泼地学习。

启发式教学重在转换教育理念，要求以学生需求为中心，培育学生自主学习的能力。启发式教学应着眼于学生的发展。学生的身心发展同一切事物的发展一样，内因是根据，外因是条件，外因通过内因而起作用。在教育和其他诸客观因素的作用下，学生主体内在的新的需要与已有发展水平之间的矛盾运动，是学生身心发展的内因，即内部动力。旧的矛盾不断解决，新的矛盾接着产生，从而推动着学生的身心向着高水平、高层次发展。在思想政治理论课中开展启发教学就必须深深植根于学生身心发展的内部矛盾之中，并具有推动矛盾向前发展的无限活力。我们要在教育和教学活动中为学生的学习活动创设良好的外部条件，以促进教与学的相互转化和新旧知识的相互贯通，并使学生具有驾驭矛盾转化过程的主动权，以实现认识发展的飞跃，取得学习与发展的最佳效果。教师既是布道者也是服务者，教师必须研究如何把抽象的理论转化为学生能够接受的知识，只要是有利于学生学习的，教师都值得去努力。在思想政治理论课中启发式教学得以广泛使用，在"马克思主义基本原理"这门课程中运用得更是恰到好处。在马克思主义哲学部分，诸多理论知识是抽象的，思辨性较强，单纯地为学生讲授，效果是有限的。教师如何将抽象的理论知识转化为学生可接受的东西便成为重要的问题。调查表明，不少大学生缺乏马克思主义理论素养和系统的理论思维能力，对于马克思主义理论的学习，只是为了应付考试，死记硬背一些概念和观点，而没有真正学懂，更没有学以致用。

因此，要把马克思主义理论变成思想的主导，行为的指南和认识世界、改造世界的强大武器，这就要求教师应从学生的实际出发，使教学的深度、广度、进度适合学生的知识水平和接受能力，同时考虑学生的个性特点和个性差异，区别对待，因材施教，做到有的放矢。教师要与学生共同建立起一种民主、平等、协商的师生关系。教师不仅要了解学生的所思所想，而且要使教学活动能够在和谐、宽松的环境中展开，师生共同探讨，互相启发和提高。这样就会使学生对教师产生信任感，这种信任感往往会转化为学习的积极性，使学生在课堂上积极主动配合教师，提高思想政治理论课教学的实效性。

（六）说服引导法

说服引导法，即以理服人，以情感人。客观事实和科学理论不可能在人们的日常生活实践中自动发挥力量，只有通过系统教育和全面灌输，才能为人们所接受和掌握。无论是在课堂上还是在做思想工作时，教师都需要在认真调查研究的基础上，摸清学生的思想状况和存在的思想问题，运用政治理论课、思想品德课、形势政策教育和伦理道德讲座等形式，有的放矢地进行说理引导。具体而言，就是要切实把握不同年龄、不同类型、不同层次教育对象的特点，针对其身心状况、个性差异、文化水平和接受能力，因人而异地进行说服教育。在理论说服过程中，既要大力宣传社会主义现代化和改革开放取得的伟大成就，又不要粉饰现实生活中的阴暗面，并敢于揭露和谴责不正之风与腐败现象，着力引导大学生透过现象看本质，分清主流和支流。正如马克思所说："理论只要说服人，就能掌握群众；而理论只要彻底，就能说服人。所谓彻底，就是抓住事物的根本。"彻底改革"我说你听"的陈旧教育模式，通过相互交流看法、共同分析探讨问题或不同观点的争辩，得出正确结论，从而培养和提高大学生识别、判断与评价问题的能力。另外，在理论说服过程中，还要讲究语言的艺术性，运用现代化教学手段，使高深的道理通俗化，抽象的理论具体化，复杂的问题简单化，从而使课堂教学具有吸引力和说服力。说服教育就是要"晓之以理，动之以情"，通过摆事实、讲道理，达到以理服人的效果。

（七）比较鉴别法

真、善、美总是同假、恶、丑相比较而存在，相斗争而发展，有比较才有鉴别。所以比较鉴别法可以帮助大学生准确掌握区分是非的标准、增强分辨是非的能力，从而自觉坚持真理、修正错误，及时识别和抑制各种错误思潮的影响。从纵向上说，可以将事物的过去和现在加以比较。如把党的十一届三中全会以来取得的成就同十一届三中全会以前的情况进行比较，以提高大学生坚持党的基本路线的自觉性和坚定性。从横向上看，可以把有一定联系的不同事物加以比较。例如，把我国同西方资本主义国家相比较，一方面应该正视西方发达资本主义国家在科学技术和人才、管理方面的先进之处，进一步认识到改革开放政策的正确性，增强振兴中华的历史责任感和使命感；另一方面也可以看到资本主义社会还存在着诸多丑恶腐朽的东西和不可克服的社会矛盾，从而坚定社会主义信念。同时还可以与剧变后的原苏东国家进行比较，通过对那里的社会发展以及人们生活状况的分析，用血的教训揭示社会主义的改革决不能变为改向，警惕各种形式自由化思潮的泛起。当然，纵横比较要均衡，切忌顾此失彼。比较鉴别的标准是以事实为依据，鉴别差距，比出自信。

（八）情感育人法

列宁说过："没有'人的感情'，就从来没有也不可能有人对真理的追求。"情感既是品德认识转化为品德信念的催化剂，又是品德认识转化为品德行为的推进器。"感人心者莫先乎情"，高校思想政治教育工作者应当以自身的高尚情操对教育对象进行情感感化，以引起共鸣，应当用真诚无私的爱去架构与大学生相互沟通的感情桥梁，在心理相容的情感气氛中使教育如春风化雨、点滴入土。还要综合运用文学、美术、音乐、舞蹈、影视等文学艺术手段对教育对象进行情感熏陶，使大学生由欣赏而动情、由动情而移性，在不知不觉中潜移默化。

教学方法的存在与运用不是孤立的，它是整个教学中的一个子系统。随着思想政治理论课教学实践的内外条件的变化，教学方法也在不断发展，需要教师根据教学实践的发展不断做出调整与变革。因此，思想政治理论课教学方法应该契合时代特点，根据不同课程的具体要求，恰当运用不同的教学方法，构建"凸显个性—综合呈现"的教学方法体系，在不同课程的课堂教学中，突出教学方法个性要求的同时，实现多种方法的综合运用。

三、大力推行实践体验式教育

体验式教育作为一种教育模式雏形，最早可以追溯到古希腊哲学家苏格拉底的教学方式。他教导弟子的方法是情景教育和发问，这是体验式教育的雏形。常言道："实践出真知。"正确的认识，只能在实践中产生，没有实践的体验只能是无源之水，无本之木。在实践活动中引导学生不仅用眼看，用耳听，而且动手做，达到情动、心动、入脑、入心的境界，进而帮助学生在所见所闻、所想所做中亲身体验、感悟，提高自身的思想道德素质，并外化为良好的道德行为。这里所说的体验式教育，包括实践教学体验式教育和社会实践活动体验两个层面，即第二课堂。前者是根据思想政治理论课程内容设置的在指导教师指导下开展的实践活动，包括课堂实践教学和社会实践教学。后者是指日常学生社会活动的体验，多是没有教师指导的自主活动。

（一）推行实践体验式教学的意义

现代建构主义教育理论认为，思维起源于直接经验的情境中所产生的疑难问题。正是解决疑难问题的冲动激发人的思维活动，并经过解决疑问而获得经验。对于以传授和学习间接经验为特征的教育教学活动而言，"回到"经验产生和获得的"情境"中，让被教育者重新面临情境以及情境中的疑问至关重要。只有这样，才能够激发教育者解决疑问、积极学习的情感反应，并按照总结了间接经验的前人的思维逻辑和理论逻辑进行思考和理解，从而达成学习的目标。

高校思想政治教育教学的目标是一个由对"科学理论和基本知识"的认知，到对观念和价值的认同，最后到行为自觉的育人过程和成长过程的统一，其核心是"使人成为人"。其教育教学过程既是与学生的"认知过程"的统一，也是与学生"人格养成过程"的统一。作为对科学知识的"认知过程"，主要着眼于事实判断，是一个求真的过程，体现的是科学精神，其学习过程是以"问题·探究"为主，"情境·体验"为辅。而作为育人的"人格养成过程"，主要着眼于价值判断，是求善的过程，其教学目标是使受教育者认识和理解、体验和认同价值体系的意义，并能够身体力行，这一学习过程以"情境·体验"为主，"问题·探究"为辅。在这一教育教学过程中，问题与情境紧密相连，往往表现为"情境中的问题"，问题存在于真实情境中，创设情境是其基础性要素。"基于情境的体验式"教学模式则侧重于情境的体验，其理论基础亦是建构主义的学习理论，突出建构主义学习理论对学习者要到现实世界的真实环境中去感受和体验，通过获取直接经验来学习的强调，但是这种学习也往往是以问题为前导的。"基于问题的探究式"教学模式和"基于情境的体验式"教学模式分别强调了同一个事物的两个方面，问题和情境难以单独存在，只是侧重和强调的是"问题·探究"还是"情境·体验"而已。"问题·探究"与"情境·体验"水乳交融、相互补充、不可分离，二者融合在一起可以构成"基于问题·情境的探究·体验式"教育教学模式。这一教育教学模式的建构除了包含以上所讲"基于问题的探究式"和"基于情境的体验式"两种教育教学模式的含义外，还适合于思想政治理论的"育人"目标的有效完成。

在这一教育教学模式下的知识学习过程，可以避免以传授系统知识、培养基本技能为目标的传统"传递——接受"模式的缺陷和不足。其教育教学目标是使受教育者认识和理解、体验和认同价值体系的意义和目标，并能够身体力行，形成自己的情感、态度、价值观，确定自己的理想、信念和人生目标，达至"强立而不反"的独立人格，并从中获得人生的精神支柱和力量源泉。这一学习过程以"情境·体验"为主，"问题·探究"为辅。置身于一定"情境"的"体验"不再仅仅是辅助"知识"和"问题"的理解和探究，而其本身就是目的，具有独立的意义和价值。"辨志""乐群""亲师""取友"主要是在不断的人际互动中体验完成的。而通过对理论和知识的应用和理解，经由个体在观念和价值上的认同，从而实现在行为上的自觉的整体教学目标，还需要通过"问题·情境探究·体验"教育教学模式在课内和课外进一步应用和拓展，形成完善的实践教学体系来完成。"问题·情境探究·体验"教育教学模式由"围绕问题、由问题引领"的教育和"以体验为主"的教育组成。按照建构主义教育理论，学习者要想完成对所学知识的意义建构，即达到对该知识所反映事物的性质、规律以及该事物与其他事物之间联系的深刻理解，最好的办法是让学习者到现实世界的真实环境中去感受和体验，即通过获取直接经验来学习，而不仅仅是聆听来自教师的介绍和讲解。因此，思想政治教育要进一步实现学生对马克思主义、中国特色社会主义理论体系的理论认同、政治认同和感情认同，并将科学理论的内涵、精髓转化为内心的政治信念和思想素质，形成积极主动参与理论建设与创新发展的观念、将科学理论转化为行动自觉的终极目标，就必须与实践教学活动中的参与、体验和行动相结合。

（二）实践体验式教育教学的方法步骤

其一，提出问题，创设情境。通过问题的提出和情境的创设，让师生或置身于一个情境，寻求解决问题的理论和方法；或面对冲突和问题，体验解决过程中的意义追问和价值选择。例如：思想政治理论课中的"马克思主义基本原理概论"和"中国特色社会主义理论体系概论"两门课更侧重于理论体系的知识传授，更适合基于一定情境中的问题，然后寻求解决问题的理论和方法的学习路径。所谓问题，一方面是基于学生在现实生活中产生的问题和困惑，以大学生感性的现实世界作为课程展开的背景和资源，以现实的重大问题为载体，使实践教学活动建立与"生活世界"的意义联系，使实践教学的"有意识"与"对象"之间建立关联。另一方面是设计的问题，为了引起思考，设计冲突性场景呈现问题，进行分析和思考。但无论哪一种问题的呈现，关键点还在于"智慧"地提出问题，其"智慧"体现在提出的"问题"是存在于真实情景中的、存在几种可能解决方案的或者缺乏解决问题所需要的信息（劣构性）的问题，即有效问题，而不是学生已有标准答案的问题；还体现在问题的提出既符合理论的逻辑，又符合现实的逻辑，使学生能够"回到"总结了间接经验的前人的思维逻辑和理论逻辑中进行思考和理解，让学生产生问题意识，在自己的已知与未知之间出现矛盾、形成困惑，从而激发起学生探究的欲望和主动学习思考的内在动机，为下一步在理论的和现实的逻辑中寻求答案打下基础。而"中国近代史纲要"和"思想道德修养与法律基础"两门课则更多地触及作为国民的情感和作为个人的情感，涉及意义的追问、价值的选择。因而可以更多地选择让学生面对冲突和问题，充分体验其解决过程的意义追问和价值选择的学习路径，关键点在于有策略地创设情境。其"策略"在于冲突的呈现和问题的提出要贴近民族或个体生命的命运，能够激发出学生的情感，使学生产生共鸣，为进一步引领学生形成正确的立场和相应的情感、态度、价值观铺设台阶。

其二，驱动探究，引发体验。在前一个教学程序所设置的问题或情境下，及时引导学生带着探究的欲望和主动学习思考的动机投入实践活动，进行理性的理论思考和辨析；激发学生带着情感和共鸣，关注民族和国家的命运，自己与同胞的命运，思考人生，进行有意义的追问和价值的选择。这一环节的学习要形成学生独立思考、合作探究的机制，注意培养学生分析问题、解决问题的能力，锻炼学生的创新意识和批判性思维；形成学生身临其境、感同身受的体验感悟氛围，使学生的认知、情感、意志、行为习惯等要素产生有机联系和共同作用，注意培养学生的爱国情感、政治认同、公民意识、法律意识和道德自律意识。

其三，总结认识，升华情感。在前一个教学程序中，一些学生通过独立思考、合作探究使问题获得"解决"，并形成一定的理论和方法，教师应当及时对此进行指导，让学生对自己的实践和探索过程进行理论总结和学术整理，形成符合规范的研究报告、社会调查报告或学术论文。还有一些学生通过体验，对冲突和问题解决过程中的意义和价值进行了思考，形成了态度和情感，教师应当及时帮助学生提炼和升华，使其上升到人生观、价值观层面进行省察，形成具有个性的体悟心得和认识。

其四，组织交流，梳理整合。教师需要在前一个教学程序完成之后，采取多种方式，认真组织交流，包括班内的小组交流与答辩，利用网络平台、板报宣传或择优出版等方式实现更大时空上的交流互动，实现"零散经验的规范化、内在经验的外显化以及个人经验的推广交流"，使师生和他人从中获得更大的启发和教益。在交流的过程中，教师要对学生形成的认识和心得及时点评指导，对学生形成的结论、认识和感悟进行梳理整合。由于每个学生的实际情况不同，所侧重的问题不同，观察和理解的角度不同，在实践过程中接受的介绍和引导不同，因此对同一个主题的实践活动所获得的看法和结论也不可能完全一样，要想形成一个基本的认识，达到实践主题设计的基本目的，就需要教师引导学生回归理论，获得指导和矫正，既尊重学生学习和认识的个体生命性，又体现思想政治理论课的政治性目标——在大是大非和基本理论方面坚持立场和真理。

（三）有效推行社会实践教育

社会是高校思想政治教育的大环境，也是大学生展示人生的舞台。社会实践是大学生了解国情、认识社会的场所，是大学生增长才干、奉献社会、锻炼毅力、培养品格、增强社会责任感的重要途径。社会实践具有综合教育作用，其主要功能在于提供思想政治理论与实际相结合的基础，巩固、检验理论学习成果；提供与劳动群众特别是工农群众相结合的机会，培养热爱劳动与劳动人民的思想；选择、优化社会德育资源，强化德育实效。社会实践体验包括两个方面：一是走出校门，到社会大舞台，到物质文明、政治文明和精神文明建设的先进地区、先进单位参观访问，或就某种社会现象、社会问题进行专题调查，或者到基层去，到工农群众中去，在火热的社会生活中互帮互学，共同进步；二是通过丰富多彩的党、团和班级活动，在不知不觉中成功实施对大学生的教育和影响。社会实践随着社会多样化发展，其内容与方式也不断发展，除了传统的生产劳动、社会调查方式之外，还出现了科技发明、勤工助学、专业实习、志愿服务、公益活动，以及网络管理、虚拟实践等方式。多样化的社会实践方式给不同类型、不同专业、不同兴趣的学生提供了更多的选择，有利于提高社会实践的质量和效果。

近年来国内各高校的思想政治理论课在探索实践体验式教育教学方面都取得了一些可喜的经验。例如：上海某高校在推动思想政治理论课教学改革过程中，直面大学生的困惑，设置了"思想政治理论课超级大课堂"。该课堂以社会主义核心价值观为专题，面向全市大学生征集学习和践行社会主义核心价值观过程中的困惑和疑问，共收集问题近万份，最终聚焦讨论一个话题：为什么要有社会主义核心价值观，和我们有何关系？"思想政治理论课超级大课堂"以高校思想政治理论课教学协作组为单位，多门课程全部参与，参赛方阵跨校组队，多个学科教师协同合作，权威专家分析点评。"问题来自学生，声音来自一线，点评来自权威"，实现了思想碰撞、内心共鸣和普遍共识，取得了喜人的效果。清华大学的思想政治理论课改革，坚持学生需求共性与个性的统一，在"一对多"讲授的基础上进行"一对一"交流，促进课内与课外两个课堂相结合，极大地方便了师生之间的深层交流。一对一、面对面的交流方式在促进师生之间学术交流的同时，也促进了师生之间的思想和感情交流。同时还结合学生特点，发挥学生特长，实现考核方式的多样化。思想政治理论课考核采取平时成绩和期末成绩各占一半的方式。评定平时成绩的形式有社会调研报告、学生课堂展示、期中读书报告、课堂小作业、期末论文及其答辩等。例如"中国近现代史纲要"课程组，组织美术学院的学生结合课程内容进行艺术创作，200 多名大一学生以雕塑、绘画、书法、剪纸、陶瓷、染织、装潢设计和多媒体设计等艺术品，反映课堂所学内容，反映自己对历史的思考，对未来的期盼，将历史之"象"化为艺术之"像"，感染力极强，作者和观众都从中受到了深刻的教育。将学生的作业择优结集出版，不仅可以使他们的智慧转化为社会效益，还可以激励后来的同学认真学习。鹤壁职业技术学院从高职院校学生的知识水平出发，创建了思想政治理论课教学实训平台。该实训平台紧扣教学内容，分为"理想信念""爱国主义""公民道德""社会主义""法治精神"等不同主题平台。教师根据不同章节的教学内容，选择在不同的教学平台上课，有效实现课程教学与实训平台的同步对接。教学实训平台以高度浓缩的信息内容，图文并茂的教学情境、引人入胜的视听效果，达到了一看便懂、一见便知的见识实训效果，实现了学生社会实践的集中优化。清华大学还相继为学生结集出版了《清华学子的人生感悟》《有清华学生这样学习马克思主义》《博士生关注的当代问题探析》《祖国母亲，为我们骄傲！——千名清华学子感言录》等，把思想政治教育落到实处，结出硕果。浙江大学围绕"寻访体验"和"传播感悟"两条主线展开的"红色寻访"也很有成效。该活动以"寻访红色记忆，勇担强国使命"为核心主题，组织大学生利用寒暑假以社会实践的形式，走访全国"12 个重点红色基地区域，30 条红色精品线路，300 个红色教育基地"，通过瞻览党的光辉历程和革命先辈艰苦卓绝的奋斗史诗，激发青年大学生报国强国的责任感和使命感。大学生"红色寻访"成果论文集《信仰点亮青春——"90 后"大学生的红色追寻》已正式出版。中南大学的"雷锋岗"、北京大学的"教授茶座"、北京航空航天大学的"成才表率巡讲团"等，不仅拓展了思想政治理论课的空间，传递了正能量，而且使学生在切切实实的实践参与中，提高了思想认识，锻炼了接触社会、服务社会的能力，实现了思想政治教育的价值目标、情感目标和能力目标。

第五章　新时代高校大学生思想政治理论课教学研究

高校思想政治理论课是中国特色社会主义事业的重要组成部分，是对大学生系统进行马克思主义理论教育的主渠道和主阵地，在培养中国特色社会主义现代化建设事业的合格人才和社会主义事业接班人方面发挥着积极的作用。

第一节　新时代高校大学生思想政治理论课的内容构成

一、高校思想政治理论课的内容演变

从我国高等学校思想政治理论课程的发展来看，中华人民共和国成立以来我国高校思想政治理论课程内容体系发生了四次重大的变化。一是马克思主义理论教育"老三门"方案，从中华人民共和国成立以来到1985年，马克思主义理论课从总体上基本维持"辩证唯物主义与历史唯物主义""政治经济学"和"中共党史"等三门课程，文科学生另加"国际共产主义运动史课程"。二是马克思主义理论教育"新三门"方案，这个方案的执行时间是从1985年至1998年，马克思主义理论课总体上维持"中国革命史""中国社会主义建设""马克思主义原理"三门课程，文科学生另开"当代世界经济政治与国际关系"课。三是马克思主义理论与思想品德课程"98"方案，这个方案持续时间为1998年至2005年。四是思想政治理论课程"05"方案，这个方案从2005年开始试点进行，2006年在全国范围全面展开。

中宣部、教育部2005年下发《关于进一步加强和改进高等学校思想政治理论课的意见》及实施方案（简称5号文件和9号文件），明确规定了思想政治理论课的课程设置和教学内容。

5号文件明确提出：要以马克思主义中国化的理论成果为中心内容，完善思想政治理论课程体系。帮助学生掌握中国特色社会主义理论的科学体系和基本观点，指导学生运用马克思主义世界观、方法论去认识和分析问题。开展马克思主义人生观、价值观、道德观和法制观的教育，引导学生树立高尚的理想情操和养成良好的道德品质，树立体现中华民族优秀传统和时代精神的价值标准与行为规范。开展中国近现代史的教育，帮助学生了解国史、国情，深刻领会历史和人民是怎样选择了马克思主义，选择了中国共产党，选择了社会主义道路。开展党的路线、方针和政策的教育，帮助学生正确认识国内外形势。

9号文件规定了课程教学的基本内容。

"马克思主义基本原理"，着重讲授马克思主义的世界观和方法论，帮助学生从整体上把握马克思主义，正确认识人类社会发展的基本规律。

"中国特色社会主义"，着重讲授中国共产党把马克思主义基本原理与中国实际相结合的历史进程，充分反映马克思主义中国化的理论成果，坚定在党的领导下走中国特色社会主义道路的理想信念。

"中国近现代史纲要"，主要讲授中国近代以来抵御外来侵略、争取民族独立、推翻反动统治、实现人民解放的历史，帮助学生了解国史、国情，深刻领会历史和人民是怎样选择了马克思主义，选择了中国共产党，选择了社会主义道路。

"思想道德修养与法律基础"，主要进行社会主义道德教育和法制教育，帮助学生增强社会主义法制观念，提高思想道德素质，解决成长成才过程中遇到的实际问题。

"形势与政策"课列为每个学生的必修课程。该课程理应是高校思想政治理论课的重要组成部分，在大学生思想政治教育中担负着重要使命，具有不可替代的重要作用。所以，"形势与政策"课必须紧密结合全面建设小康社会的实际，针对学生关注的热点问题和思想特点帮助学生认清国内外形势，教育和引导学生完全准确地理解党的路线、方针和政策，积极投身现代化建设的伟大事业。本课程讲授的主要内容应该包括：进行党的基本理论、基本路线、基本纲领和基本经验教育；进行我国改革开放和社会主义现代化建设的形势、任务和发展成就教育；进行党和国家重大方针政策、重大活动和重大改革措施教育；进行当前国际形势与国际关系的状况、发展趋势和我国的对外政策，世界重大事件及我国政府的原则立场教育；进行马克思主义形势观、政策观教育。

二、新时代高校思想政治理论课的主要内容

（一）新时代高校思想政治理论课内容确定的依据

1. 坚持马克思主义立场

马克思主义不但是高校思想政治理论课研究的指导思想，也是高校思想政治理论课内容设立的首要依据。马克思主义的立场、观点和方法的教育就是对青年大学生进行思想政治理论课程教学的目的之一。思想政治理论课教学的观念指向和价值指向是显而易见的。马克思主义认为，思想政治理论属于上层建筑，是观念的、意识形态的一部分。思想政治理论课教学主要就是思想政治理论的教育和传输，所以思想政治理论课内容如何选用，思想政治理论课如何分配，以及把思想政治理论的各种观点如何融入到思想政治理论课的教学和实践中，就显得特别重要。然而，需要指出的是不能错误地认为意识形态教育可以随意地剪裁思想政治理论课内容，也不能不加选择、不加编排地把杂乱的理论观点和历史事实倾倒给学生。要知道它是在马克思主义历史与唯物主义理论的指导下，以现实提出的问题为前提，以事实为基础，有选择地赋予思想政治理论课有意义、有价值的内容，对思想政治理论课教学做出合理的安排，使青年大学生认识中国社会历史发展规律，认识到思想政治理论课教学的必要性和现实的合理性，增强青年大学生的社会认同和对政治的支持。

2. 坚持现阶段党的基本路线

现阶段，党的基本路线即"一个中心，两个基本点"，其最核心的内容是以经济建设为中心。在马克思主义的观点看来，经济是基础，政治是经济的集中表现，生产力是社会发展最根本的决定因素。在全党集中力量进行社会主义现代化建设的历史时期，发展社会生产力是党的最根本、最大的政治任务。离开了经济建设这个中心和发展生产力这个根本任务，党的建设也就失去了正确的方向。虽然高校不完全是经济生产单位，但是要想发展经济就必须依靠教育，因为要使生产力得到又好又快发展，首要的任务也是必须先提高劳动者的素质。

当前，我国社会正处于市场经济体制从逐步确立到完善的发展阶段，体制转轨所带来的影响涉及社会生活的各个方面，这些变化要求我们的思想观念和价值体系紧跟形势的发

展。作为社会未来发展的生力军的大学生，应逐步确立自主、平等、开放、竞争、法制意识，确立良好的社会人格和职业道德，在充满诱惑的社会生活中保持知荣辱、辨善恶的素质和品格。这也正是思想政治理论课教学的重要任务。随着经济全球化的深入发展，各国在经济、文化、教育等各方面的交流不断加强。这给我国的经济发展带来了前所未有的机遇。但是，当今以美国为首的西方发达资本主义国家在引导和推动的经济全球化的过程中，却向全球强制推行只利于本国的国际游戏规则，并借助经济的对外扩张推行其价值观念和意识形态。这样就造成了不少青年人开始崇拜西方的价值观念和生活方式，导致部分大学生理想和信念开始动摇，意识形态观念逐步淡化，社会离心力在滋生。对此，高校思想政治理论课教学对大学生学习马克思主义基本理论提出了更高的要求，强调学习马克思列宁主义要结合贯彻党的基本路线的实践。

（1）党的基本路线为思想政治理论课内容的设置指明了方向

以经济建设为中心是党的基本路线的中心，在整个社会主义初级阶段，思想政治理论课教学必须紧紧围绕这个中心不放松，必须坚持四项基本原则不动摇。改革开放是强国之路，高校必须投身到改革开放的洪流中去。从本质上讲，改革开放就是要我们打开国门，学习世界上一切国家、一切民族的长处，利用人类文明的一切优秀成果来发展我们社会主义国家的生产力，提高人民的生活水平，增强社会主义国家的综合国力。在思想政治理论课内容教学过程中，对于其他政党、国家、民族的东西，必须采取扬弃的态度，取其精华，去其糟粕，坚持思想政治理论课教学的正确方向。

（2）迎合党的基本路线的实践需要来改革思想政治理论课的教学内容

习近平同志曾经在中央党校的讲话中指出对干部要注意抓好马列主义、毛泽东思想和邓小平建设有中国特色的社会主义理论，加强对经济学知识和工作实践经验，以及加强现代科学文化三个方面的学习。这些讲话的内容实质上就是在强调要坚持党的基本路线。如此一来，它对高校思想政治理论课程教学同样提出了具体的要求。因此，思想政治理论课的教学内容必须迎合党的基本路线的实际需求。

在马克思主义理论学习上，要综合学习和运用新的四门课程教学的知识研究建设中国特色社会主义这个主题，还应增加下列内容：如各地区、各部门如何服从、服务于党的基本路线，经济体制改革与政治体制改革，世界经济一体化与中国社会主义经济建设，世界政治的发展与中国肩负的社会主义历史使命，当代科学技术的新发展与我国社会主义经济建设及知识经济等方面的内容，使思想政治理论课教学内容紧密围绕党的基本路线，保证党的基本路线的贯彻实施。

3. 立足我国的现实状况，着眼未来发展

（1）立足我国的现实状况，设置思想政治理论课的教学内容

改革开放以来，我国生产力水平有了很大提高，综合国力达到可观程度，社会发展接近小康水平。然而总的来说，我国人口多，底子薄，地区发展不平衡，生产力不发达的状况没有从根本上得到改变，我国社会主义社会现在仍然处于并将长期处于社会主义初级阶段。思想政治理论课教学在内容安排上必须让大学生认清这一客观事实：虽然我国现代化建设取得了举世瞩目的伟大成就，但是，我国生产力水平还远远落后于发达国家。我国必须在社会主义条件下经历一个相当长的历史阶段，去实现发达国家用了二三百年才实现的工业化和经济的社会化、市场化、现代化。思想政治理论课的教学内容要立足于我国现实状况，进而帮助学生清醒地认识自己肩负的国家富强、民族振兴的重任，使他们以国家繁

荣、民族昌盛为己任，珍惜每一刻时间，把握每一个机会，发奋读书，立志成才，做社会主义现代化事业的建设者和接班人。

（2）着眼未来发展趋势，设置思想政治理论课的教学内容

未来社会将比今天更进步、更文明，这是历史发展的必然。当今世界文明进步首先表现在科学技术的迅猛发展。世界科技发展速度惊人，新的技术不断地涌现，并影响着人类的生活。克隆技术的成功，人体染色体的人工合成，将会产生深远的和难以估量的社会经济影响。"科学技术是第一生产力"已不再是理性的思考。社会实践证明，当今科技的发展不仅是经济增长的决定因素，而且影响着我国的综合国力和社会经济结构以及人民生活水平，并改变着人们认识客观世界的手段、方式和能力，以致对哲学、社会科学也带来巨大冲击。高校思想政治理论课必须让大学生深知，未来的科技发展神速，未来的社会千变万化，要使中华民族自立于世界民族之林，不但要具有高度发达的科学技术，而且要具备高度发达的思维创造能力。人们的意识在适应形势发展的同时，还要对未来的发展做出前瞻性的预测，否则于国于己都是不利的。正如邓小平同志说的："我们不但要看到近期的需要，而且必须预见到远期的需要；不但要依据生产建设发展的要求，而且必须充分估计到现代科学技术的发展趋势。"邓小平特别强调教育要面向未来，教育要从现代化建设、当今世界的特点及未来的发展趋势出发，培养大批合格人才。高校思想政治理论课教学亦是如此，思想政治理论课教学内容的设置要面向未来，面向现代化，必须着眼于知识经济的发展，以战略眼光重新审视思想政治理论课的教学目标和人才培养模式，把专业教育与普通教育、科学教育与人文教育、理论教育与科学研究及社会实践结合起来。提高大学生的学习、就业、工作转化和创业能力，使大学生不仅学会"做事"，还要学会"做人"，学会"生存"。

4. 从大学生的思想实际出发

伴随着对外开放和经济体制改革的不断深化，社会的政治、经济、文化生活发生了翻天覆地的变化，个体的发展空间得以大幅度地扩大。大学生思想活跃，博览群籍，面对着日趋激烈的社会竞争，他们学会了更加崇尚求真务实。通过各种形式深入工厂、农村、城镇等社会生活的各个领域，了解社会的政治、经济、文化及人们生活的发展状况，亲身实践，力求从思想上、行动上赶上时代的步伐。能者多劳，真正体现按劳分配的经济法则，教会了当代大学生更注重知识的学习和能力的培养，注重自我价值、自我设计的实现，以便在未来的市场竞争中确立自己的支点。这时如果仍按过去一成不变的思想政治理论内容和方法进行教育，脱离市场经济条件下大学生关注的热点，会引起学生的轻视甚至反感。只有从大学生的思想实际出发，从大学生的切身利益出发，建立在大学生关注热点基础上的思想政治理论教育教学才会受到大学生的欢迎，进而也才能达到思想政治理论教学的目的。

变化的时代要求高校思想政治理论教学内容要增强针对性，即教学内容要反映国内外的重大现实问题以及大学生的思想和实际问题，从大学生的思想实际和切身利益出发，及时充实和调整思想政治理论教育内容体系，在继承传统教育内容精华的同时，体现出新时期对大学生素质的新要求，注意增加一些具有大学生个体特殊性，有效缓解其思想矛盾、心理冲突、情感困惑等问题的相关内容，进而促进大学生成长、成材、成就、成功。

（二）新时代高校思想政治理论课的主要内容

新时代高校思想政治理论课的主要内容包括马克思主义教育，基本国情和形式与政策

教育，党的基本理论与基本经验教育，世界观、人生观和价值观教育，道德观和法制观教育以及历史观教育等等。

1. 马克思主义教育

高校思想政治理论课的马克思主义教育包括马克思主义立场教育、马克思主义的观点和方法教育等。

（1）马克思主义立场教育

在当前社会主义市场经济条件下，马克思主义立场教育主要是用马克思主义占领高校思想政治理论课程教学的阵地，坚定社会主义信念。

马克思主义是无产阶级和人民群众的思想武器，是无产阶级和人民群众利益的代表者。这种鲜明的党性和阶级性使得我们在思想政治理论课程教学中始终不能丢弃这个武器，在纷杂多变的社会生活中要始终坚持用马克思主义占领思想阵地，把巩固发展社会主义意识形态的任务落到实处。要坚持不懈地对干部群众进行马克思主义基本理论的教育，旗帜鲜明地同各种错误思潮做斗争。

在社会主义初级阶段，马克思主义与反马克思主义、唯物主义与唯心主义、无神论与有神论、科学与伪科学的斗争将是长期的、复杂的，有时是很激烈的。在思想理论领域，对事关政治原则、政治方向的问题，必须旗帜鲜明、立场坚定、分清是非；对于反马克思主义、唯心主义、有神论、伪科学等错误的东西，绝不能听之任之。绝不允许这些错误的东西与我们争夺群众、争夺思想阵地。我们要密切关注社会政治方向，分析各种错误思潮形成、传播、蔓延的现象，不断提高我们的政治敏锐性和鉴别力，坚决同各种错误思潮和封建迷信、伪科学等社会丑恶现象做斗争。要见微知著、防微杜渐，把问题解决在萌芽状态，绝不让其自由泛滥。

在当前和今后一个相当长的时期，我们要把坚定社会主义信念作为一个紧迫、重大的问题加以解决，应当充分肯定社会主义已经取得的历史成就，全面认识中华民族的伟大复兴与社会主义的胜利前进之间的关系，看到社会主义必然胜利的光辉前景。因此，我们有理由坚信社会主义的前途是无比广阔的，坚定社会主义信念是非常必要的。

（2）马克思主义的观点和方法教育

辩证唯物主义和历史唯物主义的世界观是马克思主义的观点集中体现。而用这种观点看待事物、分析和解决问题，就是方法论。在此，观点与方法是高度统一的。进行马克思主义观点和方法的教育，当前最重要的是树立辩证思维的观念，教育人们辩证地看待传统观念，教育人们辩证地看待新出现的观念，教育人们辩证地看待外来观念，教育人们辩证地否定旧观念、肯定新观念，克服主观性、片面性、随意性。在思想政治理论课程教学中，帮助人们端正各种思想认识，实现思想政治理论课程教学的观念创新。

在思想政治理论课程教学中，无论是对旧观念的否定还是对新观念的肯定，都切忌绝对化。应当看到。新观念与旧观念虽有质的区别，但却有着千丝万缕的联系。旧观念中包含着对新观念形成有积极意义的东西；新观念也有可能转化成旧观念。因此，应当运用辩证思维方法，科学地去粗取精、去伪存真，才能实现观念的创新。

2. 基本国情和形势与政策教育

形势政策教育，不但历来是党的思想政治理论课教学的一个重要内容，而且也是我党思想政治理论课教学的优良传统。形势教育主要包括国内形势教育和国际形势教育。形势教育可以使人们学会正确认识和分析形势，正确理解党的路线、方针、政策，坚决完成党和国家的各项任务，增强对社会主义事业的信心。而政策是实现党的路线的行动准则，是党的一切实际工作的出发点。政策教育可以使人们在社会生产、社会生活的实践中，做到更加理性、心中有数、自觉地与党和政府保持一致。

（1）当前基本国情和形势教育

我们要持有一种辩证的态度来看待当前的基本国情和形势。既不能妄自尊大、盲目乐观，又不能悲观失望、缺乏信心。改革开放以来，由于我国经济实力的迅速增强，国内和国际面临的形势总体上是好的：我国人均国民生产总值年递增率连续快速增长，GDP 从整体上已经达到小康水平；我国从人口大国正在向人力资源大国转变；经济体制转轨与社会结构的转型同时进行，使中国实现了跨越式的发展；经济全球化的影响已渗透到我国的生产、流通、金融、能源以及各种服务业，越来越成为影响中国经济社会生活的一种特殊力量。

然而，当前中国经济社会的发展也存在一些难题："发展中不平衡、不协调、不可持续问题依然突出，科技创新能力不强，产业结构不合理，农业基础依然薄弱，资源环境约束加剧，制约科学发展的体制机制障碍较多，深化改革开放和转变经济发展方式的任务艰巨；城乡区域发展差距和居民收入分配差距依然较大；社会矛盾明显增多，教育、就业、社会保障、医疗、住房、生态环境、食品药品安全、社会治安、执法司法等关系群众切身利益的问题较多，部分群众生活比较困难；一些领域道德失范、诚信缺失；一些干部领导科学发展能力不强，一些基层党组织软弱涣散，少数党员干部理想信念动摇、宗旨意识淡薄，形式主义、官僚主义问题突出，奢侈浪费现象严重；一些领域消极腐败现象易发多发，反腐败斗争形势依然严峻。对这些困难和问题，我们必须高度重视，进一步认真地加以解决。"

（2）当前相关政策教育

第一，坚持以经济建设为中心，通过发展来解决人们在发展中遇到的各种困难和矛盾。当前，各种困难和矛盾归根结底都是由于发展不足和发展不平衡所致。在这样一个全球化的时代里，对于我们有着 13 亿多人口的大国来说，人民群众物质与文化生活的需求是远远得不到满足的。因此，只有发展才是硬道理，只有发展才能够从根本上应对各种困难和矛盾。

第二，坚持"以人为本"，树立全面、协调、可持续的科学发展观，做到"五个统筹"。在改革发展中，坚持在经济增长的同时使人民群众的生活水平得到不断提高，坚持让绝大多数人能够分享到改革发展的实惠，这是改革发展能够继续顺利进行的最重要的基础。

第三，在发展中注意化解新的利益和价值冲突。我国在发展中所出现的新的社会矛盾总体上还都属于利益格局的调整问题，属于人民内部矛盾。目前，市场化的过程带来了价值观的碰撞和冲突，因不同的地域、社会阶层、年龄段等问题对一些社会的重要价值认同方面都出现了较大的差异，这将成为未来社会矛盾的深层影响因素。所以，利益的协调和价值的整合是我们化解社会矛盾必须同时注意的两个方面。

第四，坚持和改善党的领导。"新形势下，党面临的执政考验、改革开放考验、市场经济考验、外部环境考验是长期的、复杂的、严峻的。精神懈怠危险、能力不足危险、脱离群众危险、消极腐败危险更加尖锐地摆在全党面前。不断提高党的领导水平和执政水平、提高拒腐防变和抵御风险能力，是党巩固执政地位、实现执政使命必须解决好的重大课题。全党要增强紧迫感和责任感，牢牢把握加强党的执政能力建设、先进性和纯洁性建设这条主线，坚持解放思想、改革创新，坚持党要管党、从严治党，全面加强党的思想建设、组织建设、作风建设、反腐倡廉建设、制度建设，增强自我净化、自我完善、自我革新、自我提高能力，建设学习型、服务型、创新型的马克思主义执政党，确保党始终成为中国特色社会主义事业的坚强领导核心。"

3. 党的基本理论和基本经验教育

党的基本理论教育，主要是马克思主义基本理论的教育；党性教育也包括理论教育的一些内容，但突出的特点是鲜明的党性立场。理论教育的知识性特点更鲜明，党性教育的纪律、规矩性特点比较明显；二者密切相关，党的理论教育是党性教育的理论支撑，党性教育是党的理论教育坚持正确政治方向的保证，二者都是为了保证党的政治路线的贯彻落实。总结新形势下尤其是党的十八大以来党的理论教育和党性教育的历史进程和经验，对于提高新形势下党内教育的效果，锤炼"四铁"干部队伍，有十分重大的意义。

4. 世界观、人生观和价值观教育

（1）世界观的教育

世界观是人们对整个世界总的看法和根本观点。随着在改造客观世界的实践活动中，对客观世界认识的不断增加和知识的不断积累，人们就会形成对世界总的看法，形成一定的世界观。世界观形成以后，又会支配着人们的认识和行动。但人们在日常生活实践中自发形成的世界观往往是不系统的，缺乏理论论证的，且有正误之分。当然，正确的世界观可以指导人们进行正确的实践，从而对社会发展起促进作用；而错误的世界观，则与之相反。因而思想政治理论课教学的一个重要任务，就是要以科学、系统的世界观武装人们的头脑，使人们在改造世界的过程中，减少盲目性，增强自觉性。

马克思主义世界观是科学、系统的世界观，是迄今为止总结人类已有的思想成果，反映世界的本质面目和发展规律，指导人们能动地改造自然和社会并被实践所反复证明的世界观。用马克思主义世界观教育我国公民，是当前社会主义市场经济下思想政治理论课教学的基本任务之一。

（2）人生观的教育

人们对人生基本问题的根本观点就是人生观。它以人生为对象，是人们对人生意义、人生目的和人生价值的理解和看法。在社会生活中，作为有理性的社会动物的人都会有自己对人生的体验和理解，都会对自身境遇和命运进行思考，并在这些体验和思考的基础上形成对生活的根本看法和总的观点。人们在生活实践中自发形成的人生观也往往是零乱、不系统、缺乏科学论证的。此外，人生观是人们所处的一定历史条件和社会关系相结合的产物，是人们的社会生活的反映，所以社会生活实践不同会使人们产生的现实人生观也发生很大的不同。当然，现实的人生观也有积极进取和消极颓废之分，有科学成熟和荒谬幼稚之分。这就需要我们进行人生观教育，帮助人们在形形色色的人生观中分辨真伪，引导人们走上正确的人生之路。

现阶段，高校思想政治理论课教育对大学生进行人生观教育，应着重帮助他们理清个人与社会的关系、贡献与索取的关系、理想与现实的关系。

（3）价值观的教育

价值观是指人们对实际存在和可能存在的主客体之间的价值关系、主体的价值创造活动及其结果的性质和意义在头脑中的反映，以及由此形成的比较确定的心理和行为取向或

心理和行为定势。它是人们在一定环境中所产生的动机、目的、需要和情感意志的综合体现。价值观一旦形成，就会对人们的认识和实践活动产生能动的反作用。人们的一切社会行为和活动方式，都受到各自的价值观的规范和调节，人们的认识和实践活动，都是在一定的价值观的指导下，追求一定的价值实现。

社会主义市场经济存在着多种经济成分和多种利益主体。因而不可避免地存在着多元价值观和价值取向。对此，我们要有清醒的认识并施以正确的价值观的引导。当前，高校思想政治理论课针对中大学生进行的价值观教育着重要抓好义利观教育、荣辱观教育、苦乐观教育、生死观教育等方面。

"中国特色社会主义事业是面向未来的事业，需要一代又一代有志青年继续奋斗。全党都要关注青年、关心青年、关爱青年，倾听青年心声，鼓励青年成长，支持青年创业。广大青年要积极响应党的号召，树立正确的世界观、人生观、价值观，永远热爱我们伟大的祖国，永远热爱我们伟大的人民，永远热爱我们伟大的中华民族，在投身中国特色社会主义伟大事业中，让青春焕发出绚丽的光彩。"

5. 道德观和法制观教育

道德观是一定社会条件下人们关于道德问题的基本认识和观点。道德作为一种社会意识形态是一定历史条件的产物，是一定社会存在的反映。作为人们共同生活准则和规范综合的道德一旦形成，便会对社会生活产生重大的影响，对于经济的发展和政权的巩固具有巨大的反作用。道德是社会生活中的每个公民所必需的，党中央颁布的《公民道德建设实施纲要》正是从建设社会主义精神文明的高度把提高公民素质、培养公民应有的道德意识和道德责任感摆上议事日程。当前，我们要在全社会中提倡和贯彻"爱国守法、明礼诚信、团结友善、勤俭自强、敬业奉献"的公民基本道德规范，弘扬振兴优秀的中华民族精神，引导人们努力攀登道德的更高阶梯，用共产主义道德武装全党和全国人民。

而法制观教育是指人们对统治阶级所制定的各种法律制度的基本认识和看法。法制是一定统治阶级根据自己的意志，通过政权机关而建立起来的，它包括法律的制定、执行和遵守。法制一旦建立，就具有权威性、强制性，要求所有公民服从和遵守。因此，进行法制观念的教育是思想政治理论课教学的一项重要内容。

6. 历史观教育

历史是一面镜子。古人云："以铜为鉴，可以正衣冠；以人为鉴，可以明得失；以史为鉴，可以知兴替。"这里的"史"包括我国的历史和世界各国的历史。历史记录和积淀着人类的知识和智慧，承载着人类文化的进步与发展，是人类文明得以不断前进的前提。世界各国政府无不重视自己的国家史、民族史的研究和教育。重视历史，以史为鉴，积极弘扬民族的文化遗产以促进社会的进步，这是中华民族的优良传统。历史教育主要就是历史观的教育，所以高校思想政治理论课教育中的历史观教育，必须充分认识到，思想政治理论课程中各门课程的整体性和体系性特征，各门课程从不同的侧面和方向，殊途同归，共同达到同一个目的。高校曾开设的各种与中国近现代史有关的课程主要从革命史和党史的视角向青年学生展现中国近现代史的发展主线，具有明确的意识形态的政治导向。中国近现代史教育的重要作用之一就是帮助青年学生正确地认识现实。

第二节　高校大学生思想政治理论课的教学要求

一、理论联系实际

（一）理论联系实际的含义

高校思想政治理论课坚持理论联系实际，包括两层含义：一是在课堂教学环节，教师把基本理论与客观实际联系起来，使学生真正理解和掌握基本理论，并能够运用基本理论分析和解决实际问题；二是在实践教学环节，既要坚持用发展着的马克思主义武装大学生的头脑，又要坚持以丰富的实践培育大学生。保证大学生成长为中国特色社会主义事业的合格建设者和可靠接班人，即坚持理论武装与实践教育的统一。

（二）理论联系实际的基本要求

由于思想政治理论课本身的特点和所要实现的教学目标的特殊性，这一要求的运用尤为重要，可以避免教学中教条化、公式化的倾向，能否运用和恰当运用该要求直接决定着思想政治理论课程能否实现教学目标。

1. 联系理论本身形成、发展的实际

在思想政治理论课教学中，首先要使学生理解基本理论形成、发展的过程，让学生知道基本理论不是空中楼阁。当教师教授基本理论时，要把理论产生的背景，包括时代背景、社会背景、理论创立者的背景等交代清楚，这可以使学生有一种真切地回到理论所产生的实际中的感觉，容易引发学生思考。

2. 联系学生的实际

因材施教是任何教学都要遵循的一般性教学原则。所谓因材施教，即对不同的教育对象提出不同的要求，采用不同的教育方法，也就是根据"材"的实际施行一定的教育。就思想政治理论课程教学而言，就是要联系学生的实际，根据学生的实际情况有针对性地进行教学。

第一，联系学生的实际要了解学生的实际，包括了解学生的专业实际，了解学生的生活实际，了解学生的知识水平和认识能力，了解学生的思想实际，了解学生的个性差异等等。

第二，思想政治理论课程是高校每个专业的必修课程，了解学生的专业实际，要尽量多地了解一些该专业的情况，以便列举贴近学生专业实际的例子，这样学生对相关教学内容的理解就更有亲切感，更易体会教学内容的现实价值，更易接纳相关的理论观点。

第三，了解学生的生活实际，教师就要考虑到每个专业、每个班级往往都是来自全国各地的学生，个人经历、家庭背景不同，生活习惯存在差异，但都是住集体宿舍，吃公共食堂，生活自理。教师要把握这些差异和共同点，教学才能更加有的放矢。

3. 联系教师的实际

思想政治理论课理论联系实际的效果如何，主要取决于教师。联系哪些实际，怎样联系实际都是由教师决定。只有同时做到以理服人和以情感人，学生才会心甘情愿地接受。联系教师的实际就是联系教师在"理"和"情"两方面的实际。教师自身要明理，掌握真理，信仰真理，同时，对于教学要有真实的情感投入。只有真正信仰真理，情感才会自然地流露出来，这种情感是无法伪装的。

4. 联系社会的实际

联系社会的实际包括联系以往的社会实际和当下的社会实际。联系以往的社会实际即联系历史，包括联系世界历史和中国历史。联系当下的社会实际即联系当代世界的形势和中国的现实国情，重点应放在联系党的路线方针政策，联系改革开放和社会主义现代化建设这几方面，尤其要联系重大现实问题，包括很多敏感问题、热点问题。

要联系历史，是因为思想政治理论课教学要经常用到比较分析和历史分析。有比较才有鉴别，马克思主义理论也是如此。因此，教师不能把视野仅仅局限在马克思主义体系内，要放开眼界，把马克思主义放到整个人类的历史长河中，通过与其他理论的比较或者证伪其他理论，才能证明马克思主义的科学性。要联系现实，是因为现实就是大学生现在和将来学习、生活、工作的大背景。世界多极化和经济全球化的趋势在曲折中发展，科技革命日新月异，综合国力竞争日趋激烈。大学生面临着大量西方文化思潮和价值观念的冲击，受到某些腐朽没落的生活方式的严重影响。随着我国对外开放的不断扩大，社会主义市场经济深入发展，社会生活发生了很大的变化：社会经济成分、组织形式、就业方式、利益关系和分配方式日益多样化，人们思想活动的独立性、选择性、多变性和差异性日益增强。这些都是高校思想政治理论课无法回避的问题，必须进行认真而深入的研究，才能做到从实际出发，理论联系实际，对大学生的思想困惑给予现实的、有价值的解答。

二、坚持政治性与科学性的统一

（一）高校思想政治理论课的政治性与科学性

高校思想政治理论课的政治性是指课程的政治指向性。在高等学校开设思想政治理论课的目的就是对大学生进行思想政治教育，使大学生具备适应社会发展的思想政治品德。其中核心目标就是政治素质目标，即通过提高学生的政治意识和政治觉悟，增强学生的政治敏锐性和政治判断力，使其热爱党，热爱祖国，热爱社会主义，拥护党的路线方针政策，认同邓小平理论、"三个代表"重要思想和科学发展观，坚定走中国特色社会主义道路的信念，坚定实现全面建成小康社会宏伟目标的信心。

思想政治理论课的科学性是指课程所内含的真理性、规律性，就课程教学而言，其科学性包括教学内容的科学、教学方式方法的科学及教师队伍的科学。其中，教师队伍的科学是指教师队伍年龄结构、学历结构以及每位教师的知识结构要合理。

政治性与科学性的统一，是由思想政治理论课的特殊性决定的，即思想政治理论课强烈的政治性与显著的科学性要求必须坚持两方面的统一，且与高校的培养目标是一致的；政治性与科学性的统一，是优化教学效果的必然选择。

（二）坚持政治性与科学性统一的要求

1. 科学的方法与科学的内容紧密结合

高校思想政治理论课的主要教学内容是马克思主义基本理论。马克思主义基本理论本身具有科学性和政治性。这是思想政治理论课的一个天然优势，但这并不意味着只要给学生讲清基本理论或者只要把教材讲透，就能做到政治性与科学性的统一。在教学中，必须时刻注意兼顾政治性与科学性，这并不容易做到，所以，选择好教学方式方法非常重要。没有好的教学方式方法，科学的内容也无法顺利地传授给学生。只有通过恰当的教学方式方法进行教学，才能达到政治性与科学性的统一，才能使学生高质量地理解和掌握相应的教学内容。

2. 培养和造就兼具较高思想政治素质和较高理论水平的教师队伍

高校思想政治理论课教师是马克思主义理论和党的路线、方针、政策的宣讲者，是社会主义意识形态和精神文明的传播者，必须是坚定的马克思主义者，在事关政治原则、政治立场和政治方向问题上必须与党中央保持一致，只有这样，才能做大学生健康成长的指导者和引路人。这就要求思想政治理论课程教师必须同时具备较高思想政治素质和理论水平。

三、坚持方向性、思想性与科学性相统一

方向性体现了思想政治理论课鲜明的阶级性和党性以及明确的目的性特征；思想性体现了思想政治理论课教学重视人的精神价值和精神动力，注重思想观念对人们行为的主导作用，着眼于对大学生进行世界观、人生观、价值观教育，坚持把理想信念教育作为核心内容；科学性体现了思想政治理论课教学在指导思想上、内容上和方法论上的真理性、正确性，为实践所验证，能经受历史的考验，真正做到"以科学的理论武装人"、以科学的方法培育人。

思想政治理论课教学的方向性、思想性与科学性的统一，是其本身所具有的内在统一，而并非人为地"结合"；思想政治理论课教学的方向性、思想性与科学性的内在统一还可以从其真理性与价值性的内在统一中得到验证；思想政治理论课教学坚持方向性、思想性与科学性相统一，符合思想政治理论课教学的基本宗旨和中央对思想政治理论课教学的基本要求及有关规定；思想政治理论课教学要坚持方向性、思想性与科学性相统一的原则，就要充分体现马克思主义理论的科学性和鲜明的时代性特征，充分体现对马克思主义既坚持、又不断发展创新的科学态度。

四、坚持传授知识与思想教育相统一

（一）坚持传授知识与思想教育统一的含义

思想政治理论课程不仅承担着传播一定的科学文化知识的任务，还承担着对大学生进行思想教育的任务。坚持传授知识与思想教育的统一，就是在教学过程中，使学生掌握一定的理论、知识的同时，对学生进行思想教育，提高学生的思想道德修养和政治觉悟。传授知识与思想教育是有机统一的。若是单纯地传授知识，就不能解决学生的各种思想问题，也就不能提高学生的思想觉悟。若是单纯地进行思想教育，陷入空洞的说教，不但因缺乏说服力解决不了问题，也满足不了学生强烈的求知欲望。

（二）坚持传授知识与思想教育统一的要求

1. 教师要提高对思想教育重要性的认识

在教学中，教师居于主导地位，直接实施教学活动。教学能否坚持传授知识与思想教育的统一，关键在于教师。思想教育相对于知识教育来说，有其自身的特点，知识教育只要让学生"了解""知道"所教授的内容，而思想教育涉及学生的内心世界。通过影响学生内心世界的活动，触发其思想转变，认识提高。从这个意义上说，绝不能把思想政治理论课理解为普通的知识课程，而部分教师把思想政治理论课看成是纯粹的知识课程，授课

过程知识化，这是不对的。每一位思想政治教育教师都应明确思想政治理论课绝不是单纯地教授理论知识，而是要同时提高学生的思想觉悟和认识水平。

2. 理论教育与学生的思想认识问题紧密联系

进行理论教学与澄清学生的思想认识问题应有机结合。学生的思想认识问题分两种情况：一种是学生中普遍存在的思想认识问题，一种是个别学生的个别思想认识问题。学生中普遍存在的思想认识问题，一般是学生普遍关注的问题，学生对问题认识模糊、认识片面或认识错误。教师在教学中注意观察学生的课堂反应，就很容易发现这类问题。这类问题应尽量在课堂上即时解决，可以达到事半功倍的效果。教师通过课堂问答、讨论或集体活动等途径，可能会发现个别学生的个别思想认识问题，可通过课间或其他时间的个别交流来解决。这种交流可以说是课堂教学的一种延续而非单纯的人际交流。

3. 科学评价西方文化思潮和价值观念

随着经济全球化趋势的不断发展，各国的经济、贸易交往范围不断扩大，与此同时，不同文化的交流也日益增多。随着互联网的普及，信息的全球共享成为现实，文化间的交流更加便捷，更加频繁。这种交流有时是主动的、有计划的，有时是被动的、不可控的。在思想政治理论课教学中，教师要认真地对待西方思潮和价值观念。简单地肯定或否定一切显然不是马克思主义的科学态度，但绝不能不加分析，纯客观地介绍和传播西方文化思潮和价值观念。要结合有关教学内容运用马克思主义的立场、观点、方法进行分析，对于错误的方面要立场鲜明地给予批判。这有利于学生克服错误思潮和错误价值观念的影响，提高学生抵制错误理论观点和错误价值观念的影响的能力，同时也能促进学生对有关教学内容的理解，并逐步学会用马克思主义的立场、观点、方法分析问题。

五、坚持面向全体、分层施教与继续教育相结合

坚持面向全体、分层施教与继续教育相结合是思想政治理论课教学正确处理整体性教育与局部性教育、普遍性教育与特殊性教育、连续性教育与阶段性教育关系的要求。

"面向全体"要求思想政治理论课要对我国各高校的全体大学生开课，进行普遍的马克思主义理论、思想道德、法律基础等方面的教育。"分层施教"要求思想政治理论课教学要针对不同专业、不同年级、不同层次、不同学历大学生的特点，实施不同的教学计划方案，在教学内容、学时上提出不同的要求，并采取不同的教学形式和方法。"分层施教"还要求思想政治理论课教学既要层次分明、循序渐进，又要注意阶段间的衔接和连续发展。

继续教育是指对已经从学校毕业的学生、成人和在职人员的教育。随着社会的发展和科学文化知识更新速度的加快，对人所受教育的要求也随之不断提高。人们只有不断接受教育，不断"充电"，才能适应社会发展和自身发展的需要。

面向全体与分层施教相结合符合共性与个性、普遍与特殊、统一性与多样性的对立统一规律，也符合德育的全民性、针对性要求。加强马克思主义理论和思想道德修养，是提高一个人文明素质的重要方面。

总之，不管是普遍性与特殊性的统一，还是教育的全民性与针对性的统一，都说明了面向全体与分层施教相结合的必要性与合理性。至于把二者再与继续教育相结合，则是从更为广义的角度，扩展了普遍性与特殊性的统一、共性与个性的统一规律在思想政治理论课教学中的指导意义。

第三节　高校大学生思想政治理论课教学的新发展

一、开放性教学

在经济全球化的时代背景下，为了进一步落实国家教育部关于高校思想政治理论课"05 方案"，增强思想政治理论课教学的针对性和实效性，经过多年的探索和创新，构建了"以学生为本"的高校思想政治理论课开放性教学新模式。

（一）高校思想政治理论课开放性教学的基本内容

高校思想政治理论课开放性教学的内容十分丰富，它是由开放性教学诸方面、开放性教学诸环节、开放性教学诸环境等要素构成的有机整体。思想政治理论课开放式教学的基本内容包括以下三个层面。

1. 思想政治理论课教学诸方面的开放性

思想政治理论课教学诸方面的开放性主要包括以下内容：

第一，教学主体的开放性。教学主体有指导主体与学习主体两个方面。教师是指导主体，学生是学习主体。传统的封闭式教学模式，片面地强调了教师的主体性，忽视了学生的主体性，压抑了学生学习的积极性、主动性和创造性。"以学生为本"的开放式教学模式则承认教师与学生的双重主体性，并认为学生的主体地位更为基础，把教师的主导作用与学生的主体作用有机结合起来，有利于提高学生学习的积极性、主动性和创造性。

第二，教学内容的开放性。在传统的封闭式教学模式里，思想政治理论课的教学内容僵化，不能和时代同步发展，理论往往落后于实践，致使教学内容缺乏时代感和现实针对性。开放式教学模式要求教学内容必须面向现代化、面向世界、面向未来，紧密关注国内外形势和党的方针政策的新变化，及时吸收马克思主义中国化的最新理论成果，使教学内容具有时代感和现实性。

第三，教学形式的开放性。传统的封闭性教学模式通常采用单一的课堂讲授教学形式，缺乏吸引力和感染力。开放性教学模式要求课堂教学与实践教学相结合、校内主课堂与校外第二课堂相结合、"请进来"与"走出去"相结合、教师讲授与学生发言相结合，采取灵活多样的教学方法和现代化教学手段，有利于增强教学的吸引力和感染力。

2. 思想政治理论课教学诸环节的开放性

思想政治理论课教学诸环节的开放性主要表现在：

第一，教学准备的开放性。过去由主讲教师单方面进行教学准备，教学计划、教学大纲很难充分反映学生的实际情况。实施开放性教学，要求教师采取问卷调查和座谈会等形式，了解学生的实际情况与学习要求，吸收学生代表参与教学计划和教学大纲的制定。

第二，教学过程的开放性。鼓励学生提问、发言、演讲或参与辩论，提高学生参与教学过程的主动性和创造性。

第三，教学管理的开放性。吸收学生参与教学管理，形成以学生自我管理为基础，教务部门、学生工作部门、思想政治理论课教学部门齐抓共管的综合管理体系。

第四，考核考试的开放性。建立教师考核与学生自我考核相结合、期末考核与平时考核相结合、理论考试与实践考核相结合、知识考试与能力考核相结合、闭卷考试与开卷考试相结合的综合考核体系。

第五，教学评价的开放性。建立教师自我评价、专家评价、学生评价、社会评价"四结合"的评价体系，以全面评价思想政治理论课教师教学的质量和效果。

3. 思想政治理论课教学环境的开放性

开放性教学模式是一个开放性系统，必须创建一个良好的环境，才能增强思想政治理论课的实效性。

第一，要创建一个和谐的国际关系与和谐的国内社会环境，克服各种不和谐的因素，为思想政治理论课教学提供良好的社会氛围。

第二，要创建一个健康的校园文化环境，加强社会主义核心价值体系的宣传，以科学的理论武装人，以正确的舆论引导人，以高尚的精神塑造人，以优秀的作品鼓舞人，为思想政治理论课教学创造健康的校园文化氛围。

第三，要创建一个科学的制度环境。加强高校思想政治工作的制度建设，推进弹性学分制，建立有效的激励机制，保证高校思想政治理论课的健康发展。

第四，要营造良好的网络环境。要坚持社会主义核心价值体系，加强网络文化建设和管理；要积极建设思想政治理论课教学信息资源网站，多渠道开发和运用思想政治理论课教学信息资源，并坚持教学信息资源的开放性，做到教学信息资源库的共建共享。

总的来说，高校思想政治理论课开放性教学就是由上述三大基本要素构成的有机整体。这三大基本要素之间是辩证统一、不可分割的。

（二）高校思想政治理论课开放性教学的特点

1. 人本性

"人本性"，是相对"物本性""神本性"而言的。"以人为本"，强调人的价值高于物的价值和神的价值。从价值论视角看，坚持"以人为本"，强调人的价值的至上性。马克思主义坚持以最广大人民即绝大多数人为本，坚持以解放全人类，促进每一个人自由全面发展为最终目标。高校思想政治理论课开放性教学是以马克思主义"人本论"为理论基础的。高校思想政治理论课不同于一般的专业课程，它的主要任务是培养大学生的思想政治素质，增强大学生的主体性，这就决定了它必须坚持马克思主义的"人本论"。高校思想政治理论课开放性教学的"人本性"，主要体现在三个方面：第一，体现在它把"以学生为本"作为核心理念。"以学生为本"这一理念是构建高校思想政治理论课开放性教学的理论基石，是贯穿这一教学模式的中心线索，是渗透于这一教学模式的精神灵魂，是决定这一教学模式性质的精神实质。第二，高校思想政治理论课开放性教学的"人本性"体现为教学方法的人本性。它要求思想政治理论课教师在教学中要关心学生、爱护学生、尊重学生、体贴学生、帮助学生、引导学生，而不能压制学生，更不能打骂学生、贬低学生、损害学生。第三，高校思想政治理论课开放性教学的"人本性"还体现在教学目的是为了满足学生的精神文化需求，促进学生的全面发展。

2. 科学性

"科学"与"人本"是两种不同的价值取向，科学的价值取向是求真，人本则是求善；科学属于合规律性，人本属于合目的性。高校思想政治理论课开放性教学新模式不仅具有人本性，而且具有科学性，是求善与求真的统一、合目的性与合规律性的统一。高校思想政治理论课开放性教学具有科学性主要是因它是以科学理论为依据，以科学实践为基础，以科学精神为指导，运用科学方法构建起来的。

第一，高校思想政治理论课开放性教学是在坚持科学立场的基础上建构起来的。科学立场即实事求是的辩证唯物主义立场。高校思想政治理论课开放性教学是建立在科学立场上的。它要求我们在思想政治理论课教学中，坚持一切从实际出发，按客观的教学规律办事，求真务实，做到"不唯书、不唯上，要唯实"。

第二，高校思想政治理论课开放性教学是以科学理论为依据的。马克思主义理论是人类历史上最科学的世界观和方法论，是追求真理、探索真理，揭示客观规律的行动指南。高校思想政治理论课开放性教学就是以马克思主义为理论基础的，马克思主义关于"以人为本"的思想是"以学生为本"这一新的教学理念的哲学基础。马克思主义既是科学的世界观，又是科学的方法论。高校思想政治理论课开放性教学就是以马克思主义为指导，运用马克思主义的科学方法论建构起来的。高校思想政治理论课开放性教学不仅以马克思主义为理论基础，而且批判地吸收了现代西方教学理论中的合理成分，比如人本主义教学论、建构主义教学论等都为思想政治理论课开放性教学提供了科学的理论依据。

第三，高校思想政治理论课开放性教学是一个完整的科学体系。它由"一个核心理念"与"三个基本要素"所构成，层次清楚，逻辑严密，具有系统整体性特征。离开了系统整体性，就不能成为一个科学体系。高校思想政治理论课开放性教学新模式是一个有机的整体，"一个核心理念"与"三个基本要素"有机结合，缺一不可。

第四，高校思想政治理论课开放性教学采用了科学方法。高校思想政治理论课开放性教学运用了马克思主义的科学方法论。唯物辩证法是分析问题和解决问题的最一般的科学方法论。这一教学模式正确处理了教师指导主体与学生学习主体的辩证关系、科学性与人本性的辩证关系、教学管理与人文关怀的辩证关系、校园内部环境与外部环境的辩证关系、传统教学手段与现代教学手段的辩证关系、传承科学文化与创新科学文化的辩证关系、传统思维方式与创新思维方式的辩证关系，充分体现了唯物辩证法的思维方法。此外，还采用了现代科学方法，比如系统科学方法、创新科学方法等。

3. 和谐性

"科学性"的价值取向是"求真"；"人本性"的价值取向是"求善"；"和谐性"的价值取向是"求美"。高校思想政治理论课开放性教学的"科学性""人本性""和谐性"等特点，体现了其价值取向的多样统一性，实现了"真、善、美"的有机统一。高校思想政治理论课开放性教学具有和谐性的特点。主要体现在以下方面：

第一，教学主体的和谐。教师是"教"的主体，学生是"学"的主体。在开放性教学过程中师生是完全平等的，教师坚持"以学生为本"，学生对教师十分尊重，师生之间互教互学、相互关心、相互爱护、相互帮助、相互理解，这样就形成了和谐的师生关系。只有形成和谐的主体关系，才能有效地开展开放性教学。

第二，教学内容的和谐。高校思想政治理论课目前是"4＋1"的课程体系，即马克思主义基本原理概论、毛泽东思想和中国特色社会主义理论概论、中国近现代史纲要、思想道德修养和法律基础以及形势与政策。各门课程之间要协调统一，避免矛盾冲突，每一门课程的教学内容都要体现和谐性，各章节之间既要避免重复性，又要避免矛盾冲突。教材内容与新增教学内容要和谐统一，既要以教育为基础，又要吸收本学科研究的前沿成果，在和谐的基础上实现教学内容创新。

第三，教学内容与教学形式之间的和谐。高校思想政治理论课的教学内容是多样的，不同的教学内容应当采取不同的教学形式。唯物辩证法认为，内容决定形式，形式为内容服务。这就要求我们根据教学内容的特点选择与之相适应的教学形式。比如："中国近现代史纲要"的教学内容具有历史性特点，这就要求我们采取历史事件专题式、历史名胜参观式等教学形式来进行教学，这样，可以增强学生的兴趣，提高教学效果。

第四，教学方法与手段的和谐。开放性教学的方法具有灵活性，各科学方法要协调统一。要做到教师讲授与学生发言的协调统一、理论教学与实践教学的协调统一、专题式讲解与研究型教学的协调统一、课堂理论教学与课外文化活动的协调统一、传统教学手段与现代教学手段的协调统一。通过教学方法与手段的和谐统一，增强思想政治理论课教学的吸引力和感染力，提高教学的艺术性。

第五，教学实践与教学环境之间的和谐。思想政治理论课教师要认真研究和分析国际国内形势、社会环境、校园环境、网络环境及其对大学生思想的影响，调查研究大学生和社会公众普遍关注的热点难点问题，通过课堂教学有针对性地加以解释，增强教学的现实针对性和实效性。

二、实践教学

（一）高校思想政治理论课实践教学的基本内涵

顾名思义，实践教学应是一种教学活动，实践则是达到教学目标的途径和手段。在这一教学过程中，因为实践环节凸显，学生学习的积极性和主动性被充分调动起来，学生不再是教学内容的被动接受者，而是教学活动的积极参与者。这里可以把思想政治理论课实践教学界定为：思想政治理论课实践教学是把理论与实际、课堂与社会、学习与研究紧密联系起来，培养学生联系实际思考问题、运用理论分析问题、自主研究解决问题等实践能力的多种教学方式的总和。

高校思想政治理论课实践教学又不同于一般的实践活动，与一般的实践活动相比，尽管思想政治理论课实践教学具有实践活动的某些特征和形式，但在本质上不同于一般的实践活动。就目的而言，一般实践活动是改造客观世界、实现客体价值的客观活动，而思想政治理论课实践教学则是既传授马克思主义基本原理等方面的知识，以改造主观世界为目的，又旨在优化主体能力和素质。它是一种现实性活动，本质上，思想政治理论课实践教学仍然是一种教学活动，只不过是一种实践化、应用化的教学活动。

对高校思想政治理论课实践教学的理解，需要强调以下几点：

第一，从形式上去理解，高校思想政治理论课实践教学可以分为狭义和广义两种。狭义的思想政治理论课实践教学是指利用社会实践等空间组织的教学活动。广义的思想政治理论课实践教学指的是除了理论教学之外的所有与实践有关的教学，它可以体现在课堂教学之中，也可以体现在课堂教学之外，尤其是体现在课堂教学之外。

第二，思想政治理论课实践教学是培养学生运用理论观察社会、认识社会、思考人生这一实践能力的一个环节，它与其他大学课程一样需要科学的规划和系统的培养。作为大学生的必修课，思想政治理论课的教学目的、教学方式都必须符合教育教学规律，它的政治功能必然是在规范的教育功能实现的基础上才能实现。就如同各个专业有一个课程体系一样，思想政治理论的各门课程也构成了一个相互关联的课程体系，共同实现对学生进行马克思主义理论与思想政治教育的目标。那么，培养学生运用马克思主义理论分析问题、解决问题的实践能力，也应该像专业学生的实习、实验、学年论文、毕业论文一样，是检验培养目标的一个重要环节。

第三，思想政治理论课实践教学不能简单地等同于思想政治理论课实践性环节，而是实践性学习与研究性学习并重的课程。思想政治理论课实践教学是以思想政治理论课学科理论为基础和载体的，这就决定了思想政治理论课实践教学除具有本身固有的实践性学习特点外，还具有研究性学习的特点。目前，高校思想政治理论课主要包括中国近现代史纲要、马克思主义基本原理概论、毛泽东思想和中国特色社会主义理论概论、思想道德修养与法律基础、形势与政策教育等课程，它们作为高校课程体系的一部分，既强调理论性，也强调实践性；既强调认知性，也强调活动性；既重视大学生的理论修养，也重视大学生的品德修养。思想政治理论课实践教学所强调的研究性学习与实践性学习并重的学习方式，主要是指学生在实践过程中，以类似科学研究的方式去主动获取并综合运用知识，内化有关政治理论和道德知识，培养发现问题、分析问题、解决问题的能力，树立科学的世界观、人生观和价值观。

第四，从教学目的去理解，高校思想政治理论课实践教学可以分为以思想教育为主、以服务社会为主和以培养能力为主的思想政治理论课实践教学。

（二）高校思想政治理论课实践教学的特点

1. 目标性

思想政治理论课实践教学目标是指在一定的条件和环境下，人们对思想政治理论课实践教学活动所期望达到的结果。实践教学目标要服务于高校思想政治理论课的总目标，即把大学生培养成为中国特色社会主义事业的建设者和接班人。思想政治理论课实践教学的目标包括以下几个方面。

（1）教育目标

此处专指高校思想政治理论课实践教学的"育人"功能，即寓教于行，以行育人，让学生在实践生活中认识社会、认识人生、接受教育、学会做人。在实践中，引导学生深入思考，运用辩证的方法分析各种问题，从而加深对马克思主义基本理论的理解，提高对党和国家方针、政策的认识，促进科学的世界观、人生观和价值观的树立，增强培养良好道德品质的自觉性，并引导学生正确面对"应该做什么，不应该做什么""做什么样的人，怎样做好这样的人"的问题。比如思想政治理论课实践教学就是要让学生认识到劳动是光荣的，实践是有益的，为人民服务是崇高而神圣的，并进而认识到我们的人生价值只有把自己的前途和命运与祖国及人民的前途和命运相联系起来才能实现。

（2）能力目标

能力目标是指实践教学活动在帮助大学生完成从书本到现实，从理论到实践的飞跃的同时，使大学生在各个方面都能够得到较好的锻炼和提高。在实践教学活动中，要充分依靠和发挥大学生的力量，让他们参与实践活动的策划、准备和组织，从而达到锻炼、提高大学生创新能力和组织管理能力的目的。通过参观访问、社会调查等实践活动，培养大学生观察问题、分析问题的能力；通过撰写调查报告或研究论文，来提高学生的写作能力和培养开拓进取的精神；通过开展各种社会公益活动和社区服务活动，引导大学生走出校门，到基层去，到工农群众中去。这样不仅可以使大学生认识社会、认识人生，而且可以帮助学生解决知行不一致的问题，使大学生在实践过程中不断增强把认知转化为行为的能力。

（3）政治素质目标

政治素质目标是指通过实践教学把大学生培养成为中国特色社会主义事业的建设者和接班人。思想政治理论课实践教学活动能够引导大学生去探究现实社会中的各种现象和问题，并且运用所学理论去分析这些现象和问题，提出解决问题的办法，使大学生在探讨、研究各种现象和问题的过程中，坚定社会主义信念，明辨是非，不断完善自我，从而提高自己的思想政治素质，健康成长为中国特色社会主义事业的建设者和接班人。

2. 自主性

高校思想政治理论课实践教学打破了传统课堂教学形式注入式的强制性，更强调活动主体的自主性，强调学生的主体地位和主观能动性。思想政治理论课实践教学活动中教师大多数情况下是一种协助式、筹划式、组织式的教学，学生在教师的指导下自主组织安排实践教学活动。学生可以根据自己的能力水平、兴趣爱好、专业特长等方面自主选择活动项目，确定自身角色，自觉、自愿参与其中。这体现了学生不仅是教育教学的对象，而且是学习的主体，是有思想、有感情的主体。

3. 针对性

思想政治理论课实践教学是提高思想政治理论教学效果和提高学生运用理论观察问题、解决问题能力的重要手段，必须紧紧围绕课堂教学的理论内容来设计和开展。因此，实践内容的选择一定要有针对性：一是理论基础要有时代性。在课堂教学中，要整合、调整、充实思想政治理论课的教学内容，更多地融进反映时代呼唤和要求的重要内容当中，跟上社会发展的步伐。二是实践内容要有现实性。实践的内容要紧扣时代主题，紧密联系现实社会和改革开放成果方面的热点问题。三是要考虑不同学生的要求。实践的内容要考虑不同专业、不同年级的学生要求。

4. 参与性

高校思想政治理论课实践教学将深刻的理论思维与鲜活的感性体验相结合，通过强烈的现场参与感可以触发和增理论思维的兴奋点，而不是"空洞"的说教。思想政治理论课实践教学具有内容上的直观性和对象上的互动性。思想政治理论课教学的内容、形式及取材不再是刻板艰涩的概念、判断、推理等逻辑形式和逻辑演绎，而是活生生的事实、图像和景观以及真切实在的亲身体验，这种教学形式可以达到思想理论教育"润物细无声"的理想教学境界。思想政治理论课实践教学突出学生的参与性，彻底改变学生被动接受的学习地位，使其积极主动地融入甚至决定主导整个教学环节，充分张扬现代教育所要求的学生主体地位，体现现代教育发展的趋势。

（三）高校思想政治理论课实践教学的实施

高校思想政治理论课实践教学是大学生了解社会，服务社会，增长才干，形成正确的社会认知和世界观、人生观、价值观不可或缺的活动过程。思想政治理论课教师要顺利开展实践教学活动，通常需要通过以下几个环节来实施。

1. 制订可行的实践教学方案，精心策划选题

思想政治理论课实践教学一定要注意坚持练习教学内容的实际，做到有的放矢。因此，必须在学生开展社会实践前制订可行的教学方案，精心策划好社会实践的选题。学生一般根据选题来确定相应的社会实践内容和方式。当然，也可以根据当地的实践教学资源来确定相应的社会实践选题。选题一定要主题突出，可以根据当前国内外的热点问题以及关系到老百姓和学生实际的问题来确定，也可以根据学生专业、年级的不同来确定，如医学类专业可以适当突出医药类的选题。同时，选题也要有系统性，可以根据不同的内容对选题分门别类，集中汇编在学生实践手册上，供学生选择和参考，让学生结合实际和现实进行调研，撰写调研报告。否则，就会很容易使学生陷入盲目性，使实践流于形式，难以达到思想政治理论课实践教学的目的。

2. 严格培训，加强指导

大学生往往缺乏进行调查研究的能力，因此在学生实践前，教师要组织学生进行必要的培训，让学生了解思想政治理论课实践教学的目的和要求。在培训中，重点指导学生如何具体进行校外假期社会实践，特别是如何开展社会调查和社会服务。如怎样选择调查和服务类型，怎样联系调查和服务对象，怎样实地开展调查活动，怎样解决遇到的困难和问题，怎样撰写调查报告等。为使培训取得效果，教师要向学生介绍思想政治理论课实践教学大纲，编发实践手册、选题汇编、调查报告写法、注意事项等辅助材料。

3. 建立严格的思想政治理论课实践教学评估考核机制

构建合理的实践教学综合评估考核体系是确保实践教学实效性的重要环节。这既包括对教师实践教学的考核评估，又包括对学生实践的考核评价。对教师的实践教学进行考核评估，主要是考评教学计划是否科学，是否得到贯彻实施，教师是否及时总结每次实践教学经验，教学组织是否到位，教学效果是否明显。这期间涉及教师工作量的考核。教师工作量应参照专业课教师指导学生实习及批改实习论文的标准计算，按照教师指导学生实践的情况和指导学生的班级数计算相应的工作量来进行综合考评。对学生实践的考评主要包括学生参加实践教学的态度、学生在实践活动过程中的表现、学生实践成果水平的考核。建立规范、合理、客观、系统、多元的实践教学考评体系并加以严格考核，是促进教师认真教学、学生认真参加实践，确保思想政治理论课实践教学实效性的重要环节和手段。

4. 及时总结，表彰先进

要使思想政治理论课实践教学真正取得效果，不能让学生上交一篇调研报告后就结束。必须及时进行总结，评选优秀调查报告，对优秀学生进行表彰，以激励学生参与实践的热情和积极性。学生上交调查报告以后，教师必须根据考核要求，及时对调查报告进行认真、公正的评审，并写出评审意见。同时，遴选出一定数量的优秀调查报告汇编成册，作为思想政治理论课实践教学的成果，甚至对那些真实可靠的优秀调查报告进行适当的修改后，推荐到相关报刊、杂志发表。调查报告评审完后，应及时召开总结表彰大会。在会上，可以先由教师对整个社会实践的各个环节进行总结，对学生的调查报告进行点评，然后由学生发言，畅谈社会实践的心得和体会，互相交流经验，最后对优秀学生和优秀调查报告进行表彰奖励。

总之，在高校思想政治理论课实践教学开展之前制订周详的教学方案，在实践活动中有精心的组织和深入细致的指导，在学生实践活动之后有客观公正的总结、评价和奖励，是思想政治理论课实践教学活动开展的重要环节，是确保高校思想政治理论课实践教学实效性的重要途径和手段。

三、案例教学

（一）案例教学的含义和基本特征

案例教学是以案例为基本教育信息载体，以教师引导学生分析案例（教师主导—学生主体式学教并举）为主要教学结构理念，以凸显学生的主体地位，提高学生分析和解决实际问题的综合能力为首要目标的一种教学组织形式。案例教学具有以下基本特征：

第一，案例教学以案例为基本教育信息载体。这是案例教学与传统教学方式的最大区别。传统教学方式往往以固定的教科书为基本教育信息载体，学习的内容往往是各学科领域中比较稳定的、公认的知识与结论。案例教学由教师根据具体教学内容和教学目标的需要，选编对某一实际情境进行客观描述的案例作为学习材料。学生在案例学习中的活动主要围绕案例来进行，通过对案例的分析与讨论达到学习目的。

第二，案例教学要凸显学生的主体地位。尽管在传统教学方式中，我们也强调发挥学生的主体作用，但往往是教师以权威的姿态呈现信息，学生接受、理解、记忆信息，学生的主体地位体现不够明显。案例教学则凸显了学生的主体地位。案例教学的典型特征是学生学习的主动性、参与性。在案例教学中，为了解决案例内隐或外显的问题，学生需要独立搜索、查找、阅读、理解和分析资料，获取信息，提炼观点。学生在案例教学中要比传统教学方式下承担更大的学习责任，学生的学习积极性、主动性和创造性能够得到充分和有效的发挥。

第三，案例教学以教师引导学生分析案例为主要教学结构理念。在传统教学方式中，教学过程更多的是教育信息从教育者向学习者的单向传递，是由教师根据教学目标的要求，选定合适的教育信息，通过讲解或其他言语教育方式将公认的、客观而稳定的知识、技能、思想、观念等传递给学生。案例教学与此不同，案例教学的主要教学形式是教师引导学生分析案例。在案例教学中，教师依然是重要的信息源，但教师所发挥的作用主要是启发和促进意义的建构，即依靠自己丰富的经验和对学科知识的宏观把握与理解，为学生提供分析与讨论案例的方法和策略上的指导。当学生遇到困难时，教师不直接告知其答案，而要引导学生自主查找、理解和选择信息，求得问题的解决。在案例教学中，教师的角色不再是预定知识的传递者，也不再是提供问题答案的源泉，而是学生学习的向导、组织者与促进者。

（二）高校思想政治理论课案例教学的特性

作为一门理论性较强的学科，思想政治理论课进行案例教学除了具有同其他学科案例教学相同之处以外，还有与其他学科案例教学不同的特性。这些特性主要表现为：

第一，在案例教学的宗旨和目的上，高等学校思想政治理论课是大学生思想政治教育的主渠道，是帮助大学生树立正确的世界观、人生观、价值观的重要途径，体现了社会主义大学的本质要求。思想政治理论课案例教学作为一种教学组织形式，必然要服务于这一教学宗旨和目的。而具体学科的案例教学是通过提供各种典型的过程案例，一方面使学生联系实际掌握所学的知识点，并能灵活运用；另一方面培养学生在书本知识以外的实践经验和实际工作能力。

第二，在教学案例的选择上，思想政治理论课教学案例的覆盖面相当广泛，包括自然界、人类社会和思维等各领域的案例，要根据需要进行选取。这对教师的案例甄选能力提出了更高的要求。而具体学科则是依据其教学内容在具体领域中选择各种类型的案例，用于扩大学生的知识面，培养学生的应用能力和工作适应能力。

第三，在案例教学的应用范围方面，一些具体学科的案例教学已作为该学科教学的主要手段和方法，运用得非常普遍。美国的哈佛商学院工商管理专业90%的课程运用案例教学。案例教学法已成为全世界工商管理界认同的法则。但由于思想政治理论课教学内容大多是概念、规律、范畴、论据和论述过程，并不适合全面采用案例教学，需要根据具体内容酌情安排。在思想政治理论课案例教学时，一般要选择将核心问题、重点问题、关键问题引入典型案例，起到画龙点睛的作用。此外，还往往需要穿插讲解相关的教学内容，并通过学生的阅读和理解来实现全部教学内容的完成。

（三）高校思想政治理论课教学案例的甄选

案例的选择是案例教学的首要任务。案例的质量直接决定了案例教学的效果。经典的教学案例有助于提高思想政治理论教学的针对性和实效性，案例选择不当则可能使思想政治理论课误入歧途。因此，经典教学案例，是成功实施案例教学的先决条件。在选择案例过程中，要特别注意以下几方面：

第一，所选案例应与教学内容相一致。运用案例教学方式，目的是更好地实现教学目标，增强教学效果。因此，所选案例不能脱离教学内容。教学案例必须和教材内容紧密联系，并力求突出教学重点与难点。教师在备课时要注意搜集、整理与教材内容相关的案例，然后加以筛选。将那些与授课联系最密切的典型案例进行认真整理，反复推敲，以供上课使用。在选择案例时，要明确此次案例教学要达到什么样的目的，解决什么样的问题，做到心中要有数，防止无的放矢。如果上课时使用那些与教学内容联系不太密切的案例，不但无助于帮助学生掌握教学内容，而且浪费了学生宝贵的学习时间，甚至还可能将学生带入迷途。因此，在选择案例时，教师要反复斟酌，再三推敲，不合适的案例坚决不用，不能说明教学内容的案例无论怎样生动都不能采用。

第二，所选案例应具有典型性。教学案例的典型性即代表性。案例应具有典型意义，应反映代表政治理论的普遍性，避免因案例不够典型而误导学生以偏概全地推出伪科学的结论。同时，案例要能明确表示主要原理和规律。因为如果案例与其要揭示的思想政治理论间对应关系不明显，就会使学生在分析、讨论案例时走弯路，甚至步入思维误区，难以在短暂的课堂时间内掌握主干知识。对典型案例的理解和分析，有助于学生掌握基本理论、基本方法和原则，并有助于拓展学生的思维，提高他们分析问题和解决问题的能力。

第三，所选案例应具有启发性。案例教学的目的在于开发学生的智力，培养学生分析问题、解决问题的能力。因此所选案例应蕴含一定量的实际问题，突出启发性，能给学生留下一定的思考空间，促使学生广泛地思考问题。学生必须经过认真地分析和思考，才能够对案例中的问题做出解释和处理。具有启发性和探究性的教学案例，有助于锻炼和提升学生的思维能力，使学生在掌握政治理论的同时，形成积极的学习态度。

第四，选择案例应注意时效性。所谓时效性，是指所选案例应紧扣时代的主题，体现时代的新鲜内容，触及社会发展中最前沿的问题，贴近当代大学生的思想实际。这样的案例更容易引起学生的兴趣和关注。

四、反思性教学

（一）反思性教学的含义

所谓反思，顾名思义，即自我省察、回顾的意思。就是行为主体对自身既往行为及相关理念自觉进行换位思考的认识活动和探究活动。反思的指向主要是过去的意识和行为，具有价值评判的性质。事实上，反思一词本身就含有"反省""内省"之意，从本质上来说就是一种批判性思维，即通过对自己的思想、自己的心理感受等的思考，审视、分析当前的认识活动。教学中的反思的内涵是立足于教师自身之外，是对教师自身的教学思维和行为的一种批判。反思的目的既是为了回顾过去或培养反思的意识，又是为了指导即将在未来进行的教学活动和教学实践。反思不仅是内隐的思维活动，而且也是外显的实践行为，联系着思维和行动两头，确保反思的结果能够在教学实践中得到检验。高校思想政治理论课反思性教学，就是在思想政治理论课教学实践过程中，教师对自身的教学行为不断地进行反思的一种行为，是对教学行为和教学过程进行批判地、有意识地分析与再认知的过程。它需要教师在教学实践活动中积极关注自身的教学行为和具体的教育情境，以开放的心态接纳不同的观点，从多个角度积极思考问题、研究教学活动，并对自己的选择与行动负责。

（二）高校思想政治理论课反思性教学的特点

反思性教学和传统教学相比，主要有以下几方面的特点：

1. 目的明确性

反思性教学是教师对自身教学活动的元思维过程，是一种目的明确的研究过程。从直接层面上说，是对自身教学过程中教什么、怎样教和为什么这样教的省察和反思。从更深层次上说，是对自身的师德修养、教学理念、师生关系等的理智化的暗示、假设、推理和检验。因而，反思性教学的目的在于有效地解决教学中的问题并提高教学质量，它首先关注教学的目标和结果是否有效达到，是否具有明确目的。

2. 科学探究性

探究即探讨和研究，是人们认识、理解和改造周围世界的重要方式。反思性教学观是建立在现代教学理论基础上的科学教学观，基本观点与传统消极学习观相对立。它以探究和解决教学基本问题为基本点，因而具有探究的性质。另外，反思是在回忆或回顾已有的心理活动的基础上找到其中的问题以及答案，也就是从自己活动的经历中探究其中的问题和答案，重构自己的理解，激活个人的智慧。不仅解决问题，更注重学习创造性与主体性人格培养，并以此作为反思性教学的主要目的。

3. 思维批判性

反思性教学强调教师对教学行为的积极思考与批判分析，反对机械地灌输和简单的重复。同时它又是探究取向的，要求教师以批判的眼光看待教学中出现的问题，并善于通过积极的探究寻求问题的答案。通过对教学实践的反思，教师自觉地对自身已有的教学活动，以及教学活动中所涉及的相关因素进行持续的、批判性的审视、思考、探究和改进，从而调节并改善自身的师德品质，不断提高教学能力和教学质量。从实质上说，反思思维是批判性思维，经常批判性地、反复深入地思考问题，知识结构就会进一步完善、牢固，思路会更开阔、更灵活，见解会更深刻、更新颖。使学生在批判中学习，教师在批判中教育，善于思考，勤于探究，从而使自己更加睿智和成熟。

4. 对话合作性

反思性教学的主体包括教师个人与集体、学生、专业研究人员。教师个人与集体、学生、专业研究人员是实施反思性教学的三个核心要素，构成了反思性教学的四位一体关系。教师个人的自我反思、教师同行间和师生间的合作对话、专业研究人员的专业引领以及全员跟踪推进，是实施反思性教学的四种基本力量，缺一不可。反思性教学是一种群体反思活动，强调师生之间在课堂内的双向反思探索活动之外，还要求教师之间、教师与专业人员之间在课前、课后进行群体的交往与沟通，反思教学中存在的各种教学问题，探讨问题解决的方法、途径，以促成教学实践的日趋合理。

5. 实践操作性

反思性教学以解决问题为基点，立足于教学实践行动中客观存在着的真实问题，得益于行动研究的实践运用。反思性教学过程中的行动研究是实践和反思相结合的研究。它基于教学实践，使教学理论与教学实践联系在一起，直接指导教学实践，使得特定情境中的教学实践者能够对自己的教学情境有真正的理解，并做出明智而谨慎的决定。因此，反思性教学通过行动研究的运用，更加重视教学的实践操作性。同时，也追求教学实践的合理性，这必然要求反思后的新的教学假设和新的教学改进也要经过实践的检验。

（三）高校思想政治理论课反思性教学的具体应用

反思性教学与常规教学相比具有许多优势和特色，然而，反思性教学在思想政治理论课中的应用还属于"新生事物"，在应用中还要遇到这样和那样的问题和挑战，需要注意从以下几个方面来加强反思性教学。

1. 将教师主导作用和学生主体地位相统一

反思性教学的目的主要有"学会教学"和"学会学习"两个方面，因此，要充分发挥教师的主导作用和学生的主体地位，实现教与学的统一。反思性教学过程既是知识的传递过程，也是知识的生成、创新的过程。教师和学生在知识的生成过程中是平等的主体，教师的职能由教转为导，教师不再是单纯的知识传递者而是学生学习的组织者、促进者、辅导者，师生应形成一个"学习共同体"。教师在指导学生学会通过各种渠道占有知识，储存知识外，更重要的是要引导学生学会选择、判断、运用、创造知识，保证学生的学习朝着正确的方向前进。将学生置于课堂的中心位置，教师要深入到学生中间，创设师生之间、学生与学生之间平等、和谐的民主学习氛围，建立起民主平等、相互信赖的关系，以平等的身份参与教学，发挥学生的学习积极性。在教学过程中教师要面向全体学生，给他们以主动参与教学活动及表现、发展能力的机会，在与学生们、老师之间的观点和思想的交流中促使学生反省、反思，调动学生的情感、兴趣、意志等非智力因素，让学生在问题的情境中发现问题、提出问题、解决问题，教师只是给予学生系统的学法指导。

2. 加强对信息收集处理的指导

思想政治理论课属于人文学科，有综合性、多样性的特点，其教学内容与社会生活息息相关。每一个置身于社会生活之中的人，都会对各种社会现象形成自发的、朴素的认识。当前，世界经济全球化和政治格局多元化，国内多种经济成分和多种分配方式并存，伴随而来的是社会分化为多种利益群体和不同阶层，社会组织形式多样化，生活方式多样化，就业岗位和就业方式多样化。这些社会存在反映到社会意识中，就表现为价值取向的多元化。来自于社会现象的各种信息以及教学主体的价值观念多元化，都是丰富的教学资源。教师要加强信息收集处理的指导，提高学生思考、诘问、评判、创新知识的能力，提升学生智慧和张扬学生的个性，以实现教学实践的合理性。

获得信息的途径有很多，既有物力的，如教科书、博物馆、遗址、纪念馆、文化馆、自然和人文景观等，也有人力的，如教师、学生、家长等；既有校内的，如图书馆、教室、实验室等，也有校外的，如展览馆、博物馆、历史遗迹、现代化新农村等；既有显性的，如教科书、文献、网络、图片、录像、影视作品等，也有隐性的，如爱国精神、献身精神、奉献精神、教师的反馈、学生的反馈等。教师引导学生走出教科书，走出课堂和学校，开阔学生视野，吸收大量丰富的信息，可以有效地克服以往思想政治理论课课堂信息狭隘的局限性，提高教学效率。同时，教师如果能指导学生将这些信息资源去粗取精、去伪存真、由表及里、由此及彼、收集、筛选、比较、确定，很好地加以利用与开发，对高校思想政治理论课反思性教学是大有裨益的。

3. 注意加强对结论多样性的保护

反思性教学要求教师要学会促进以学习能力为重心的学生整体个性的和谐而健康的发展。这就要求教师要与学生真诚地沟通，尊重学生的人格，营造民主、平等、开放的氛围，让学生畅所欲言，保护结论的多样性。一是要承认学生的独立思考和探索是有意义的。二是学生对教师的观点提出质疑，发表不同的看法时，教师要清醒地意识到这是学生生命自主意识积极活动的表现，应加以激励和表扬，不要认为是对自己的不尊重而予以严厉批评。三是要解放学生的思想，给学生提供积极的个性化思考和自主探索的时间和空间。

4. 教师要注重自身素质的提高

课堂教学是一门遗憾的艺术。一堂课很难做到十全十美，即使课前精心准备，深思熟虑，课上运筹帷幄，精彩纷呈，但是课下细细琢磨，总会有令人感到遗憾、存在急于弥补之处。科学、有效的反思可以减少遗憾。反思性教学是教师专业发展和自我成长的重要途径。在教学中，教师要不断反思教学的观念。反思性教学的本质是一个提出问题—探讨研究—解决问题的过程。教师以问题为情境，自觉地把自己的课堂教学实践作为认识对象，进行全面、深入、冷静的思考，再以体会、感想、启示等形式进行总结，经常反思，多思则活，思活则深，思深则透，思透则新，思新则进，不断形成自我反思的意识和自我监控的能力，不断丰富自我素养，提升自我发展能力，由教书匠发展为教育家、研究者，逐步完善教学艺术。

第六章　新时代高校大学生思想政治教育与信息化融合创新研究

当今社会，高新科学技术特别是信息技术和网络技术异军突起，深刻影响着我们的政治、经济、文化和社会生活等各领域，我们正一步步进入崭新的信息社会中。以信息技术和网络技术为代表的高度发达的科学技术，不断变革着我们的思维方式、管理方式、生活方式和解决问题的方式。高校思想政治教育学科的发展也同样面临着这样的社会现实情况，必须承认现代信息技术已经渗透和影响到了思想政治教育领域。高校思想政治教育信息化的名词表述正是在这样的背景下被提出来的。1998 年教育部时任部长陈至立指出："现代教育技术是教育改革和发展的制高点与突破口，要实现教育的现代化，要实现教育的跨越式发展，教育信息化是一个关键因素，占据了这个制高点，就可以打开通向教育改革发展的现代化之门。"信息化要求我们突破传统思想政治教育的方法体系，努力创新思想政治教育方法，这切合当前思想政治教育学科研究的前沿需要，符合社会现实和未来构建发展思想政治教育体系的要求。

第一节　信息与教育信息化

一、信息及其哲学本质

（一）信息的概念

信息普遍存在于人类社会之中，它是一种客观存在，从古至今一直都在积极发挥着人类意识到或没意识到的重大作用。虽然人类在不间断地利用着信息，但对信息的概念、内涵，信息的本质及其特征认识理解时间却不长。固然在 20 世纪 40 年代美国数学家、信息量创始人申农（C. E. Shannon）创立了狭义信息论，1948 年在《通讯的数学理论》一文中指出"信息是用来消除随机不定性的东西"，信息一词成为一个科学的概念，然而学术界对于信息的定义仍是众说纷纭，莫衷一是，各种定义都从不同的角度反映了信息的某些特征，也尚无一种为社会各界一致接受的可以涵盖信息全部内容的科学的定义。美国数学家、控制论的奠基人诺伯特·维纳在他的《控制论——动物和机器中的通讯与控制问题》一文中认为，信息是"我们在适应外部世界，控制外部世界的过程中，同外部世界进行交换的内容的名称"。英国学者阿希贝认为，信息的本性在于事物本身具有变异度。我国的信息学专家钟义信先生认为"信息是事物存在的方式或运动的状态，以及这种方式或状态直接或间接的表述"。本书采用普遍的大众化认同的定义，即信息是人类社会传播的一切音讯、消息，它是通信系统传输和处理的对象，是人类普遍联系的，认识和改造世界的形式。

（二）信息的哲学本质

从哲学的层面说信息是事物运动存在或表达的形式，是一切物质的普遍属性，实际上包括了一切物质运动的表征。信息是在一种情况下能够减少或消除不确定性的任何事物，它是人的精神性创造物。哲学意义上的信息包含本体论层次和认识论层次两个层次的信息。首先是本体论层次上的信息，一般的意义上我们将信息定义为事物存在的方式和运动状态的表现形式。"事物"在这里泛指存在于人类社会、思维活动和自然界中一切没有任何约束的可能的对象。"存在方式"则是指事物的内部结构与外部的联系。"运动状态"是指事物在时间和空间上变化所展现的特征、态势和规律。其次是认识论层次上的信息，在本体论层次上，信息的存在不以主体的存在为前提，即使根本不存在主体，信息也仍然客观存在。而在认识论层次上则不同，没有主体认识信息，也就没有认识论层次上的信息。所以，这里的信息是主体所感知或表述的事物存在的方式和运动状态，是主体感知的外部输入信息，主体表述的向外部输出的信息的综合。

二、信息化

（一）信息化的基本概念

随着计算机和网络技术的普及，新世纪全球的信息化建设速度空前加快。信息的重要性被所有国家所重视，信息化的发展已经成为不可阻挡的社会趋势。由于相关研究者对信息化问题的认识角度不同，所以关于信息化的概念表达一直也是富有争议，从而产生了定义理解方面的不同观点。信息化的名词概念表达最早于 1963 年由日本学者梅棹忠夫在其著作《信息产业论》中提出，梅棹忠夫预言，在农业和重工业发展到一定水平以后，信息产业就会得到迅速发展，未来的社会将是以信息产业为中心的社会。他将以信息为中心的社会定义为"信息化社会"。梅棹忠夫的理论揭示了信息产业的拟人律演进机制，由此引起人们对于"信息社会"和"信息化"的关注和讨论。后来，信息化和信息产业被广泛传播到整个西方社会，在 20 世纪 70 年代后期，信息社会和信息化的表达彻底被广泛使用开来。以 90 年代美国提出"国家信息基础设施"的国家战略为起点，世界上许多国家纷纷出台各自的国家信息基础设施建设规划，这也掀起了信息化全球建设的浪潮。后来联合国教科文组织在《知识社会》中指出："信息化既是一个技术的进程，又是一个社会的进程。它要求在产品或服务的生产过程中实现管理流程、组织机构、生产技能以及生产工具的变革。"

在中国有关信息化的准确概念表述，一直在理论界和行政领域被深入地研讨。1997 年我国召开了首届全国信息化工作会议，在这次会议上对信息化和国家信息化做了一个明确的定义："信息化是指培育、发展以智能化工具为代表的新的生产力并使之造福于社会的历史过程。国家信息化就是在国家统一规划和组织下，在农业、工业、科学技术、国防及社会生活各个方面应用现代信息技术，深入开发、广泛利用信息资源，加速实现国家现代化进程。"会议声明认为，国家信息化体系的构筑和完善要从建设国家信息网络，开发利用信息资源，发展信息技术和产业，推进信息技术的应用，制定信息化政策和培育信息化人才等六个方面实现。但是在理论界对信息化的界定并没有因为国家行政性概念的提出而终止，如中国著名的经济学者林毅夫先生指出"所谓信息化，是指建立在 IT 产业发展与 IT 在社会经济各部门扩散的基础之上，运用 IT 改造传统的经济、社会结构的过程。"中国人民大学著名学者赵苹则认为："信息化是指人们对现代信息技术的应用达到较高的程度，在全社会范围内实现信息资源的高度共享，推动人的智能潜力和社会物质资源潜力充分发挥，使社会经济向高效、优质方向发展的历史进程。"当然，还有信息化就是通信和网络计算机技术的现代化，信息化就是一种向信息社会演进的过程等诸多大同小异的观点。本书作者认为，无论怎么去界定信息化、信息社会的概念，有一些基本的内容是必须为所有人所共同认同的，那就是信息化是发展以智能计算机网络为主的信息化生产力并造福于社会的工具。这种智能化、信息化生产力是具有庞大规模的、有组织的信息网络体系。它正在改变着我们的生产生活方式、工作学习方式，以及思维方式。使用信息化技术极大地提高了和推动了人类社会的科技效率与技术进步。另外，信息化不但具有生产力发展的内涵，也带来了生产关系组织机构和管理过程的变革。信息化给我们带来了以现代信息技术为支撑，以信息经济发展为社会进步的动力，以社会信息化的发展为标志的新型信息化社会。

（二）教育信息化

教育信息化的提出是伴随着信息化高速发展建设而提出的，在中国，近年来随着一系列全国性的教育振兴行动、会议和计划，教育信息化建设蓬勃发展。教育信息化成为在当前的教育中，特别是素质教育、创新教育中的主流发展趋势。准确理解和把握教育信息化的内涵，对更好地进行教育信息化的建设有着非常重要的现实意义。目前国内相关学者对教育信息化的理解主要有以下几种，国家信息化专家咨询委员会主任委员周宏仁认为"所谓教育信息化是指在教育中普遍运用现代信息技术，开发教育资源、优化教育过程，以培养和提高学生的信息素养，促进教育现代化的过程"。学者陈华则认为"教育信息化是指将信息通信技术充分整合到教育系统之中，在一定程度上实现教育教学、组织管理、校园生活服务等活动的数字化、网络化、虚拟化，从而提高教育质量和效率，最终形成适应信息社会要求的新教育模式"。当然也有学者这样看："教育信息化是将信息作为教育系统的一种基本构成要素，并在教育的各个领域广泛地利用信息技术，促进教育现代化的过程。在教育信息化的过程中应高度重视对教育系统以信息的观点进行信息分析，并在此基础上进行信息技术在教育中的有效应用。"

通过对比各位学者阐述的观点，可以看出这些定义主要从教育信息化概念的主要内容角度进行阐述，也不同程度地强调了教育信息化是一个动态发展的不断变化的过程，界定了教育信息化所包含和涉及的领域范围，突出了现代信息技术在现代教育中的有效应用，体现了教育信息资源在现代教育中的核心地位等。我们还可以产生这样一种共识，就是教育信息化是一种全新的教育形态，它以信息技术为手段，以教育为中心目标。所有的信息技术资源和手段全是围绕着教育的理念、思维和习惯来展开提供方案措施的。这样就能够把现代信息技术和信息资源全方位深入地融入运用到教育的各领域中，来促进教育改革和教育发展的进程。教育信息化的目标、目的，包括促进信息技术在教育领域的广泛应用，推动教育领域的信息化改革和发展，培养适应信息社会要求的技术创新人才，以及促进教育信息现代化四个方面。还需明确的是教育信息化范围是整个教育领域的信息化，它的建设及应用开发应涉及教育资源环境、教育内容和教育管理等教育领域中的各个方面。当然，教育的信息化必须在国家信息化建设的总体方针下，在同其他行业信息化处理好关系的前提下进行。教育信息化的基本特征是开放、共享、交互、协作的数字化、网络化、智能化和多媒体化。教育信息化对传统思想政治教育的教育思想、观念、内容、模式等均产生了巨大的冲击。促进了教育思想和观念的转变，提高了教育质量，培养了新世纪需要的创新型人才，因而以教育信息化改变传统教育模式，促进教育教学的改革具有深远的指导意义，是实现教育飞速发展的必然选择。

应该说，教育信息化为推动教育领域的改革与发展提供了前所未有的有利时机和条件，因为"信息社会所需要的新型人才应当是具有全面而坚实的文化基础，具有很强的信息获取、分析和加工的能力，能不断自我更新知识结构，能与人合作共事，富有创造性和应变能力并具有高尚道德品质的一代新人"。但是，教育信息化从根本上来说是一项宏大的系统工程，需要党和国家有关主管部门制定一系列政策或者中、长期的发展规划。实际上我国的有关部门根据信息化发展的客观实际已经相继出台了一系列推进教育信息化的政策和措施，如表6-1。

表6-1　教育信息化政策和措施及时间表

时间	政策和部署	内容
2016 年 2 月	教育部办公厅印发《2016 年教育信息化工作要点》	深入学习贯彻党的十八大及十八届三中、四中、五中全会和习近平总书记系列重要讲话精神，以创新、协调、绿色、开放、共享的发展理念为引领，贯彻落实刘延东副总理在第二次全国教育信息化工作电视电话会议上的重要讲话精神，坚持"服务全局、融合创新、深化应用、完善机制"的原则，按照"规划引领、统筹部署，巩固成果、创新拓展，深化应用、突出重点，强化培训、示范引导"的工作方针，全面完善"三通两平台"建设与应用，重点推动"网络学习空间人人通"，深化普及"一师一优课、一课一名师"活动，加大教育信息化培训和典型示范推广力度，为"十三五"教育信息化工作谋好篇、开好局
2015 年 9 月	《关于"十三五"期间全面深入推进教育信息化工作的指导意见（征求意见稿)》	深入贯彻落实中央有关教育信息化的战略部署，完成《国家中长期教育改革和发展规划纲要（2010—2020 年）》确定的教育信息化目标任务、全面深入推进"十三五"教育信息化工作
2015 年 8 月	《职业院校管理水平提升行动计划（2015—2018 年)》	推动职业院校以强化教育教学管理为重点，全面贯彻落实国家有关政策、制度、标准和要求，不断提高管理工作规范化、科学化、精细化水平，加快实现学校治理能力现代化
2015 年 7 月	《国务院关于积极推进"互联网＋"行动的指导意见》	加快推动互联网与各领域深入融合和创新发展，充分发挥"互联网＋"对稳增长、促改革、调结构、惠民生、防风险的重要作用
2013 年 11 月	《中共中央关于全面深化改革若干重大问题的决定》	不设重点学校重点班，破解择校难题，标本兼治减轻学生课业负担。探索全国统考减少科目、不分文理科、外语等科目，社会化考试一年多考。试行普通高校、高职院校、成人高校之间学分转换，拓宽终身学习通道等等
2013 年 7 月	《关于进一步加强教育管理信息化工作的通知》	明确建设目标：建设覆盖全国教育的学生、教师、经费、资产等管理信息系统，建成国家教育管理公共服务平台；加强两级建设，推动五级应用；加大推进力度，保证经费投入

时间	政策和部署	内容
2012 年 11 月	教育部正式公布第一批教育信息化试点单位名单	56 个地区教育部门或政府部门成为区域信息化试点单位，360 余所中小学、170 余所职业院校成为信息化试点单位，70 余所高校成为本科院校信息化试点单位，30 家单位成为专项试点信息化试点单位，32 家单位成为国家数字教育资源公共服务平台规模化应用专项试点单位
2012 年 4 月	《教育部等九部门关于加快推进教育信息化当前几项重点工作的通知》	实现教学点数字教育资源全覆盖；推进农村中小学宽带接入与网络条件下的教学环境建设；推动优质数字教育资源的普遍应用；推进网络学习空间建设；建设教育资源公共服务平台；建设教育管理公共服务平台；加大教师应用信息技术能力的培训力度
2012 年 4 月	刘延东委员关于全国教育信息化工作电视电话会议	确定基于"三通两平台"模式的教育信息化发展导向，即实现"宽带网络校校通""教学资源班班通""网络学习空间人人通"；加强数字教育资源公共服务平台、教育管理信息系统平台的建设
2012 年 3 月	《教育信息化十年发展规划（2011—2020 年）》	建立政府引导、多方参与、共建共享的开放合作机制

第二节　高校大学生思想政治教育信息化

一、高校思想政治教育信息化的基本解读

（一）基本概念

高校思想政治教育肩负着培养具有高等教育经历和较高素质的优秀人才和社会主义建设可靠接班人的使命，引导大学生树立正确的世界观、人生观、价值观也是其存在的主要目的。伴随现代信息技术的广泛应用，高校思想政治教育也依据相关信息技术的原理，通过网络空间，以更加直接的信息交流方式对高校学生进行着思想政治的教育。在这种越来越大的影响下，在教育信息化的概念支撑下，高校思想政治教育信息化的概念表达被提出，并且随着思想政治教育网络信息化的逐步深入更加受到关注。但是现在很多人误解高校思想政治教育就是单纯的思想政治教育工作信息的网络化建设，事实上，高校思想政治教育信息化是一个系统复杂的体系建设。研究者李晓飞曾有过这样的表述："思想政治教育信息化不仅是指现代教育技术在思想政治教育过程中的应用问题，而且更重要的是要求我们在思想政治教育过程中要转变教育思想和教育观念，改变传统的教育模式和教学方法，通过思想政治教育信息化，更新传统的教育观念，改革落后的、不适应信息化环境的教育模式和教学方法。"思想政治教育信息化是通过各种现代信息技术对思想政治教育体系的所有环节全面的改革与创新，是一种对思想政治教育的系统性再认识。当前，现代信息技术的广泛运用为高校思想政治教育发展提供了有利的条件和机遇，利用现代信息技术这个认识世界、改造世界的新武器或新手段，正视同思想政治教育的结合，将信息技术最

大限度地运用到思想政治教育的人力、物力、组织机构及其运行过程之中，将会使思想政治教育更具有生机和活力。也是从这个意义上说，信息的获得、选择和传播的过程与高校开展思想政治教育的过程及用信息影响、熏陶大学生的思想观、价值观和精神状态的过程是辩证统一的。所以，必须客观面对和接受现代信息技术给思想政治教育工作在内容、方式、手段、效果等方面带来的全方位变化和全新的拓展。

（二）高校思想政治教育信息化的特征表述

1. 教育主体的平等性和广泛性

传统意义上的思想政治教育主体主要是思想政治教育的工作者，在传统的人际交往中，由于年龄、性别、身份等的不同，人被主观地划分在不同的阵营甚至等级中，这使得主体间信息交流和交换变得更为困难。但随着信息技术的出现与发展，特别是其中的网络技术的普及，使得高校对思想政治教育工作者的条件限制相对以往变得弱化，这也变相地扩大了、拓宽了高校从事思想政治教育工作者的主体范围。信息技术使得信息传播更加快捷，范围更加广泛，特别是在信息网络环境下，情感的表达与传播获得了更高的效率。高校中从事思想政治教育工作的人员可以以最快的速度获知、整理学生的思想、关注动态，并可以此邀请具有这些新的广博知识的专家、学者与大学生进行思想交流，借此来引导大学生科学正确地认识社会现象。这种交流的好处还在于可以实施"匿名性"，在匿名的状态下可以使得一部分有心理障碍的大学生消除顾虑，这样客观上增强了思想政治教育的魅力，同时也使得思想政治教育的教育主体双方能够处于真正的平等地位，进而对思想政治教育起到良性的作用。

2. 思想政治教育环境的虚拟性

信息社会信息的爆炸性膨胀，产生了时空的裂变。在这种裂变性的环境中教育不再单纯依赖于物理上的空间和时间。与现代信息技术高度融合的高校思想政治教育，也必然会使传统的高校思想政治教育表现出许多新的特点。比如在教学设施上，虚拟性环境优势更加明显，表现为只要有互联网络，任何人都不再受物理时空、年龄、地域、文化背景等的限制，可以随时随地接受学习，融入教育环境。各高校充分利用大量出现的虚拟校园、课堂、图书馆等设施，把网上的教学信息资源变成共享资源，平等的共享。而反过来这些虚拟设施的广泛利用又使得思想政治教育的环境、活动空间、主体越来越变得虚拟化。与传统的思想政治教育相比这种虚拟化是通过网络这种电子空间以数字化形式存在的，因而只存在于信息结构中。

3. 思想政治教育过程的灵活性

随着现代信息技术在高校教学中的开发运用，不仅创造了思想政治教育虚拟化的教学环境，同时也深刻影响到高校思想政治教育的整个教育过程，开创了相应的新教学方式。

首先，受到影响的就是思想政治教育的理论教学教材。比如多媒体化教材的运用，这种包含浓厚信息技术元素的教材，不但改变了思想政治教育教学内容存在的形态，还优化了思想政治教育教学信息的存储、传递、运用的过程，最为关键的是有效提高了思想政治教育中信息处理和培养受教育者的创造性思维的质量和效率。多媒体化的教材使得思想政治理论课教学过程变得生动、具体、形象、丰富而动态化。

其次，传统的思想政治教育主要采取的是在课堂上以教师口头单纯讲授为中心的单向灌输方式，进入信息社会后，在思想政治教育过程中，这种情况正在发生巨大的变化，教育者的绝对权威地位不再有存在的空间，受教育者也由被动的接受者转为主动的参与者。

教育中教育者与受教育者通过相互的交流互动、商讨和沟通来达到正确的思想观念传输的目的。信息网络技术更是使得教学组织形式发生了革命性的改变，所有的互动性教学活动均在信息平台上得以实现。这就使得教学的组织由一种线性的组织形态变为了一种非线性的网状组织形态，使受教育者积极主动地接受信息网络环境下的自主式、探究式学习。

最后，在高校学生思想政治教育信息化过程中，大学生充分利用信息化的环境，以先进的网络技术将所有学习资源连接起来，极大地丰富和扩展了教育信息的空间。比如在校园网络论坛等平台上发表相应的观点、思想和交流建议等。利用这种现代的信息技术，大学生可以自主选择需要或感兴趣的知识内容和思想政治教育工作者，特别是与教师进行探讨、交流。这样做既能有效增强师生之间交互性和教学的灵活性，又有利于切实有效地提高学生的主体性和主动性，提升思想教育的目的性。

4. 思想政治教育的时效性

随着中国特色社会主义建设逐步深入和我国社会科学技术的迅猛发展，大学生的思想意识受到了前所未有的考验，出现了一系列新情况、新问题。之所以会出现这些问题一个重要原因就是思想政治教育信息收集渠道的不畅，不是不能收集和不会收集而是很难有效收集。我们更多的时候反对导致这些思想问题产生原因的信息的解读。现在的高校思想政治教育面临的迫切任务是寻求信息传播的合理性渠道，目前来看，信息化技术的发展正好弥补了这方面的缺陷而带来了机遇。信息技术特别是网络信息技术表现得尤为明显，网络上的信息发布与更新速度惊人，往往是以秒来计算的，这就使得信息从信源传递至被广泛传播的时间差大幅地缩短。而这些信息中有很多的信息是高校大学生所没有真正了解的，他们往往会受到一些错误引导而产生问题。所以基于这种思想政治教育的巨大时效性，所有高校的思想政治工作者也应该利用快捷的交流手段，首先对信息进行准确的分析和整理，有针对性地研究创新教育方法，及时地了解学生的思想动态，及时开展适合大学生思想动态的各种活动，让正面的经过理智分析的思想政治教育内容为学生所接受。同时，要提高高校各部门之间的沟通，便于分析、整理、查询思想政治教育信息。

二、高校思想政治教育信息化面临的机遇与挑战

在经济全球化和信息化程度不断深入的进程中，中西方的经济、教育、文化也获得了前所未有的交融，社会中的各种因素在这种交融的过程中为思想政治教育提供了更为广阔的发展空间。教育信息化更新了教育教学手段，提升了教学质量，更为重要的是为高校全面开展思想政治教育创造了良好的内外环境。信息化的持续发展，在为我国思想政治教育带来前所未有的变化的同时，也提供了机遇和挑战，在这种机遇与挑战中，思想政治教育的改革和发展才能有所收获。

（一）为思想政治教育带来的机遇

1. 信息化拓宽了思想政治教育信息内容的获取渠道，扩展了思想政治教育的影响范围

思想政治教育的教育信息获取是最为重要的。传统思想政治教育的教育信息的取得主要还是依靠每个教育工作者从理论专著、报刊、宣传资料等以纸媒介为主的材料中获取，或者是靠思想政治教育者的个人修养从个人的精力和常年知识积累的记忆中寻找收集资料。可以说，这种收集的方式最大的缺点就是耗费时日，且过程过于曲折和烦琐，最大的问题是获取的信息量极其有限，且很多信息内容滞后，缺乏时代感、吸引力，毕竟思想政治教育的实时更新性还是很强的。所以，在进行离不开信息的思想政治教育工作时，教育

者必须掌握大量正确的信息，才能及时、准确、全面地了解和掌握学生的思想动态，才能适应瞬息万变的信息社会的发展要求。在非信息化环境中，受信息收集和传递方式的限制，思想政治教育的影响范围变得狭窄，主要集中于单纯接受教育的群体中。而现代信息技术将思想政治教育信息资料收集、存储、传递方式带入了一个全新的领域和境界。

随着信息化程度的不断加深，思想政治教育充分利用信息共享和信息交流的信息化优势，通过网络平台分享思想政治教育信息知识。这使得社会中所有社会成员都能共同分享这些思想政治教育信息，并从中切实受益，进而以获得的信息思想知识来指引自己的生活和学习。因此，信息化是思想政治教育顺利开展的明智之选，信息共享的网络平台也为思想政治教育发展提供了更好的空间，使其在时间和空间上得到延伸。掌握大量真实信息是做好思想政治教育工作的必备条件，只有承认信息是思想政治教育的基础，才能避免思想政治教育出现苍白无力的说教感，才能广泛延伸思想政治教育的发展领域，才能进一步促进思想政治教育的影响范围，增强思想政治教育的感染力和号召力，最终使思想政治教育工作有理、有据、有力地开展。

2. 信息化客观上提高了思想政治教育的工作效率，丰富了教学手段

通过信息网络的共享功能，使得思想政治教育走出物理和空间的限制，获取了更多的手段措施，促进了思想政治教育教学手段实实在在地实现信息化。比如就以云技术在教育信息化中的作用而言，云技术带来了网络应用革命，可以用信息"公用电厂"来隐喻其在变革时代的作用和地位。在未来的教育中，从包括电子课本、课桌、书包、写字板的云端教室，到数字媒体、模拟媒体、网络媒体的教育媒体云资源，网络资源像水电一样方便地被广泛共享，从而满足各种个性化学习需求。并且信息技术也为大学生的思想政治教育实践提供了绝好的虚拟实践场所。虚拟实践是一种虚拟现实社会环境的模拟锻炼，虚拟实践中对现实社会客观实践活动的模仿、模拟为开辟实践教学手段提出了新的方向。

同时，现代信息技术能够成倍地提高工作效率，减少无效的劳动，以最小的代价换取最大的效益，提升了思想政治教育效果。传统思想政治教育的"一支笔""一张嘴"及其"灌输"说教已经逐渐处于被淘汰的境地，现代社会大学生的思想观念复杂多变，视野开阔，主体意识强烈，大学生不再接受传统说教方式的引导。传统的教育方式难以取得良好的教育效果。将文本、图像、声音等信息集成一体的现代信息技术成为极具感染力的新型信息传播工具，它大幅地提高了思想政治教育信息的传播效率和教育效果，从而最大化地激发了学生的求知欲与想象力，最高限度地调动了学生获取信息的主动参与性。比如虚拟现实技术的广泛应用：通过鲜艳的图片、悦耳的声音、活泼的三维动画等，使学生身临其境地感知教育者输送的信息，这极大地丰富和扩展了思想政治教育的资源和大学生的视野。伴随着现代信息技术的广泛应用，利用办公自动化实现了工作文书、统计报表数据、资料档案的拟制，实现了自动计算、归整、分类等技术性的操作，使得繁重的日常工作变得轻松自如。同时，教育云等技术解决了系统的数据交换问题，教育资源被汇聚在统一的网络平台上，所有需要资源的人可轻易在任意设定共享区域范围内共享教育资源，部门机关间的文件资料也可以通过共享网络平台准确、快捷地直接传输，这在节省了大量的人力、物力、财力的同时，也大大提高了工作效率。

3. 信息化构建了思想政治教育的生态化，拓展了思想政治教育的发展空间

现代信息技术把思想政治教育推向一个更为广阔发展的天地，借助教育信息服务模式，解决了教育信息化的应用接入与服务需求。在信息应用中，有效地突破了传统信息化系统所局限的区域限制，充分体现了现代信息技术超越空间、打破时空界限，可共享、可开放性等特点。这使得高校思想政治教育从平面走向了立体，从静态变为动态，从而为思想政治教育提供了更加快捷、方便的传播途径。甚至不同地方的高校受教育者利用共享思想政治教育信息资源自由地与其他主体开展思想交流和讨论。现代思想政治教育技术信息网络可以将所有政府、家庭、学校，学习者、教育者、专家，学习工具和资源有效有序地联结起来。思想政治教育中政府、学校、家庭和社会等力量的有机结合可以更方便快速地掌握学生的政治思想和生活学习等状况，从而使各方合力共同做好学生的思想政治教育工作。构筑参与者众多，知识链复杂，学习生态协调的学习生态系统也会使高校学生思想政治教育工作的社会化程度得到大幅度提高。

4. 信息化促使了思想政治教育的行政投入与决策力度不断加大

现代信息技术虽然具有可共享、可存储、可复制、成本低等特点，但是现代信息技术的广泛展开不是大学生群体或者教师群体能够自发完成的，另外现代信息技术的掌握也具有一定的技术难度，所以必须由思想政治教育的各级决策和管理阶层来介入。而且，反过来讲教育信息技术也为传统思想政治教育的决策和指导工作提供了先进的工具、手段和方法，避免了以往凭经验、凭主观分析而得来的可能存在偏差性的错误。现代信息技术的应用将专业系统、统计数据和网络工具有机结合起来，构成一个高度智能化的系统，从而保证了决策指导的科学性。况且，这种科学的决策，为思想政治工作更好实现良性发展带来了新的机遇。比如，有关思想政治教育教学的软件的开发研制，必须依靠思想政治教育管理或决策部门的投入。一种是思想政治教育理论的多媒体软件系统，这个系统以多媒体课件库为中心，以大学生思想信息反馈软件为内容。这个系统的建立和使用既能实现无纸化备课与教案的撰写，使教育者可以直接从库中调用相应的课件，大大降低工作量，又能使教育者可以随时了解大学生的思想政治信息情况，使受教育者获得更多的信息，能随时随地沟通联系，去应对新情况、新问题，从而使受教育者的素质不断得以提高。另一种是利用虚拟现实技术在这个虚拟化的系统中建立虚拟系统口，可以实现思想政治教育的信息获取、资料储存、档案建立、业绩考评、数据统计、计划制订、决策选择、实践教学等。在这个虚拟的系统中，思想政治教育工作者可以在虚拟环境中去研究处理现实教育活动中可能遇到的各种现实问题。可以在虚拟社会中追溯过去，展望未来，从而在现实中增强教育预见性，更好地控制教育过程。

（二）发展思想政治教育信息化的挑战

1. 当前高校思想政治教育信息化存在的问题

现代信息技术带来的思想政治教育信息化的主要表现之一，就是科技网络的普及，网络教育也已成为对大学生思想政治教育的重要部分。网络信息化背景下的思想政治教育不管是在网络虚拟环境下还是在现实中，主体还是对现实中的大学生加强思想政治教育。信息化背景下纵观高校思想政治教育，简直是包罗万象。以网络信息为重要载体的发展历程包含有主动建设阶段、自觉深入阶段和深化拓展阶段。其中，主动建设阶段中，高校思想政治教育网络网站建设成为研究的重点；自觉深入阶段，全方位、多层次、综合性的以信息服务为网络载体的结构体系形成；深化拓展阶段，网络定位于为大学生的成才提供服务平台，展示和提升大学生素质品格，引领大学生风貌、舆论方向的坐标。在这些阶段中无疑都是以大学生为主体，网络化思想政治教育的研究和实践对象无疑对准、聚焦于大学生。这也就产生了信息化带来的第一个问题：大学生群体受网络的影响最强最普遍，大学期间是大学生价值观和人生观形成的最为重要的时期，这时期的大学生好奇心强、自制力弱，极易受到异化思想的冲击。而网络上的色情、暴力等纷杂的意识形态对大学生产生了严重的负面影响和冲击，造成他们在思维方式、价值观和对世界的认识上的巨大的变化。网络成瘾的部分大学生因为迷恋网络而被警告、留校察看、退学，更有甚者造成了政治素质、道德素质的急剧滑坡。

另一个出现的问题是，信息网络思想政治教育的另一个主体即大学的教育者（当然主要是教师），目前对信息资源的研究和使用还存在很多不足。毕竟高校教师是网络上进行思想政治教育的主要力量和关键性因素。这些教师的理论水平高低和自身素质好坏对高校思想政治教育的网络化进行起着最直接、最实际的影响。现实情况是，信息化背景下思想政治教育工作者对信息资源开发与占有不平衡，对资源开发广度和深度不足。由于历史和现实的原因，在信息资源开发与占有中，高校中素质高的教育工作者对信息开发占有较多，而素质相对较低的思想政治教育工作实施者对信息资源的占有则就严重的不足了。思想政治教育信息资源的开发与占有在不同地区、不同部门，以及不同人之间的较大差异既有信息收集水平不平衡引起的，也有信息资源开发软、硬件建设的不到位引起的，这对于思想政治教育合力的形成起到了很大的阻碍作用。况且，思想政治教育信息资源开发的主体往往也缺少超越本区域、本单位、本人的狭小范围，从广阔的空间去获取信息的勇气和行为。这导致了信息资源开发的广度受到限制。即使将收集的信息资源开发也只是浅层次的加工，并未有针对性地选择适用信息进行聚焦加工提炼，这使得信息资源开发的质量受到影响。

信息化的思想政治教育存在的最后一个问题就是，在处理思想政治教育内容上力度的运用产生了不平衡。显然，思想政治教育在字面理解上就应该包括思想教育、政治教育，以及道德教育三部分，其中政治教育是核心，思想教育是灵魂，道德教育是根本。比如有学者就非常形象地用泡菜理论来分析思想教育的特性（表6-2）。然而，现实情况是高校思想政治教育更多强调的是思想教育和道德教育的重要意义，对政治教育强调论证则比较少，基本原因就是将政治教育的效果过多地寄希望于思想教育和道德教育，即使在这个信息时代，这种状况和做法还是未从根本上改变。

表6-2　泡菜现象与思想教育的特性比较分析

特性	泡菜	思想教育
确定性（决定结果状态的影响因子）	泡汁的味道	被教育者感受到什么样的信息
	泡汁的浓度	教育者散发出的信息强度（包括感染力，渗透力等）
	浸泡时间的长短	被教育者感受到教育信息的频度，如校园走道上悬挂（矗立）科学家或历史人物的画像（铜像）就是为了增加信息的频度
	泡菜的原材料	人的先天性因素。即教育与个体本身有关系，不同的人会有不同的教育效果
不可抗拒性（改变的趋势不随人的意志为转移）	具有不可抗拒性。即在以上四个方面因素的共同作用下，泡菜将会慢慢变成某种特定味道，这种趋势不随人的意志为转移	具有不可抗拒性。在特定的教育信息环境下，人的思想形成和发展变化趋势具有不可抗拒性，不随人的意志为转移

特性	泡菜	思想教育
有限性（非完全改变只代表一种改变的趋势）	具有有限性。即跟原材料有关，如将萝卜放入酸醋汁中浸泡，永远浸泡不出酸青瓜	未知。不同学者有不同看法，笔者倾向于认为具有有限性即跟受教育者的先天因素有关，后天可塑是有限度的，不具有个体质变的必然性，只代表一种趋势，趋势具有必然性
匀称性（信息均衡与对称）	具有匀称性。即泡汁任何位置的味道都是一样的，泡菜在泡汁任何位置所处的环境是相同的	不具有匀称性。区域不同会使教育信息存在很大的非对称性（包括强弱差别，反叛与背离），如学校教育、家庭教育和社会现象往往存在很大的反差
双向性（主客体相互影响）	泡汁会改变泡菜的味道，泡菜反过来也会影响泡汁的味道	主体（教育者）创造的环境信息会影响和改变客体（受教育者）的思想，客体的思想和行为也会改变环境信息
主动性	无所谓主动性	具有主动性。即客体除了受环境信息的自然影响外，还会自觉地获取其他信息，主动寻求改变自己

2. 思想政治教育信息化发展面临的挑战

在信息化社会条件下，影响思想政治教育信息化的因素越来越复杂，这里面有大量的负面性信息，严重阻碍着思想政治教育的正常发展，冲击着思想政治教育的合理进程。所以说，现代信息技术是一把双刃剑，它给思想政治教育带来的不利方面使得思想政治教育工作面临着不小的挑战。

（1）挑战一：不当信息导致价值取向多元、意识观念复杂和理想信念的动摇。信息社会各种信息随意性开放流动，信息的开放性导致了意识形态的五花八门，宏观上马克思主义的与非马克思主义的、科学的与反科学的，微观上健康的与腐朽的、优质的与偏激的思想政治观念彼此并存并激烈的斗争。这其中以英美等为代表的西方发达资本主义国家借助其优越的信息技术优势，特别是利用互联网系统，向我们传播他们的思想和文化，传播他们的世界观、人生观、价值观和生活方式。这里面固然有值得我们借鉴和学习的东西，但是也有这些国家落后的思想观念一起流入到我国，对我们的意识形态及思想文化加以渗透和影响。我们需要始终用马列主义、毛泽东思想、邓小平理论、"三个代表"重要思想和中国特色社会主义理论体系为思想指导，不断加强对大学生进行正确的世界观、人生观、价值观教育，增强其政治上的敏锐鉴别力，以此来抵御不良的外来思想意识形态渗透。对这些思想观念如果任意放任，不加以选择性甄别吸收，就会导致我们的思想政治教育效果出现严重偏差。特别会导致我国高校中思想还显稚嫩的受教育者的人生观、价值观产生偏移，一定程度上会影响思想政治教育的效果。

然而不可否认的是，多元化的文化形态、价值观念和道德标准的汇聚交织是信息环境社会所不可避免的。身处高校的大学生所接触到的西方资本主义社会的文化、价值观念与他们平时所接触到的中国传统文化价值观念有很大的区别，这种区别导致了部分大学生出现了迷茫状态，特别是对价值的理解的迷茫。学生的价值取向面临多元化的选择，且选择更加困难。毕竟当前我国在现代信息技术上还处于劣势，对不良信息的防御能力和控制能力还相对比较弱。这种通过冲击思想文化和意识形态领域阵地的形式对我国高校大学生树立正确的民族意识和爱国主义思想以及接受优秀文化观念是非常不利的。最为可怕的就是会造成大学生世界观、人生观和价值观取向的迷惑冲突，更严重的还会使理想信念动摇、价值判断模糊、个人信仰缺失。因此，思想政治教育的重要任务就是帮助大学生在多元化信息环境中进行正确的选择，从而发挥思想政治教育的科学导向作用。

（2）挑战二：信息化的虚拟性影响和改变了受教育者。前文中我们反复讲述，信息社会的虚拟性改变了大学生们的交往和学习方式，随着这些虚拟信息的千变万化，大学生思想的稳定性也随之沉浮，这也就增大了他们思想的波动性。正如有学者指出，个体人的信息负载量是有限度的，当接收的负面信息超过正常信息消化量时，大脑就会受到干扰而产生疲劳感，出现烦躁不安、判断能力下降的情况，就可能来不及分解消化而被不良信息污染。更为严重的是如果超出肌体的承受能力，甚至会诱发心理变态和犯罪。人体对外界信息需要一个合理的时间接受，并需要大脑中枢去综合分析和判断，在进行一番加工后，才能使不良信息被剔除，从而避免威胁人的身心健康。具体到高校思想政治教育中，这些虚拟化信息影响了受教育者对于思想政治知识的理解，扭曲了他们的行为。这种扭曲恰恰又是通过网络世界里所谓的自由的虚拟平等环境产生的，在这个环境中的主体自由平等交流和学习，这种网络上的平等性导致了众多的受教育者不习惯网络之下的自我突显，从而导致了这些受教育者对信息网络产生深深的依恋情节，导致网瘾的产生。信息网络化所带来的这些负面影响很大程度上冲击了思想政治教育的正常实施，这些受影响的思想政治教育受教育者甚至不愿意接触现实教育，逃避现实的思想政治教育，这客观上还是阻碍了高校思想政治教育的健康有序发展。

（3）挑战三：信息化对思想政治教育内容提出了新的要求。现在面对迅猛发展的信息科学技术，高校思想政治教育的教学内容并没有跟上这个步伐，未能根据大学生思想教育中存在的现实问题和实际状况进行及时的更新与充实，缺乏与现代信息科学技术相关的思想政治教育内容，明显地不能完全反映当今时代的需要，也明显滞后于经济发展及政治形势的发展变化。高校思想政治教育内容的这种滞后性状况会使大学思想政治教育失去传播先进思想意识的重要功能，严重者更会暴露一系列道德缺失的思想教育问题，最终影响思想政治教育的效果。例如，《厦门商报》曾经报道的一个案例：1992年出生的化工学校学生林某达自认为掌握了许多化学"秘诀"便退学在家自学。2010年6月他利用在学校和网上所学化学知识从商店买来烧瓶、锥形瓶、真空泵等设备，又买来甲苯、丙酮、盐酸、乙醇等化学试剂，在自己家里试着制作毒品并获得了成功。制造出了含有甲基苯丙胺（俗称"冰毒"）成分的溶液。在成功研制出"冰毒"后，林某达还购买试剂亲身体验自己制作的毒品是否符合标准。他开始试着吸毒，并在网上通过QQ兜售制毒方法。2011年林某达在网上通过QQ聊天的方式，先后向5名网友传授制作甲基苯丙胺的方法，共非法获利人民币万余元。2011年9月林某达与朋友在宾馆吸食毒品时，被民警抓获。后林某达以制造毒品罪和传授犯罪方法罪被判处。类似的这种利用高科技手段危害社会的案例还有许多，所以，高校思想政治教育的内容及时紧跟时代已经刻不容缓。

（4）挑战四：信息化对思想政治教育方式提出了挑战。限于我国传统伦理道德教化方式根深蒂固及社会化程度不高造成的影响，我国高校思想政治教育的教育方式主要还是以对受教育者进行灌输、说服为主，这种传统的通过理论宣讲、实践联系等思想政治教育方式对学生产生着潜移默化的长期影响。由于我国大学思想政治教育传统的等级性和强制性特征，这些方式被一定程度地延续着。固然这样的方式也具有针对性强、反馈及时、能情感互动的优越性，但后来，一者随着我国社会主义政治体制改革的不断深入以及改革开放的全面展开，这种教育方式的时空受限，受教育对象有限，课堂教学模式比较单调的不足越来越明显；二者就是现代信息技术的迅猛发展并广泛应用于各个领域的激烈竞争中，在这种背景下高校学生的社会化程度也越来越高，为了适应这种背景形势，迫切需要改革高校传统的思想政治教育方法，更新传统思想政治教育的手段，将现代先进的信息技术与思想政治教育紧密结合，使思想政治教育方式不断完善，只有这样才能适应信息化的要求。

这就要求，首先要使受教育者完成自我需要、自我选择的教育。信息技术的时空开放性使大学生的信息来源广泛化，信息技术的交互性和匿名性使大学生的思想交流更加自由，个性得到充分的张扬，信息技术的多媒体和交互性使信息更加丰富多彩而吸引大学生。在这一系列的特征下，学生的主体意识获得极大地调动，并对其认知方式和情感产生影响。在思想政治教育中学生不再单纯依赖教师，学生通过自我的认知、约束、管理，自觉提高自我修养，从而达到自我教育的目的。进而使思想政治教育的平等自主性不断得以增强。

同时，高校思想政治教育方式的现代化不是简单套用现代信息技术，而是综合应用各种高科技手段的一系列过程；不是片面的现代化思想政治教育，而是包括运用各种信息调查收集处理各环节的现代化。在信息化环境下，为了应对大学生的思想、心理变化，对思想政治教育提出了科学有效的系列要求。而目前的情况是思想政治教育工作者的教育观念上来了，也正确地直面了信息的重要性，但是其信息接收和传送能力不强，不善于运用现代信息技术进行有效的思想政治教育，从而制约了思想政治教育效能的发挥。所有这些都对思想政治教育信息化方式提出了硬性的实质性的要求。最后要强调的就是，思想政治教育只有整合资源，顺应时代发展要求，利用教育学、心理学等多学科的研究理论，不断加强思想政治教育方式方法的学科整合，借鉴系统信息的方法论，将现代化的思想政治教育信息流，现代化的思想政治教育效果评估方法和现代化的思想政治教育管理手段措施等形成综合科学的思想政治教育体系，这样才能适应现代化的进程，既增强学生思想政治教育的实效性，又保障高校思想政治教育顺利进行。

第三节　高校大学生思想政治教育信息化建设实施方略

现代教育理论处在不断更新丰富的发展过程中，表现在高校的思想政治教育中，就是教育的理念思想、方式方法、模式和机制等都在不断试图变革。信息社会现代信息技术的到来、发展与完善，呼唤着思想政治教育信息化的变革，呼唤着思想政治教育信息化的全面建设实施。在思想政治教育信息化建设的整个过程中，教育信息化是一个动态的过程，客观上极大地提高了思想政治教育的质量和效果。正如前文我们反复论述的，现代信息技术带来的思想政治教育信息化有一定的优势，也存在一定的不足和弊端，但随着现代信息技术的不断进步，更重要的是随着信息技术与思想政治教育的整合，思想政治教育信息化不断走向成熟，高校思想政治教育信息化建设实施，必然会带来教育观念、教育内容、教育方式方法、教育管理方式等方面的健康发展。

一、更新思想政治教育观念

（一）教育观念及其重要性

教育观念是指"按一定时代的政治、经济、文化发展的要求，反映一定社会群体的意愿，对教育功能、教育对象、人才培养模式、教育体制、教育结构、教育内容、教育过程及方法等根本问题的认识和看法"。相对于物质条件变化的较易被感觉和接受而言，观念的特征则具有时滞性，思想政治教育也不例外。虽然现在思想政治教育的物质环境已经随着信息时代的到来而改变，但思想政治教育观念因其滞后性的特点，其发展却显然来得较慢。可以说一个国家确立怎样的教育观念，将决定这个国家教育的发展水平和教育改革的成效，同时也能反映出教育对时代发展的呼应。随着现代信息技术的普及，信息社会的形成已经成为不容抗拒的现实。面对信息化的背景环境，在多种社会因素作用和长期社会实践中逐步形成的高校思想政治教育观念必须进行改革，这种改革是基于在思想政治教育过程中出现的诸多问题而进行的。一直以来我们不断吸收西方先进思想文化观念和行为方式，期望借此形成新的文化传统和共同的价值观念，但是在这种批判吸收中，我们更多的是丢弃了传统的优秀文化和思想。可惜的是，一直以来我们并未将吸收的这种所谓主流文化价值观成功内化成信念或是信仰，即使在现代信息化冲击下，批判性的借鉴也只是一种形式，挖掘我们固有的根本，才能适应我国高校思想政治发展的实际。那就是坚信从传统文化思想中挖掘精华，坚持马克思主义理论，与时俱进，紧密结合当代大学生的思想状况，及时地更新思想政治教育观念。因为任何改革和发展都是从观念更新起步的，没有思想政治教育观念的更新也就不会有教育的改革和发展。故而首先必须树立思想政治教育信息化建设的正确观念，为高校思想政治教育信息化建设提供先导力量。

（二）实现思想政治教育观念的策略

现阶段，随着社会信息化进程的逐步加深，高校思想政治教育进行信息化建设中要首先更新思想政治教育观念，实施相应策略，摆脱旧思想和旧观念的束缚，树立起适应教育信息化要求的新观念，具体是树立两种思想，三种观念，强化四种意识。

1. 树立两种思想

首先是教育引导思想。传统的理论灌输"填鸭式"教育观念和教育方式使思想政治教育过程缺乏互动性，这不仅使大学生产生了逃避心理，甚至还产生了逆反心理。而现代教育中教育者的主导作用与受教育者的主体作用是辩证统一的，两者是平等的，要实现教育者与受教育者两方面积极性的发挥，只有采取互动性的教育方式，只有更加注重教育者与受教育者的有机结合才能使教育效果更佳。但毕竟作为受教育者的大学生知识层次、社会阅历和分辨能力都有一定欠缺，在高校思想政治教育信息化的过程中，教育者的主导作用也是非常重要和明显的。教育者要通过组织设计和领导整个思想政治教育活动，承担知识传输、启发教育和身行示范责任。当然重视对受教育者的思想引导，必然是为了达到最优化的教育效果，为此，高校的教育中要通过多种形式促进受教育者思想政治素质的发展，促使他们产生行为动机。这时，还要在一定程度上肯定正面灌输的积极意义，通过用马克思列宁主义、毛泽东思想、邓小平理论和"三个代表"重要思想，以及科学发展观、中国特色社会主义理论体系来进行正面引导，以此武装学生的头脑，从而顺利实现从思想认识到理念生成再到行为的转化。

其次是以学生为本思想。在建设社会主义和谐社会的过程中"以人为本"成为全社会的共同要求，在高校的思想政治教育中，以学生为本必然也成为要求。在高校中的大学生处于一个特殊的阶段，其心理和智力发育都未达到成熟的程度，社会的翻天覆地的变化，使得大学生生存的环境更加复杂和多样化，使其内心处于矛盾迷惑的状态，如果解决不当，大学生可能会产生悲观、愤世嫉俗的消极心理，甚至怀疑现行的教育政策。传统思想政治教育中的只讲集体利益，忽视学生个人利益的政治理论和价值观念及其简单化、模式化的教育方式显示出了较差的实效性。现阶段，在高校中应树立一切为学生的思想观念，一切工作的开展都从学生的实际需要出发，针对大学生的个体差异，采取不同的教育方式因材施教，使每个大学生都能拥有独立的创造性的发展空间。深入调查学生实际，使科学技术和理论与学生生活实际相结合。以求精务实的精神为指导，增强思想政治教育的时效性，达到最优的教育效果。

2. 树立三种观念

首先，高校思想政治教育要直面信息化社会带来的信息技术的迅猛发展，要求所有教育工作者增强信息意识，在教育过程中善于搜集、分析、处理、归类整理各类信息，要树立信息技术为高校学生思想政治教育服务的意识观念，增强思想政治教育对大学生的感染力、吸引力，增强思想政治教育的主动性地位。还要推进现代信息技术在思想政治教育内的广泛应用，实现信息在思想政治教育领域内的传递流动和综合使用。

其次，高校思想政治教育信息化建设是一项复杂的系统工程。从系统论的观点看，一个系统工程要对所在环境发生作用，系统内的所有要素都要发挥其功能。换言之，高校思想政治教育信息化建设不能单靠学校的个体力量来实现，这是一个涉及面很广的全社会性问题。从思想政治教育系统来看，思想政治教育信息化的观念、方式方法、人才队伍等体制建设是实现思想政治教育信息化顺利进行的重要保障。因此要树立起全局观念，在高校内部要促进各个部分有机地结合，更重要的是利用行政力量推动全社会的力量进行思想政治教育信息化建设。

最后，思想政治教育信息化本身是一个动态的发展过程，同时相对来说又是一个新生事物，需要在实践中不断总结经验，其内涵将随着信息社会的发展不断地丰富，因此它的建设将是一个相当长的过程。目前，我国高校思想政治教育信息化建设还处于起步阶段，在教育信息资源开发、信息基础设施建设和信息教育人才培养等方面还存在着诸多的不足，所以，要树立长期观念，逐步实现思想政治教育信息化。

3. 强化四种意识

首先是强化自主意识。随着社会主义市场经济体制的建立和改革开放的发展，加之信息化社会的到来，特别是现代信息技术中的网络的普及，催生了独立的网络文化。这一系列的变化必然要求当代大学生要具有较强的自立自主意识。因此，在尊重集体感，尊重集体主义精神的同时，解放思想，因势利导，针对特性，发展个性，发挥学生个人的主观能动性，使每个大学生形成各自独特的人格魅力。

其次是强化竞争意识。现代信息社会是一个充满了竞争的市场经济社会，竞争推动科学技术迅猛发展，竞争推动社会主义市场经济体制的建立。高校的学生要想在激烈的市场竞争中求得生存和发展，就必须适应这种时代发展的要求。因而要树立现代化高校思想政治教育观念就要求大学生具有较高的竞争意识，培养杰出的竞争能力，并为他们营造一个公平公正合理的竞争环境。

再次是强化市场意识。自主意识也好，竞争意识也罢，都是在不断深入的社会主义市场经济体制内进行的，随着市场经济体制改革的不断深入，客观要求高校的思想政治教育领域也进行相应改革，也就是建立教育市场体制。这种体制就是要用市场的精神培育学生新时代的义利观，就是帮助大学生客观科学地看待和处理与社会主义市场有关的社会问题。

最后是强化开放意识。随着信息社会的来临和社会主义市场经济体制的建立，全球化趋势更加的明显。面对这种越来越开放的现状，培养面向现代化，面向世界，面向未来的具有较高开放意识的人才是必然之举。高校思想政治教育也要以培养大学生的开放意识为任务，人才培养向社会、向世界开放。在开放的实践中高举邓小平理论和中国特色社会主义理论体系的伟大旗帜向前进。

二、加强思想政治教育主体的素养

（一）思想政治教育工作者的信息素养

前文提到传统思想政治教育中思想政治教育工作者的信息优势随着现代信息技术的发展已经失去了权威性。随着思想政治教育信息化深刻的变革，每个人包括作为受教育群体的学生，信息的获得都处于平等地位，甚至于获得知识，形成品德的过程也由具有共享性、平等性的信息互联网承担。这些主体中最需要做工作的是高校思想政治教育工作者主体，他们必须要在树立与信息化时代相适应的思想政治教育观念的同时，解决利用网络等先进信息技术进行教学时意识比较淡漠的现象。在面对高校思想政治教育信息化改革时，应提高思想觉悟和对信息化的认识，增强科技意识和信息意识，积极地走在改革前列。并在思想教育的载体、方式上具备及时捕捉收集信息、判断分析信息、归类管理信息的能力和运用现代信息技术的能力。运用信息的能力包含着信息获取能力、信息处理能力和信息传递能力，也统称为信息的驾驭能力。在思想政治教育信息化过程中，思想政治教育工作者要善于利用自己所获取的各种信息资源，增加思想政治教育信息的容量，以充实的教育内容表达思想政治教育的内涵。思想政治教育工作者要通过现代信息技术的中介和桥梁作用，把现代思想政治教育思想快速而有效地传输给大学生，并自如地运用于教育实践，以增加教育的说服力、感染力和吸引力，从而有效提高大学生思想教育的实效性。

（二）提升教育参与者的网络素养

信息化社会和现代信息技术在为思想政治教育提供机遇的同时也客观上提出了无限的挑战，这种机遇和挑战很大程度上影响了思想政治教育活动的进行。要想甄别信息化为思想政治教育提供了哪些优势与哪些弊端，就需要思想政治教育的参与者具备较强的网络素养，运用这种网络素养能够合理地甄别出信息化所带来的优劣信息。面对当今越来越复杂的信息环境，面对信息化所带来的科技性变动，思想政治活动参与者的网络素养一定要有所提升，如果不能使思想政治教育参与者的能力符合信息化的人才标准，那就不可能使思想政治教育参与者的网络素质提高，从而获得信息选择和信息处理的优势。为避免信息化对思想政治教育的负面影响，从根源上保证思想政治教育的效果，提升思想政治教育参与者的网络素质，保证思想政治教育参与者不断地吸取有利知识显得尤为重要。

三、建构思想政治教育信息化队伍

信息社会的到来要求高校思想政治教育工作者具有优秀的思想道德素质和知识能力结

构，除此之外要建构思想政治教育信息化队伍。这就要求思想政治教育工作者树立与信息时代发展相适应的科技信息教育意识和培育信息意识。具体而言就是要重点加强思想政治教育科技人才队伍和信息技术应用人才队伍的建设。建设与信息时代相适应的高校学生思想政治教育工作机制，改革思想政治教育机构和人员的固有工作职能，培养思想政治教育工作者善于捕捉和科学地分析处理各类信息的驾驭能力，使这些教育工作者发挥研究、指导、咨询的作用。同时，在培育这一系列能力的过程中，思想政治教育工作者要注意把自己所掌握的信息利用现代信息技术快速有效地传递给教育对象，也要善于利用各种信息安全技术来屏蔽不良信息，并自如地运用于教育实践。而且，还需要注意思想政治教育信息化队伍建设中对教育工作者信息道德的高要求，要在整个信息活动过程中，调节信息创造者、信息服务者、信息使用者之间相互联系的行为规范。最后，队伍建设的关键在于机构的建制。现代信息技术的发展使思想政治教育机构和工作人员的职能发生了相应的变化，要逐步削弱指令性职能而组建包括理论引导、就业指导、心理咨询、学生活动在内的各类服务机构。这些机构的主要工作就在于收集思想政治教育的有关信息，为思想政治教育工作者的教育教学研究设计提供可选择的教育方案和资料。

四、完善思想政治教育信息化系统

现代信息技术是建立健全完善的思想政治教育信息化系统的技术基础，建立健全该系统是实现思想政治教育信息化的基础性工程。当前，为了加快并完善思想政治教育信息化系统工程的建设可以从以下几个方面入手。

（一）完善投入机制

为了现代信息技术能最大化地在高校思想政治教育中应用和普及，高校应不遗余力地加大思想政治教育信息化基础设施的投入，使得校园基础设施的建设与当下信息社会基础信息设施的建设相结合，合力共同作用于高校思想政治教育的各个领域和环节。首先是现有硬件资源的利用，要搞好专用通信网、广播电视网、计算机互联网等各类信息基础设施资源的综合利用，努力促进通信网络、有线电视网络、计算机网络"三网合一"，避免重复建设。另外就是认真做好规划布局，加大资金投入的力度来改善思想政治教育信息化教学的环境和设备。筹集各方的力量尽快建成设备配套、功能齐全、性能可靠的高校思想政治教育信息化系统。避免过度浪费和盲目追求先进、高层次、尖端的技术，对于资金使用要建立一个科学合理的投入机制，做到整合高校现有的技术、设备、人员，以此来提高现代信息技术在思想政治教育领域的应用。

（二）完善实施机制

高校思想政治教育信息化的建设实施，还需要建立明确的监督管理机制。保证思想政治教育工作在信息采集、审核、发布的过程中畅通。为此，要完善责任分配制度，加强信息网络内容的健康，建立完整、权威、保密、可靠的信息安全保密防范体系，建立功能齐全、多级防范的信息网络管理体系。构建开放、共享、合理的思想政治教育信息资源机制，加大信息技术的研发和创新力度，避免教育内容单调。加快信息资源的数字化存储，杜绝垃圾信息泛滥。着力建设和丰富高校思想政治教育信息化的资源共享平台，实现不同操作系统、数据库、应用程序之间的互联互通与信息共享。通过网络机构和扩散机构的建立，为大学生获取安全、便捷的教育性信息提供坚实的基础。高校之间还要互动，开发教育资源，加强教育信息资源交流，综合利用各种信息资源，充实储存，建库联网，从而使思想政治教育全局有的放矢，最终建成开放、合作、共享的高校思想政治教育信息资源实施机制。

（三）完善评价机制

高校思想政治教育信息化的建设是一个复杂而长期的系统工程，而评价体系是思想政治教育的重要部分，所以建立有效的评价机制来进行信息的反馈尤为重要。为此，要制定和完善思想政治教育信息化评价的规划和标准。搞好思想政治教育信息化评价建设，就要加强规范化管理，制定必要的规章制度。通过制度化的评价机制使思想政治教育信息化及时发现问题、反思问题、解决问题，及时改进工作。通过科学客观合理的评价，提高高校思想政治教育信息化工作的应用效果，及时调整部署。另外评价体系与学生管理信息系统的结合，能够针对大学生思想政治教育信息化的具体要求来提高大学生的创造性和主动性，使得高校及时了解学生的基本思想状况，做出公正合理的评价，从而增强思想政治教育的针对性，有效地保证思想政治工作的落实，保障高校思想政治教育信息化的顺利实施。

第七章　新时代高校大学生思想政治教育中新传媒运用研究

当今社会处于传媒高度发达的时代，在这个信息社会里，大众传播媒介广泛普及、迅速发展，深刻地影响着个人和社会的生活环境、思维模式、价值观念、文化结构、教育发展、精神世界，可以说大众传媒渗透到了社会生活每一个领域和角落。随着传媒社会的到来和发展，作为社会运行有机组成部分的思想政治教育受到传媒的影响越来越深刻。从传媒学的角度看，思想政治教育的表达形式与信息传播手段有密不可分的联系。承载和传导思想政治教育信息的重任为现代传媒所承担。著名的社会学者沙莲香曾指出："通过大众传播把文化传递给下一代，并不断教育，离开了学校的成年人、社会成员，共享统一的价值观、社会规范和社会文化遗产。"可以看出在信息的传播中，现代传媒蕴含着独特的思想政治教育功能。当然，前提是传媒要服务于思想政治教育这个大局，传媒也要为培养社会主义事业的优秀建设者和可靠接班人提供有力支持。

大众传媒具有一般高等教育难以比拟的巨大优势，正确认识和利用大众传媒在思想政治教育中的功能作用，运用传媒切实增强高校思想政治教育的实效性，既是高校做好学生思想政治教育的基本要求，也是建设一流大学，培养高素质学生的需要。不可否认的是传媒是一把双刃剑，正面上传媒给高校学生的思想政治教育带来了一种全新的学习模式和价值观念，反面上传媒也给学生的道德观念和身心健康带来影响，使得高校思想政治教育面临更多严峻的挑战。正视这种挑战，因势利导，积极利用传媒动员社会与舆论导向的正面功能，为高校思想政治教育创造有利条件。克服传媒对思想政治教育发展的消极影响，构建多位一体的应对体系，采取多种措施，提出行之有效的策略，加强传媒的思想政治教育功能，增强传媒主流教育文化的传递功能，进一步增强和改进高校的思想政治教育的针对性、时效性和实效性。

第一节　传媒与传媒思想政治教育

一、传媒的概述

（一）传媒的内涵

传播媒体又称"传媒""媒体"或称"大众传媒"。传媒是在信息的传播中在传播者和接受者之间传递信息的一种物质形式工具，它是传播信息的重要载体和主要通道。自人类诞生，就有信息传播。狭义上，传媒是指一些新闻媒体等形式。广义上，传媒不仅指需要传播的具体信息内容，更包括传播信息的一些组织。简单说只要被传播的信息和用来传播信息的途径都可叫作传媒。传媒承载着协调社会关系、监测社会环境、传承传统现代文化等众多的功能。随着科技和经济的迅速发展，报纸、广播、电视、网络、手机、电影、微博、微信等大众传播媒介自然进入了大学之中。当代大学生群体比以往任何时期都更多地享有媒介资源，更深地受到传媒的影响。传媒已是除家庭、学校以外最为影响大学生社会化的因素。

（二）传媒的特征和分类

当前传媒的主要特点有五个方面：

一是传媒的时效性强，传媒一般都会随着信息的产生而迅速发生；二是传媒信息的渗透性强，传媒能以不同的方式将信息传播到任何地方；三是传媒具有可兼容性，任何传媒都不是也不可能独立存在；四是传媒的交互性良好，这种良好的交互作用存在于信息的传递之中，也存在于信息传递完成的后期；五是传媒具有的共享性，是主要针对信息内容通过特殊渠道的分享性而言的。

根据不同的划分标准，传媒类型的划分也有所不同。比如按时间顺序的不同，可划分为传统式的传媒和现代化的传媒。其中传统式传媒是比较原始的方式，它可以包括运用手势、烽火等简捷直观的互动方式。传统的方式还可以用信件、绘画、文字、符号、印刷品和摄影作品等方式表现，更可以用电话、电影、广播、电视、手机通信等现代传媒的方式表现。总之，传统意义上的传媒在使用中具有一定的时间约束性和空间限制性，受自然界条件的制约，局限性较大，有时只靠视觉感官接受传播信息。而现代传媒则是指运用现代信息传播技术，特别是蓬勃发展的互联网技术向社会公众传递各类信息的媒介形式。现代传媒中主要以互联网技术传媒为主体，以其他新兴通信媒体为辅。以多媒体、网络化、数字化技术为核心的媒体为代表。互联网信息载体和传媒方式确实有别于传统传媒，这里的传媒灵活性和机动性都无比优越，既不受地域限制，也不受时间限制，这极大地突破了信息传播的传统瓶颈，深刻地影响着人类信息知识的组织、传递与获取，是未来传媒技术革命的主要平台。

（三）传媒的道德效应

传媒在社会发展中扮演着社会环境的监测者、社会整合者、社会文化遗产的传递者、公众娱乐的制造者等多重角色。传媒更在社会伦理层面扮演着道德的传播者和道德的教育者角色，传媒可以借助舆论的力量影响社会道德，推动社会道德的进步与发展。西方曾进行过一项"破窗效应"的理论实验：如果一个建筑物的窗户玻璃破碎了，又得不到及时的维修，那这些破碎的窗户就会给人造成一种混乱无序、无规则、麻木不仁的感觉。进而使人们更易受到诱导去打碎更多的窗户玻璃，导致更混乱的局面出现。"破窗效应"的理论实验说明了，任何一种传递不当的负面信息出现，都会蔓延开来形成不良的社会环境，这种不良的社会环境反过来又会诱导更多的人产生不良行为。所以，传媒对信息的解读和引申，对群体的道德行为会起到非常重要的作用。

传媒凭借着信息量大、速度快、受众面广等优点，在道德传播方面更能保证质量和效率。所以，传媒式的道德传播对社会合理有序的伦理道德的构建意义非凡，既能使广大道德受众迅速接受道德价值观，并将之奉为可参考的社会价值观，又能将这种迅速传播的道德价值观与广大道德受众原有的道德价值观更大程度地发生聚合作用。传媒所传递的道德文化信息对受众施加广泛、迅速、连贯性的影响，通过道德传播，传媒已经成为当代社会道德教化功能的代理人。原因在于大众传媒的道德教育实施过程是无形的，在无形中对受众进行潜移默化的影响；还在于传媒的道德教育能与传媒所独具的娱乐功能有机结合，使道德受众在轻松愉快的心理状态中获得启迪，从而增加教育的实际效果；更在于传媒道德教育对象的广泛性，在网络信息高度发达的今天，无处不在的传媒把每个社会成员都作为它的传播对象。所以说传媒不仅是一个单纯的信息通道，更是观察、认识、理解社会的窗口和途径，起着联系当下与未来、物质与精神、个体与社会的重要作用。

二、传媒蕴含的思想政治教育功能

传媒在生产、交换、分配产品的过程中拥有经济属性。在阶级社会中统治阶级将传媒作为维护正统思想的舆论工具，这又是传媒的政治属性。无论何种社会形态，传媒的政治属性都具有思想政治教育功能。传媒是思想的外衣、言论的喉舌、政治的表征，是社会价值体系的代言人和牵引者。凭借传媒拥有的广泛的民众基础、庞大的信息网络、先进的传播技术和便捷的运行环境，传媒的思想政治教育功能充分地发挥。传媒的这种独特价值对国家社会意识形态建设和我国社会主义文化教育建设事业作用重大。具体而言，传媒在思想政治教育中的功能为：

（一）舆论引导功能

传媒影响或掌控社会舆论，主流舆论与国家意志会保持高度一致，因为社会舆论一旦形成，就会产生无比强大的力量。舆论引导是事关思想灵魂的活动，是维护社会秩序不可或缺的因素，在国家政治宣传和统治中具有举足轻重的地位。国家通过广播、网络、书籍等媒介向大众快捷传递真实的信息和官方的思想观念，进而影响大众的政治倾向、价值取向和生活偏向。而对于那些背离主流的思想观念和言论则保持着信息的警觉性，通过这种预警式的信息筛选，最大限度地屏蔽负面舆论对社会的危害。

（二）文化传播功能

传媒一直是人类文化的工具性传播载体，这种传播功能由来已久。因此可以说传媒是社会主义先进文化建设的重要渠道。传媒每一次发出的信息，都在无形中主导着社会文化的表达，创造着有别于旧文化的新文化，进行着公共价值的塑造。一方面，传媒文化通过转移公众的群体意识，转移、解决公众关注的各种文化焦点，这对于推进社会主义核心价值观建设，以及建设和提升我国社会主义先进文化的软实力无疑具有重要的作用；另一方面，传媒文化通过报纸、广播、电影电视，以及互联网传播的知识与文化，客观上肯定了人文精神个体的价值，也使得传媒的教育功能获得广泛的普及，这种普及传播人的社会经验与知识的教育功能，延续着人类社会的一些固有的文化传统。

（三）人文关怀功能

传媒人文关怀功能的发挥，顺应时代对思想政治教育发展的需要。我们党和国家也一直十分关心注重思想政治教育的人文关怀。传媒对社会文化和人的心理产生巨大的影响。所以，在研究传媒工作的方法时既要考虑内容还要考虑传媒赖以运转的母体文化。比如在国家发生重大事件的时候，传媒会用广泛及时的信息传播，促进社会各界形成强大的合力，充分展示国家对特定事件中特定群体的关爱之情，这彰显了人性中美好的一面，也表达了传媒自身蕴含的深刻的人文精神。应该说当前社会人们为了各自生存目标而努力，竞争的气氛紧张激烈，生活节奏快速，压力大。此时恰恰是传媒传播的信息内容使这些人精神得以放松，感情得到满足。为公众提供充足的精神食粮及精神寄托，进而净化和提高了人的思想觉悟、道德情操，这就是传媒所体现出的人文关怀的功能。

（四）交往互动功能

随着当代以互联网技术为典型代表的信息传播技术不断更新与发展，人们获取信息的途径和方式增多了。作为新型传播媒介的网络传媒，凭借着没有统一的参照体系，跨越了地域、文化和既成偏见的界限，使得人们能更充分地表达自己的意志，也使得人们参与社会事务的机会和渠道空前畅通。一方面传媒向受众人群传递各种信息，施加各种思想教育影响；另一方面，受众也利用网络媒介对传媒产生着巨大的反作用，表现为他们通过积极的反馈对传媒信息的制作和传播进行着影响。在这种影响与反影响、作用与反作用的过程中，传播者与受众实现了对接与统一，产生了良性的互动，这就为思想教育和政治教育的主客体之间的交往互动提供了灵活多样的方式参考和广阔的展示平台。思想政治教育的教育者与受教育者的这种借助于网络传媒的互动实现交往的方式，不仅能使思想政治教育成为知识共享和精神共建的过程，更能使思想政治教育主客体之间真诚地沟通交流，产生情感共鸣，从而取得良好的思想教育效果。

三、传媒对思想政治教育的影响

在社会中除了立法、司法、行政三种常规权力之外，传媒权作"第四种权力"。由此可见传媒所具有的巨大影响力。对高校思想政治教育而言，传媒提供了新的载体、视角和途径。媒体所传递的不仅仅是信息、知识，也不限于扩大眼界、增长见识，它客观上以潜移默化的渗透力对高校思想政治教育起着引导和示范作用，影响着学生受众的思想道德行为。由于传媒作用的双重性，也导致了传媒对思想政治教育影响的双重性。

（一）传媒呈现的思想政治教育特点

1. 广泛性

传媒主要是作为社会文化信息的载体而存在。它承载和传达着当今社会各种各样的价值观和思想信息。传媒信息跨越国界、种族、民族、社会、家庭、学校。传媒将各种思想观念、社会规范、行为准则、价值标准等信息向人们渗透传播，并以此影响人的精神世界。所以可以说当下社会每个个体的思想形成和发展是不可能摆脱传媒影响的。特别是信息量巨大的网络媒介，借助于通信迅捷便利和信息便于搜索查询等优势，对高校学生的政治、思想和道德观的形成产生了更深远而广泛的影响，这种影响的存在对高校思想政治教育的观念和效果提出了挑战。

2. 导向性

传媒对传递的信息思想及解释，都鲜明地体现着传播者的价值取向。正是通过对这些信息思想的筛选，传媒实现其主导舆论、创造舆论环境的功能。这种社会舆论环境的价值导向以强大的感染力影响社会受众，使受众在无形中去选择并接受那些社会大力提倡、大力宣传的富含正能量的主流思想文化信息。传媒的这种导向性功能会促进良好社会文化思想风气的形成，会促进人的正能量思想的形成和发展，会为高校思想政治教育创造优化的社会文化环境。

3. 复杂性

由于传媒形式多样，具有极强的被选择性，思想政治教育的受众群体一般会依据自己的文化程度、道德水平、接受方式和情感需要来选择适合自己实际的传播媒介。在高校教育中传媒所反映的内容及对学生政治思想的影响呈现出复杂的情况，这里面既有积极有利的一面，也有消极不好的一面。为了避免不良的传媒信息对教育作用的发挥产生抵触和干扰，高等学校要加强对校园传媒的宏观规划、管理和指导，净化传媒内涵，发挥传媒的正面积极作用。

（二）传媒对思想政治教育的积极影响

1. 为思想政治教育提供了信息获取手段保证

传统思想政治教育的载体是比较单一的，各高等学校比较多的是通过文件、讲话精神等较为单调的载体来做思想政治教育工作。这种单一的思想政治教育模式越来越受到信息社会和市场经济发展的冲击。传媒的出现和发展给高校思想政治教育提供了新的物质载体。传媒在思想政治教育中的广泛运用，大大提高了思想政治教育的时效性，使得教育信息能快捷地传递。报纸杂志、广播电视，特别是互联网日渐成为思想政治教育的主力手段。这些传媒手段使高校教育中的受教育者更自由地发表意见，更自主地从事信息文化的制造、交流与利用。世界各处随时发生的政治、经济、文化等事件能够迅速、及时、准确地传播，并且被高校教育者所利用，以便于学校及时调整教育内容和方式，及时将健康、科学、正确的思想政治传播信息融入教育中，以达到更佳的教育效果。

2. 传媒实现了多样性的思想教育方式

现代传媒的出现与发展使思想政治教育不再局限于传统的仅通过教育工作者来进行的单一的教育方式。QQ、电子信箱、微博、微信等新型传媒工具，具有图文并茂、声色俱全、信息量巨大等特点，它们实现了教育方式的现代化，实现了多种感觉形式的并用。高校可以通过学校内外的广播、报刊、网络等将宣传教育的内容巧妙地融入其中，这样既能使需要宣传的教育内容变得生动有趣，使学生思想在形象、生动、直观中得以升华，又能以这种方式触动和启迪深层次的思想，从而在不知不觉中帮助学生树立正确的政治和价值观，以使思想政治教育发挥传递文化，建设社会主义道德规范的功能。

3. 传媒丰富了思想政治教育内容

现代传媒克服了传统思想政治教育内容上单调陈旧的缺陷，在实际中它通过多种形式和手段为思想政治教育提供多种多样的素材和信息。现代传媒技术被广泛应用于思想政治教育中，它将信息内容从平面化转为立体化，从静态化变为动态化，从现实化趋向超时空化。传媒不断地为高校教育提供与时俱进的、丰富而全面的具有极高文化与科技含量的人文精神，它传递着公理、正义和良知，它隐含着历史文化知识和现代科技信息之中的政治本质内容。传媒还客观地揭露和抨击阻碍社会进步的丑恶现象，从而净化和提升受教育者的精神境界。在高校中，传媒对社会发展的热点、疑点、重点问题进行广泛宣传、追踪报道和深入讨论。学生通过传媒明确的社会主义主旋律方向的引导，弄清是非，践行集体主义、爱国主义等政治价值观，从而增长见识和开阔视野。

4. 传媒开阔了思想政治教育的视角

在高校思想政治教育的过程中，通过传媒手段能够快速准确地了解国际国内政治经济文化等信息，进而对当代西方发达国家进行思想教育的方式方法有清楚的认识和参考。在这个过程中，不仅使高校思想政治教育的工作者及时掌握新资料、新方法，并以此来创新对学生的思想政治教育，而且又能使得传统教育中作为受教育者的大学生与思想政治教育者的心理距离拉近，从而降低了学生发生抵触的情绪，使学生清醒地认识到在世界范围内思想政治教育是广泛存在的。只是在不同的国家，不同的地区，思想政治教育的表现方式和教育形式略有差别而已。应该说思想政治教育对于任何国家的任何学生的成才成长都是极为必要且有益的。

5. 传媒开辟了思想政治教育的新环境

以互联网为代表的传媒的出现和发展，使得高校学习生活环境发生了重大改变，虚拟环境的影响越来越明显。一定意义上在理论研究的层面虚拟世界可以替代现实世界，通过虚拟现实的技术，思想政治教育的教育者可以以现实为蓝本到虚拟环境中处理、研究现实教育活动中可能遇到的各种各样的问题，从而可预判性地控制教育过程和把握学生的思想特点。以互联网和多媒体技术等传媒构建起来的世界，使得传统的社会结构和传统观念受到冲击，也使思想政治教育中的人际关系发生了变化。教育者与受教育者之间交流更多地以数字虚拟方式进行。教育者与受教育者也不再明显地体现出传统的上级和下级、管理和服从关系，而是变为了一种平等的信息发布者与受众之间的关系。从而使学生在传媒创造的新环境中自由接受教育，也使思想政治教育的教育者不同程度地减轻了重复性劳动，更重要的是实现了宣传教育与传媒的整合，拓展了教育者和学生双方的信息来源，增强了思想政治宣传教育的辐射力、吸引力、感染力、亲和力及取得切实教育效果的魅力。

（三）传媒对思想政治教育的消极影响

1. 不良信息对思想政治教育的干扰

传媒虽然开阔了人们认识世界和社会的视野，但同时也对高校思想政治教育产生着一定的干扰。众所周知，当前时代信息日益膨胀，无论是在速度上或是数量上普通的教育载体都无法与传媒相提并论。随着了解信息渠道的不断增多，接触的信息量变大，所接触的不同观点更多更复杂，使得思想政治教育的教育对象对信息的理解呈现多角度化。但是，在看似阳光的背后却存在各种隐患，表现在：由于信息的控制和过滤技术相对滞后，大量色情、暴力信息与许多腐朽、不健康的思想混杂在一起，这些信息严重污染或影响着良性信息的清晰度和效用度，往往造成学生对信息选择的无所适从。更为可怕的是，这些信息针对性不够强、信息涵盖的范围不够全面、教育意义和教育价值不够，会对思想觉悟和识别能力、抵抗能力较弱的学生的价值观的形成，造成严峻的挑战，从而客观上干扰了思想政治教育。

2. 客观上弱化了思想政治教育的作用

一方面纷繁复杂的传媒信息对高校学生的渗透无处不在，使得教育者和受教育者不可能脱离以广播电视、互联网络为代表的传媒的影响。著名学者梅罗维兹曾认为，媒体是以特殊化的方式连接并分割、容纳并排斥各种人的多种社会的语境；另一方面传媒具有生动性、便捷性。它深刻吸引着学生群体，可以说如果教育者的水平不高或者采取的教育方法不当，必然会在实体上或思想上失去思想政治教育的学生受众，至少也不会被学生群体所接受，这样的话就使得高校的思想政治教育难以起到应有的教育效果；第三，与此同时西方资本主义国家无时无刻不在利用传媒推行西方式的文化霸权和文化殖民主义，对我国进行文化渗透，妄图进行意识形态的整体颠覆。所以在当前这种复杂的背景下，高校的思想政治教育如何在反击西方腐朽文化思想侵蚀的同时，教育学生树立正确的政治价值观念，使思想政治教育真正深入到广大学生的内心，是所有思想政治教育工作者都面临的严峻挑战和考验。

3. 不良传媒削弱了思想政治教育的影响力

首先，传媒在充分发展的社会主义市场经济竞争中求得了生存与发展的空间。但随着市场化的进程，一些具有不良倾向的传媒却着实越来越显得过分，甚至部分极度不负责任的传媒为了吸引更多的受众，一定程度上只顾推销自己媚俗猎奇的、虚假的信息。这不仅严重损害了传媒的形象，更影响了包括青年学生在内的受众的身心健康。其次，很多高校普遍没有把传媒的教育功能摆到至关重要的位置，忽视了这种当今最易被学生认同和接受的教育形式。只是把传媒充当为学校工作的工具，忽视了媒体对思想政治教育的影响功能。再次，传统的教师权威受到传媒市场化的挑战，教师权威面临结构危机。以网络技术为代表的传媒带来的资源多元化、过程个性化客观上必然要求提高教育的专业化程度。还有随之的教育机会、科学的教育手段等都必然要对专业的教师提出更高的从业要求。过于严肃、呆板、缺乏生机和活力的思想政治教育队伍，必然会对思想政治教育造成消极和负面的影响。总之，大量的实践证明传媒在市场化的发展进程中出现的不良倾向会暂时削弱学生思想政治教育在激烈的信息传播竞争中的影响力。

第二节　传统教育弊端与现代传媒教学优势

一、传媒环境下传统思想政治教育的弊端

（一）传统的思想政治教育方法单一

即使是到了信息化的今天，我国大部分的高校思想政治教育工作仍然以传统的思想政治教育方法为主，这种方法主要是以高校思想政治教育理论课灌输的形式存在的。随着传媒环境的迅速发展，越来越凸显了这些高校思想政治教育方法的不足，特别是媒介素养及教育力度的不足。实际上无论是学者的理论研究还是教育实践者的教育实践工作，都应该注意在思想政治教育过程中充分发挥教育者主体和受教育者主体的双重作用，都认为要通过加强互动来达到良好的思想政治教育效果。这就是关于高校思想政治教育主体性的研究。通过加强互动来实现良好的思想政治教育效果不失为一个很好的途径，特别是在现代传媒环境下，传媒为开展互动式的思想政治教育工作提供了有力的技术及信息支持。

现在贴吧和论坛等网络虚拟社区纷纷建立，并引起了整个群体的注意和精力投入，在这些网络社区中，学生们会就共同关心的政治经济社会话题发表观点和看法，这里也被形象地比喻为"思想的自由市场"。而在这个所谓的市场中，教育者主体的主导性消失了，或者说他们根本就不关注这个市场或从未进入过这个市场。所以这个互动功能极其强大的媒介只是一个单向交流的工具，受教育者群体缺少方向的指导，成了孤独的自由者。这种思想政治教育互动上的空白也造成了思想政治教育工作对应的空缺。这也可以说是传统的保守型的思想政治教育的必然结果。

（二）对思想政治教育效果的消解

思想政治教育是一个国家或地区的统治阶级凭借思想政治教育的导向功能，用一定的思想、观念和规范有计划、有组织、有目的地对社会所有成员施加影响，并使这些成员能付诸相应的社会实践的活动。我国的思想政治教育是以马克思主义理论通过正面的灌输、宣传和批判教育为理想信念教育的主要内容，以党的路线、方针和政策教育为政治教育的主要内容，以社会主义道德和法纪为道德法纪教育的主要内容，使思想政治教育主体正确认识和执行我们党和国家的教育路线、方针和政策，确立符合社会主义要求的思想道德法治观念，抵制和克服各种反社会主义的思想和行为。当今高校思想政治教育必须要面对的

一种客观存在就是现代传媒环境，这一环境必然给思想政治教育工作带来一系列的影响。因而对传媒环境的深入研究，对有效提高思想政治教育的效果，发挥思想政治教育的特定优势具有重要的意义。

当前，思想政治教育面临的国内外环境越发的复杂，国际上传媒秩序呈现不平衡的压力，特别是西方发达资本主义国家利用他们的传播技术、手段和媒体数量等优势，对我国进行侵略性的文化倾销，企图用资本主义的世界观、价值观和文化观取代我们原有的优秀的传统文化思想。因而加强思想政治教育引导和指导，对增强受众的辨别能力和抵制不良文化侵蚀的能力是不可缺少的。作为信息传播工具的现代传媒就担负着教育引导民众的功能，在这一点上与思想政治教育具有相同的功能作用。基于此，二者之间又会产生一系列的反应，当思想政治教育目的与传媒的引导相一致的时候，思想政治教育的正面积极影响就会得到增强，也就会起到加强思想政治教育的教育效果的作用。当传媒的导向与思想政治教育目的相违背的时候，传媒对思想政治教育的消极作用就会增加，就会消解思想政治教育的效果。

（三）高校对传媒环境的认识存在误区

传媒环境的迅速发展变化与思想政治教育的滞后之间是存在紧张关系的。因为这种紧张关系使得很多高校的思想政治教育者对传媒环境的认识存在一定的理解误区。具体体现在：

第一，当代高校大学生作为社会青年群体的代表，思想开放，容易受到以开放性和强大的兼容功能为特征的现代传媒的左右或影响，正如前文所说这些影响有积极的，更有消极的。学生通过接触各种信息，或促进了思想政治素质的提高，或导致了思想政治素质的下滑。或者说，亦客观加强了思想政治教育的效力，亦阻止妨碍了思想政治教育的顺利开展。积极影响自不必说，多多益善。但如果忽视及时对传媒媒介观念的培养，传媒通过媒介所传播的不良信息就会对学生的社会认知产生消极的影响和作用。而现实情况是，目前众多高校的思想政治教育者看到的还只是传媒环境的成熟与完善给传统思想政治教育带来的有益的一面，传媒媒介环境所带来的负面影响和作用则被有意无意地主观地屏蔽掉了。

第二，即使有些高校思想政治教育者正视了传媒带给学生思想政治教育的负面影响和作用，针对其采取的措施往往也是强硬的监管和围堵。事实上，传媒作为现代信息社会进步的标志，不仅是每一个人所必须面对的社会环境，更应是作为智力代表的高层次高素质人才的大学生需要了解运用的基本技能。因此，单纯性的监管和强硬的围堵并不是明智和科学的做法，这也是众多思想政治教育工作者思想意识中存在的认识误区。

第三，上文提到的所有消极影响和问题都是在高度发达的媒介环境下形成的，在媒介环境发展滞后的历史时期及现代的某些经济文化落后的地区这种影响却不明显。因而有人将出现的这些消极问题归咎于传媒环境的出现和发展，甚至认为只要阻断受教育者接触传媒环境就可以很好的处理所面临的难题。实际上正处于生理和心理成长期的学生自身只是缺乏分辨能力，他们确实较容易受到外界因素的影响，但只要加以正确引导，情况就会有所改变。再加之传媒环境的出现与变化是不可否认的社会进步，对抗或回避这种进步是注定失败的，运用好传媒做好思想政治教育工作，发挥最好的教育效果，是根本上增强思想政治教育实效性的手段和方式。

二、现代传媒思想政治教育教学的优势

现代传媒是一个包括了数字技术、信息技术、移动通信技术和计算机网络技术的体系。它具有鲜明的突出特征，那就是传媒信息量更大、形式更加多元、影响更深、传播主体更广泛、保存方式更多样和时代性更强等等。这些特征使高校思想政治教育在利用传媒开展思想政治教育的活动中具备了前所未有的优势。

（一）促进教育对象的全面发展

高校思想政治教育的受教育对象主要是青年大学生，传媒深刻广泛地作用于他们的思想意识和学习生活中。

首先，传媒丰富了学生的知识并开阔了他们的视野。通过以网络传媒为代表的现代传媒使学生不再被动、单调地被灌输知识，而是在教学中主动选择、调整和控制学习兴趣、学习内容和学习进度，突破传统的学习方式。借助于现代传媒学生不仅能高质量地掌握思想政治教育专业领域的前沿知识信息，从而开阔各方视野，拓宽知识面，合理构建自己的专业教育知识结构，而且更增强了快速接受新事物的能力和创新精神。传媒还为学生提供了更多交流学习的机会，这种交流的范围不仅是自己身边的人，还可以是世界各地有共同兴趣爱好和理想的人。

其次，传媒对学生自我价值的实现是有利的。传媒依据固有的优点，帮助学生更快捷、更准确地了解社会就业行情，促使其及时调整面对激烈的就业竞争压力的状态。通过现代传媒技术，学生还可以更有效率地掌握生活和学习技能。这些技能可以涉及方方面面。因为有时在虚拟的传媒世界里，学生更容易获得成就感，更能树立或增强自信心。从而更加从容地面对和解决现实生活中遇到的各种困难和问题，进而更好地在现实中实现自我的价值。

再者，传媒对学生综合素质的提高是有利的。现代传媒技术帮助学生快捷地了解到社会上发生的重大时事热点。培养学生养成时时关注国情和社会动态的好习惯。进而培养他们建设中国特色社会主义现代化和谐社会的热情。还有就是传媒技术的利用能强化学生平等交流学习的思想观念，使他们更懂得尊重彼此和树立责任意识，从而塑造良好的人格。

（二）提高思想政治教育的效率

受传统的思想政治教育时间、地点等形式限制，高校的教育者对学生进行思想政治教育时往往疲于应付共同时间和合适地点的选取，这无形中浪费了教育中宝贵的人力和物力，客观上降低了思想政治教育的效率。如果这些问题还能想办法尽量克服或避免的话，那传统的思想政治教育方式使思想政治教育者缺乏全面、及时、有效了解学生思想动态近况的问题则不仅是传统教育方式所不能克服的，而且关键是在这个过程中也丧失了及时根据实际情况的发展变化对学生进行相应的思想政治教育，帮助他们解决问题的良好机会。而现代传媒技术使高校思想政治教育的教学效率得到了明显提高，思想政治教育者利用传媒手段能够更加方便快捷地做好大学生的思想政治教育。具体表现在：

第一，随着 MSN、QQ、微信等现代即时通信工具在高校思想政治教育中的运用，思想政治教育者就可以通过这些工具更加深入地融入到学生中间，可以在网络虚拟的区域中成为他们的一员，这样既能更加细致地关注学生们的表现，又能及时得知学生们的思想发展情况。在思想政治教育的展开中，也可以通过这些传媒媒介，同青年学生们一起进行信

息资料的搜集，用现实社会中发生的某些事件和发生在学生身边的与其息息相关的案例，进行网络上的交流讨论总结，以心灵洗涤的方式使学生的思想素质得到提高。

第二，通过传媒手段，能将大学生的思想意见状况及时反馈给思想政治教育的教育组织者和管理者。让这些管理主体能够准确地、及时地了解、掌握和解决思想政治教育暴露出来的问题。并根据这些反馈信息及时总结经验教训，更正不足，取其精华。应该说这种反馈效应为思想政治教育管理者进一步制定思想政治教育计划提供了良好的依据。从而促使高校思想政治教育做到实事求是、适应变化的实际情况因人施教，提升教育效果。

第三，传媒使得声音、图像等多种形式融入高校思想政治教育的内容之中。这使得教育的过程变得更加直观、生动、形象、有趣，这也客观上增加了高校思想政治教育的魅力，让学生更易理解和接受。并且在这种生动的教育中，传媒为思想政治教育者和大学生间的平等互动交流提供了条件和机会，在这个交流层面上无论是教育方还是受教育方都尽可能地表达着自己的真实思想，这就使得二者融洽了关系，更好地进行了思想交流，也使高校思想政治教育的效果得以增强。

（三）扩充了思想政治教育的平台

借助新媒体这一更广泛、更主动、更快捷地传播正确的思想、理论与政策的巨大优势，克服传统式教育受时空限制的不足，为思想政治教育搭建一个崭新的理论与实践平台。传统的思想政治教育受限于客观存在的各种阻碍，仅从教育信息搜集上来说，只能更多地从报纸、期刊、书籍上面寻找资料、探寻素材。这些传统媒介固然多数较为认真和具有学术性，但是往往内容滞后，缺乏新鲜感和感召力、说服力，所以难以达到教育的预期效果。而现代媒体以计算机信息处理技术为基础，以互联网络、移动通讯为运作平台，它集文字、图像、声音、视频于一体，融合书籍、报纸、广播、电视等传统媒体于一身。在继承这些传统媒体各种优点的同时，还凭借承载量大、速度快、融合性强、立体化、覆盖广、互动性等新的媒介优势，被成功地应用于高校思想政治教育过程中。特别是网络媒体的应用尤为突出。对高校的思想政治教育者而言，借助于全球性信息资源共享的互联网络，可以整理收集到不同地域、不同文化制度下的思想政治教育资源。通过有针对性的甄选，与所需要资源的对方通过网络实现交流互动，从而快捷、低成本又最大限度地实现教育资源的共享。这样就打破了高校传统思想政治教育的狭隘性、封闭性，使教育实现开放的全社会互动参与，最终使得对学生进行思想政治教育的渠道更加畅通，教育资源更为生动和丰富。

第三节　新传媒在思想政治教育中的运用

一、强化意识，构建新型传媒传播

（一）坚定思想政治教育的阵地意识

传媒承载的信息和传播的文化具有浓厚的意识形态色彩，社会主义现代化建设中马克思主义意识形态必须牢牢地占据统领性的地位，因此可以肯定传媒是我国进行社会主义精神文明建设的重要阵地。要发挥传媒在社会主义现代化建设中的重要作用，就必须将传媒作为思想政治教育工作的有益载体，就必须始终坚持传媒传播的正确政治导向，这是传媒必须遵循的方向性原则和党性原则，也是传媒政治属性的根本表现。传媒只有始终坚持社会主义方向，才能在社会主义市场经济建设中把握正确的舆论导向。作为舆论工具，传媒是党和国家的喉舌，这种舆论工具如果不掌握在真正的马克思主义者手中，如果不按照党和人民的意志、利益进行舆论导向，必然会带来严重的危害和巨大的损失。

伴随着社会主义市场经济体制的逐步完善，人们的思想也发生着巨大的变革。这就要求所有从事思想政治教育的工作者要正视现实，充分利用传媒覆盖面广、影响深、舆论导向性强的特点坚持宣传正面能量，鼓舞和启迪人民推进社会主义精神文明建设。以马列主义、毛泽东思想、邓小平理论、"三个代表"重要思想和中国特色社会主义理论体系为行动指南，深入宣传党的基本理论、基本路线，大力弘扬爱国主义、民族主义、集体主义、社会主义的主旋律，倡导公众树立正确的世界观、价值观、人生观。通过良好的舆论环境，正确的舆论导向，引导广大人民积极上进，以达到思想政治教育的根本目的。

（二）强化思想政治教育的现代传媒意识

高校思想政治教育者对传媒的认识态度和程度，影响着传媒技术在思想政治教育中的运用效果。就实际情况来看，高校思想政治教育者必须清醒和及时地认识到现代传媒在高校思想政治教育中的运用是利大于弊的，发挥传媒教育积极性的作用，限制传媒的消极影响作用只会给高校思想政治教育教学和实践活动带来好处。高校思想政治教育的主体主要是教育者和受教育者，二者分别代表的是教师和学生，当然这里的教师是宽泛性的，包括管理行政人员等。强化高校思想政治教育的现代传媒意识，就要在重视传媒环境建设中，从这两个主体做工作。

首先是传媒环境的建设。当今复杂的、良莠不齐的信息文化充斥于现代传媒之中，大学生不可避免地主动或被动地沉浸在这样的文化环境中。构建高质量的现代社会主义高校思想政治教育，就必须要继承优良传统文化，用先进科学的意识形态创新社会主义文化内涵，占领现代传媒的主流阵地，让大学生时时感受和享受到先进的社会主义文化的熏陶和感染。

其次是学生主体。学生是思想政治教育的受教育对象，当前高校思想政治教育中都会以解放学生的束缚，还学生教育主体地位为目标。在这个过程中高校思想政治教育者要认真分析研究学生的一般性和特殊性，要关注学生的特点、个性和发展需要，要有针对性地进行思想政治教育。

再者是教师主体。教师是思想政治教育的具体教育任务的承担者，是思想政治教育取得预期成效的关键所在。发挥教师的主体作用首先是从思想上做工作，要在教师中广泛宣传现代传媒在思想政治教育中的功能特征、重要作用，以及传媒道德行为规范等。然后要给教师提供必要的物质和精神条件，国家、学校和社会要真心地关心他们的工作和生活状态，不断激发他们的工作热情和积极性，进而使他们更有激情去完成好思想政治教育任务。

最后是高校的管理层。高校的管理层要充分认识到在现代信息社会中传媒对高校思想政治教育的重大意义，要在宏观上强化利用现代传媒的工作意识，要明白先进的传媒技术信息对高校思想政治教育的推动作用，要树立传媒和高校思想政治教育相结合的新观念。要充分利用传媒掌握大学生的思想、行为动态，理性分析现代传媒在高校思想政治教育中的行为效应，并有针对性地转变对大学生进行思想政治教育的旧有方式，以提高思想政治教育的效率。

（三）构建新型传媒平台

在这样一个思想大活跃、观念大碰撞、文化大交融、信息多元化的时代，传媒宣传的价值观和文化品格冲击、感染着人们的价值观念、行为准则和道德水准。高校思想政治教育必须在校园范围内严格控制传媒传播的渠道，规范管理传媒传播的内容，取其精华去其糟粕，使传媒传播的信息更具思想性、权威性、教育性。为此，需要做多方面的努力。

1. 构建新型传媒网络

针对传媒信息技术对大学生社会认知和思想观念的产生影响越来越大的现实情况，应注重传媒的作用，整合传媒载体，开展纸质文本、广播、网络等多位一体的传播，从而建立灵活的社会、学校、家庭、媒体四位一体的思想政治教育信息传播网络。作为思想政治教育主力的高校，更是要在各种力量的配合下，为了大学生思想政治教育，要更好地利用现代大众传媒资源，设立专门研究利用传媒进行思想政治教育的机构，从而在物质的硬件上配合思想政治教育观念的软件建设，进而强化思想政治教育效果。高校中这样的机构常常发挥着配合大学生思想政治教育的目标，制作结合社会热点的思想政治教育信息资源，并将其用于课堂理论教学的职能，同时也发挥着方便学生更快捷地获取信息，优化思想政治教育方式和开创现代传媒结合新途径的职能。

2. 合理选择传媒传播的内容

在社会中，传媒的主要应用者及驾驭者是媒体，借助于传媒的手段，媒体在凝聚社会民众的意志，影响社会民众的价值取向上发挥着强大的力量。思想政治教育也利用这一契机，通过社会现象和事件来分析社会受众的人生价值观和传统道德行为，从而引导受众进行反思。但现实情况却是，一些大众传媒表现出来的一些低俗化倾向，如享乐主义、功利主义、拜金主义价值理念被奉为时尚，同时崇尚自我、我行我素的个人英雄主义化的自我价值倾向被奉行。这严重影响了大学生对人生价值是非判断的认知，弱化了道德意识，瓦解了精神信仰。其实可以尝试在高校中开设一系列新兴学科课程，也可以是边缘交叉性学科，比如思想政治教育传媒应用学。这样的课程既可以开设于专门的思想政治教育专业，也可以开设于公共选修课之中。总之，在内容上都是使传媒的理论和知识能够更有机地融合到思想政治教育的知识结构中，以适应现代传媒发展带来的事实与价值的相对分离，使思想政治教育的内容更多地转向理性分析的需要。

二、加强高校思想政治教育队伍的建设

（一）加强教育者利用传媒教育的观念

传统的思想政治教育过多依靠灌输式的"填鸭"教育方式，这是由于目前一部分高校思想政治教育工作者一时不能适应利用新方式进行思想政治教育，不善于利用现代传媒技术转变教育方式。因此，高校思想政治教育的所有参与者将常规的思想政治教育工作与现代传媒相结合是当前大学思想政治教育的重要任务。为了改变传统思想政治教育的不足，建立一种新境界就还需要做到这样几点：第一，还是要把转变高校思想政治教育者的教学观念放在首位，要在所有高校的教育参与者之中充分树立运用现代传媒进行思想政治教育的意识观念，深入了解现代传媒对高校学生生活和思想的影响，只有这样思想政治教育者才会重视传媒在工作中的运用。第二，教育者积极主动地对关于传媒方面的知识进行学习了解，丰富思想政治教育的方式方法，充分利用现代传媒的优势，将其对高校学生的负面

影响减到最小化，使思想政治教育与现代传媒之间形成一种相辅相成的关系。

（二）从传播学角度看教育队伍培养

从传播应用的角度培养高校思想政治教育者，是新时期更好地开展思想政治教育工作的客观需要，也是建设高素质思想政治教育工作队伍的需要。培养熟练掌握现代传媒技术和有思想政治教育经验的高校思想政治教育工作者，应从两个层面着手：首先，积极倡导高校思想政治教育主力军中，年轻的思想政治教育者掌握现代传媒的相关技术。因为年轻的思想政治教育工作者一般来说接受能力强，自身有良好的学术基础，接触过的现代传媒技术较多，对于运用现代传媒技术工具比较熟悉，加之处于高校相对稳定的工作环境之中，所以培养年轻的思想政治教育者运用现代传媒广泛地开展思想政治教育是有积极可行的意义的。其次，让有过硬思想政治素质且熟练掌握计算机、网络等技术知识的工作者加入到高校学生思想政治教育队伍中来，这样可以施展这些人各自的专业优势。同时也可运用专业技术尝试创建大学生思想政治教育的网站论坛、博客、微信平台等媒介，从技术层面完成数据信息交流的监督和相关信息的更新，确保维护高校利用现代传媒教育的顺利进行。

（三）提升高校思想政治教育队伍人员的综合能力

思想政治教育者的整体素质影响着高校思想政治教育效果的好坏和作用的发挥，现代传媒的发展让高校思想政治教育队伍受到极大冲击，不仅使得他们的主导地位发生动摇，而且更直接对他们的素质形成挑战。为了进一步强化思想政治教育的积极影响作用，必须下狠功夫提升高校思想政治教育队伍人员的综合素质。

首先，要在提升队伍人员的思想政治教育理论水平和政治素质上下功夫。这就要求这些教育工作人员要树立终身学习的理念，坚守住自己的社会主义核心价值观，并身体力行，积极参加各种社会实践活动。从思想和行动两个层面提高自我的政治修养和道德品质修养。更为重要的是这些教育工作者还必须自愿地、积极地掌握现代传媒技术，利用传媒不断学习，更新思想政治教育理论知识，丰富自己的思想政治教育理论内容。通过不断学习，掌握思想政治教育的特有规律和前沿的理论信息，从中发现问题和发展路径，联系实际，用它更好地指导实际行动。从而在高校教育中进行卓有成效的思想政治教育实践行动，进而增强高校思想政治教育者在教育过程中的主导性作用。

其次，高校思想政治教育的所有参与者要充分认识到现代传媒的功能作用与运行机制，尤其是要加强这些人员对现代传媒技术知识和资源的掌控能力和运用能力，正确看待传媒对大学生思想政治教育的各种积极或消极的影响，提高所有教育人员的传媒素养。具体来说，高校中的思想政治教育参与者要熟悉以计算机网络技术为代表的信息技术和传播学的知识，掌握好现代传媒的技术及相关知识，善于分辨信息的优劣。作为高校的管理部门还要通过各种措施为思想政治教育人员提供培训机会，特别是承担思想政治教育理论课教学的教育人员。让这些老师掌握相关的多媒体技术知识，能更加顺利地进行日常的教学活动。鼓励学习和工作的创新性，让他们努力积极地填补知识的空缺以提升自身的能力素质。最终让这些人员利用现代传媒获得的信息资源成果，展示到教学中，以改变传统枯燥乏味的思想政治教育内容，从而吸引学生的注意力。当然，最好还能够在高校内部或部门系统之间建立科学的评价体系，预设立评估标准，科学评价和衡量这些人员的能力水平。

最后，要全面提升高校思想政治教育者的领导、组织、管理和再教育能力。随着现代传媒的不断发展和广泛应用，对传媒应用者能力的要求也越来越高。承担着多重责任的高校思想政治教育者，须具备较强的领导、组织、管理和再教育能力。在纷繁复杂的社会环境中，领导、组织、管理和再教育具有独立个性的大学生群体并非易事。只有让思想政治教育更加具有魅力和吸引力，才能发挥现代传媒领导学生和组织教育教学情境的作用。而这个过程中传媒的利用又反过来成为关键所在，所以，高校思想政治教育者在利用现代传媒进行思想政治教育时一定要选好合适的传媒载体，一定要用合适的方式传播合适的思想政治教育信息，一定要调控好思想政治教育的过程，一定要掌握现代传媒的工作流程和运行机制，这样才可能利用现代传媒技术指导大学生养成良好的思想道德品质和行为习惯，才能使高校思想政治教育者在思想政治教育过程中占据主导地位。

三、高校增强传媒在思想政治教育应用中的一些措施

（一）重视校园媒体的教育功能发挥

早期的校园媒体主要指高校校报，从 1895 年北洋大学堂创刊的《北洋大学校刊》开始，我国的高校校报走过了一个多世纪的发展历程。直至 1998 年 3 月 18 日各高校校报仍属于校内报刊，原新闻出版总署出台《关于设立高校校报类报纸刊号系列的通知》后，高校校报正式取得了国内统一刊号。目前我国高校校报总数已超过 1000 家，每期发行量超过 200 万份，年发行量在 3000 万份以上。除了校报，生动蓬勃的报纸、杂志等学生刊物也成为校园媒体的重要组成部分。此后校园电台、电视台、广播电视、BBS、手机报、新闻网等新媒体大规模进驻校园，成为高校中重要的传媒力量，冲击着传统校园传媒，深刻地影响了高校校园文化的发展。

当下，包括校园广播、校园报刊、校园电视台、校园网络、BBS、手机报的校园传媒媒体，都是以大学生的亲身参与为主的。这些传播媒介对大学生来讲更加具有现实感和亲切感。校园媒体为大学生的健康成长成才提供了一个良好的环境，利用这种自身的优势，校园媒体在日常的传播过程中积极发挥思想政治教育功能，并结合其传播优势与特点积极探索思想政治教育的新形式，以求更贴近实际、贴近生活、贴近学生。在吸引学生的同时发挥潜移默化的教育功能，从而为学生提供正确的价值导向，发挥校园传媒显性和隐性相得益彰的思想政治教育功能的作用。除在尊重传统对党和国家政策的解读以及思想政治教育理论宣传外，利用校园传播媒介的图像、声音、网络技术条件进一步地以电影电视、广播展播、网络视频等进行间接的、隐性的思想政治教育宣传，可能取得更为突出的效果。曾有高校学生报刊《凌云报》针对厦门大学研究生群体，以访谈和问卷方式做过有关校园媒体的受众调查，得出的调查结论可以为密切受众与校园媒体之间的关系提供参考。

1. 接触习惯：网络媒体最受推崇

在针对学生们校园媒体接触习惯的调查中，校园网络媒体获得了 2/3 的投票。可见学生群体在媒体接触习惯中，网络新媒体占据了很重要的位置。在采访中发现，几乎所有同学每天都会上网，接触新媒体的频次也就自然上升。新媒体的冲击，令传统校园媒体如报纸、电台等也开始积极探索网络化平台的发展方向。读者对此也表达了相同的观点，高达70% 的受访者认为校园传统媒体电子化会对扩大影响力有所帮助。

2. 什么样的校园媒体符合受众审美？

排除媒体可获得性的因素，我们可以推测，受众对媒体的态度决定了受众的媒体接触行为，简单地说就是"哪家媒体对味，我就去关注"。当被问到"什么样的校园媒体最符

合您的审美"时，不少受访者选择生活气息较浓、内容话题新颖有趣等选项。在采访中可以看出，态度与行为之间形成了关联性。例如网络媒体获得受众的青睐，主要原因就是其更为生动活泼，话题也更加新颖有趣。广播电台节目的栏目化、版块化的方式，迎合了大众化的口味，例如音乐类节目深受音乐爱好者的喜爱，体育类节目受到很多体育迷的喜爱，这也是多数人认为其内容很对味的原因所在。但在反映学生心声方面，纸质媒体也获得了较高的支持。由于纸媒可以提供各类深度报道与事件解析，在反映学生心声上有其不可替代的优势。采访中有同学表示，学校 BBS 有专门的版块，提供与学校后勤集团沟通的平台，可以帮助解决其实际的生活问题。由此看出，校园媒体要想获得更多读者的垂青，就必须积极地去了解读者群的兴趣点，并以此为基础组织内容。

3. 校园媒体对你的生活有无帮助?

在针对校园媒体实用程度的调查中，53% 的人认为校园媒体对其生活和学习有一些用处，24% 的人认为很有用处，并且接近半数（47%）的人认为校园媒体较好地发挥了信息传递功能。可见，校园媒体的存在对学生是十分必要的。与此同时，在调查中还看到，同学们希望校园媒体风格更加多元化，例如希望校媒能发挥学习指导功能，有的读者还提议增加优秀教师风采版块；另一方面，学生们也希望校媒能发挥生活指导功能，例如有同学提议增加生活服务性的版块等。这对校园媒体的风格和内容提出了更高的要求，不仅要有庄重严肃的报道，也需要轻松的娱乐性及生活服务性内容。

通过采访调查，可以看出受众对媒体的报道内容、报道立场等，都形成了自己的偏好。而作为校园媒体不能自说自话，需要把自己的媒介平台变成受众的秀场，给受众展示自我的机会，这样才能获得更高的知名度和影响力。网络新媒体之所以获得青睐，就是因为其草根化的姿态以及与受众的高度互动。所以，无论是传统校园媒体，还是新型校园媒体，只有贴近学生，始终为学生着想，才能受到学生群体的喜爱。

（二）重点加强思想政治教育传媒网络建设和管理

传媒网络不仅为学生提供了网上交流的平台，而且为高校提供了进一步了解学生思想政治教育状况的机会和场所。加强高校的传媒网络建设和管理是一举两得的益事，既能为学生提供安全便捷，信息量巨大且成本较低的上网渠道，又能有效地通过过滤不健康信息内容的方式为大学生提供有益于其成长成才的思想政治教育信息，从而达到指导和约束其虚拟网络行为的目的。确实在面对浩瀚的信息知识海洋时，大学生要把握正确的前进方向，必须要具备良好的媒体信息解读和批判能力，以及将媒体信息为个人生活、发展所用的能力，这种能力体现为对媒体信息选择、理解、评价、质疑、创造和批评的能力。通过这种能力素养的培养，学生们才能甄别和筛选信息，进而形成正确的"三观"。

当然，如书中前文所讲，要使校园传媒网络在学生"三观"形成中发挥积极重要的作用，组建起适应学生发展的、拥有传媒技术信息解读能力的高质量思想政治工作队伍非常重要。这支队伍要承担信息文献资料提供、网络宣传教育开展、互动教育组织等多重责任。总之就是要采取一切能采用的适当方法，从学生心灵的深处打开传媒网络思想政治教育的大门，通过这些方法将掌握的大学生的综合信息反馈给学校的管理层，学校可以有效地借助这些信息结合学生的具体实际情况，在高校宏观或中观性地开展适合本校发展的思想政治教育工作，与时俱进地不断设计更新具有自己学校特色的传媒信息内容，积极主动地利用校园传媒网络为教育者与受众进行信息沟通，为人际交往搭建桥梁。从而增强对大学生的吸引力，提高大学生的学习兴趣与激情，提升学校思想政治教育工作的针对性和有效性。

　　同时，鉴于传媒科技的双刃性特征，为了解决现代传媒环境中出现的诸多消极信息的传播，需要从技术层面上加强对现代传媒的监管力度。比如加强对诸如网络色情信息监控的软件、色情屏蔽系统等有害信息监控软件和监控技术的研发及应用，完善过滤措施，切断不良信息的传播渠道。再比如，通过加强因特网接口的管理，屏蔽一切提供危害国家安全、破坏社会稳定、宣传色情暴力等有害信息的网站。还可以通过限制有效信息账号的方式增强对特殊信息和特殊人群的限制等等。

（三）建立健全现代传媒立法

　　现代社会传媒环境的监测者和掌控者是众多媒体机构。媒体就应该坚持正确的立场，引导正确的舆论导向，媒体的社会责任感和历史使命感应该是媒体存在的首要价值。但仅仅是感情的信任是不够的，针对一些媒体及其从业者的见利忘义、违反职业道德，甚至违法犯罪等行为，加强对媒体从业者的监管，对违法行为进行严厉惩治，并逐渐加强和完善媒体立法，加强法律监管才是正确的做法。

　　法律是调整人们行为的重要手段，也是规范现代传媒的重要措施。加大对现代传媒的立法工作，以强制性的法律手段对现代传媒进行管理，可以有效规范现代传媒行为，抑制不良信息的传播和消极影响的蔓延。目前，我国已经出台了诸如《中华人民共和国计算机信息网络国际联网管理暂行规定》《互联网信息服务管理办法》等法律法规，但总的来讲对现代传媒进行规范的法律法规还不健全。当前，现代传媒的法制化或法治化需要从两个方面努力：一是强化现代传媒立法意识，要充分认识现代传媒带来的诸多现实问题，认识到现代传媒在社会发展中的重要作用，看清楚现代传媒立法尤为突显的重要性。二是从全体层面加强法律法规制定的规划，即制定综合性、规范性法律文件，而不是一事一议，一事一定的零星立法。当然，在逐步健全法律法规的过程中，还应努力在执法宣传和普及大众的现代传媒法律意识及法律知识上下功夫，要严格奉行有法必依、执法必严、违法必究的精神。

第八章　新时代高校大学生思想政治教育的机制研究

新世纪新阶段，高校思想政治教育科学化进程日益加快，思想政治教育学的研究领域不断拓展。其中，对高校思想政治教育的机制研究正在成为高校思想政治教育理论建设的一个创新点。深入探索和研究高校思想政治教育的机制这一课题，将使我们在理论上和实践上对高校思想政治教育的认识从一般现象的描述推进到内在本质的揭示，高校思想政治教育的机制研究是历史发展的必然。要大力开展高校思想政治教育，在创新中促进高校思想政治教育的顺利开展，充分发挥高校思想政治教育机制的功能。本章对高校思想政治教育研究的保障机制、奖惩机制和评价机制加以详细论述和介绍，从而为高校思想政治教育的机制研究和创新提供全面的理论支持。

第一节　高校大学生思想政治教育之保障机制

高校思想政治教育的核心是培养什么人的问题。如何使思想政治教育在整个高等教育过程中顺利地贯彻实施则是保障机制的核心问题。当前，绝大多数高校领导和学者重视大学生思想政治教育，但存在的问题仍然不少。为了改进上述状况，切实加强高校思想政治教育，必须健全和完善高校思想政治教育的保障机制。科学合理的保障机制有助于促进高校思想政治教育的顺利进行，实现大学生全面发展的总体目标。创新始终是高校思想政治教育工作机制保持长久生命力的灵魂所在，一定要避免保障机制导致的高校思想政治教育工作创造性缺失问题，明确保障机制与创新应当是相辅相成的关系。

一、高校思想政治教育保障机制的现状

从总体上讲，高校思想政治教育的保障机制是好的，目前的机制基本上保证了我国高校办学的社会主义方向。其基本经验主要是：第一，从组织制度上讲，党委的领导是有力的；第二，团委、班主任工作机制和学生组织发挥了积极而有效的引导作用；第三，"两课"教学发挥了正面的引导作用；第四，人文教育、科学教育、专业教育及社会实践活动培养了学生健康的理性认知能力；第五，各高校基本上建设起了一支专业化的人文社会科学教师队伍和专兼职结合的思想政治教育教师队伍；第六，丰富的校园文化生活充实了学生的精神生活和业余生活；第七，学校教育经费基本上支持和保证了思想政治教育的经费支出，尽管捉襟见肘。

在当今经济全球化、世界政治格局多极化进一步发展、科技迅猛发展、综合国力竞争日益加剧、社会信息化、体制市场化和文化多元化等这些国际大背景下，高校的思想政治教育迎来了新的机遇和挑战。

（一）高校思想政治教育保障机制面临的机遇

政治多极化、经济全球化、文化多样化、社会信息化相互交织，共同构成了高校思想政治教育的现实境遇。这些现实境遇为完善高校思想政治教育，保障机制创造了许多新机遇。

经济全球化有利于促进资源、资本、技术、知识等生产要素在全球范围内的优化配置，有利于促进世界和平与稳定，推动信息技术的快速发展，促进资金、技术和劳动力的流动，带来信息流动和不同思想文化观念的快速传递，有利于各个国家在与世界经济、文化的全面接触中，汲取反映人类文明进步和发展趋势的优秀文化成果，有利于开阔视野，使传统文化在全球化的洗礼中吐故纳新，常新不衰。

市场经济激发出的竞争意识、效率意识、动力和压力机制等都充满了活力，深刻地影响着高校的师生，给当代大学生的学习、生活和发展注入了新的内容和活力，学生也易于接受各种新思想和新观念，他们对某些问题也不再是仅仅满足于教师的教授，而是能够独立地去思考问题、分析问题、解决问题。

新形势更加凸显了高校思想政治教育的重要性，更加凸显了高校思想政治教育保障价值完善的重要性。因此，我们要不断完善高校思想政治教育的保障机制，切实加强高校思想政治教育的高效运行。

中国社会同时面临着参与全球化进程和社会转型的两大难关。市场经济体制的建立与完善是中国社会近代史上的一场深刻、广泛的社会变革。城乡二元经济与社会结构被打破，人们之间的社会交往日益频繁，人口的流动性大大加速，原有相对不变的职业身份阶层被公民之间平等的竞争关系所打破，整个社会利益分化与分层更加快速、猛烈。人们在经济、社会、文化和政治交往中的利益冲突日趋突出，公平与效率、正义与丑恶、伦理与现实、价值理性与工具理性、信仰与实践、名与利、传统与变革、东西方文化价值观的差异等等都不同程度地被不同社会处境的公民和不同经济水平和社会处境的大学生个人所选择和接受。在此情况下，要求高校思想政治教育肩负起培养识大体、顾大局、能够肩负民族复兴重任的社会主义现代化事业的建设者和合格接班人的任务是非常艰巨的。

新境遇为加强和改进高校思想政治教育保障机制提供了良好的载体。随着现代信息技术特别是互联网的高速发展和日益普及，现代社会逐渐进入"网络时代"，社会信息化的趋势愈加明显。以网络技术为核心的现代信息技术的迅速普及不仅推动了全球化的进程，是全球化的重要表现之一，而且给高校思想政治教育保障机制创造了新的载体。

网络技术的迅猛发展给高校思想政治教育保障机制创造了迄今最为先进强大的信息载体。如何充分利用和开发网络载体，使网络成为传播高校思想政治教育保障机制信息的新渠道和新阵地是当前推动高校思想政治教育保障机制创新的突出课题。

（二）高校思想政治教育保障机制面临的挑战

经济全球化本质上是市场全球化，对我国的直接影响是必将进一步推进市场经济的发展。市场经济作为一种合规律性与合目的性的活动，促进了人的主体性、创造性能力的发挥，挖掘了人的多种潜能。但任何事物都具有两面性，市场经济在推动社会发展的同时，也给人的全面发展尤其是大学生的全面发展带来了消极的异化作用。

经济社会的发展不可能自发地产生全新的价值体系，大学生主体意识的觉醒，意味着对自我选择权利的确认和自觉性的增强，而不等于道德自律能力的自然形成。作为大学生个人来讲，每个个体的社会地位、经济状况、家庭教养和文化修养等处境状态上的差异必然导致他们选择各不相同的生存价值观，大学生价值观选择呈现出多样化是不可避免的。长期以来我们思想政治教育中进行的集体主义观念、义利观念、知行观念的教育在价值多元化时代正在受到多方面的挑战。每个人，不管是大学生还是社会公民，他们对其价值观的选择很大程度上出自于个人的生存理性。由于市场经济生存竞争的残酷性，要想希望所有人做出有利于他人、不利于自己的价值观念的选择是很难的。在此情况下，我们认为，大学生思想政治教育的根本任务是培养他们对社会主义政治、经济和文化制度的认同感，对未来共产主义社会的基本信念，对祖国和人民的深切情感。

市场化体制自身也有其弱点和缺陷。市场经济发展过程中所暴露出来的一些弊端，对大学生的思想发展产生了消极影响。市场经济自身的弱点会诱发自由主义、拜金主义、享乐主义、利己主义不同程度地出现，也诱发了一部分大学生的投机心理、功利主义倾向。国外资产阶级腐朽思想文化乘虚而入，我国长期存在的封建迷信和愚昧落后思想观念也会沉渣泛起等。

思想政治教育保障机制所面临的形势自然是非常严峻的。主要表现为：第一，收费制度实施以来，高校与学生之间的关系发生了微妙而实际的变化，学生认为，他们是高等教育的消费者，校方无权剥夺他们对知识接受的选择权利；第二，由于第一个原因，校方的管理和教育组织方式必须依法进行，而传统的领导和组织运行方式并没有很好地适应这一形势的变化；第三，受比较利益的驱动，思想政治教育队伍不十分稳定；第四，在思想文化对外开放的条件下，学科建设和教材建设及课堂教学没能够较好地适应多元文化的冲击；第五，学校经费困难日益严重，扩招导致学校规模扩大，日常运行的经费压力增大，尤其是部分靠贷款办学的学校经费特别紧张。

（三）当前高校思想政治教育保障机制方面的现状

大学生思想政治教育方面的保障机制实际就是解剖现行制度在思想政治教育方面是如何起作用的。我们谈加强和改进保障机制，实际上就是，如何健全和完善现行制度在思想政治教育方面的不足和缺陷，包括领导机制、师资队伍建设、校园文化建设、网络文化建设、实践基地建设、心理咨询机构建设、经费保障和社会支持系统等。

1. 组织领导方面

高校思想政治教育在领导组织方面，总体来讲，高校党委及其所领导的学生工作机构是有力的，尽管在全国不同类型的高校里出现了这样或那样的事件或问题，但不能由此否认现行领导机制工作上的成效。但是，现行的领导机制与思想政治教育在新形势下所肩负的使命和任务是很不相称的。部分高校在运作方式上仍然停留在过去的思想行为模式上，制度和决策的针对性不足，许多制度规章约束差而弹性与宽容又明显不足，领导办法单调，形式主义和官僚主义作风比较突出，领导机制被严重地曲解为管理工作机制。

2. 队伍建设方面

高校思想政治教育在队伍建设方面已经取得一定的成绩，但是在师资队伍建设方面依然存在一些不足，主要问题是思想政治教育教师数量不足、与专业教师地位不平等、待遇不高、知识结构不合理、素质和专业化水平有待提高等。

3. 心理健康方面

近些年来，大学生心理问题日益突出，大学生自杀率呈现出上升趋势，非理智事件也有所增加，如"马加爵事件""刘海洋泼熊事件""复旦大学投毒案"等，这些问题已经引起全社会的广泛关注。撇开原因不谈，建设心理咨询机构迫在眉睫。

4. 资金方面

经费支持和后勤生活保障方面。加强和改进高校思想政治教育工作不可避免地要增加高校的办学成本，这对于办学方来讲是最为实际的费用支出。学校的各项活动都需要成本，没有支出什么事也干不成，高校思想政治教育工作也是如此。总体来讲，高校思想政治教育投入相对较少，许多高校在学生社会实践、社会调查方面的投入严重不足，很多活动因经费困难而无法开展。

5. 社会支持方面

实践基地建设方面，各级政府缺乏与之配套的政策支持。走"产、学、研"结合的办学道路一直是党和国家倡导的小学指导思想之一。建设大学生实践教育基地是落实这一办学指导思想的重要方面。国内许多高校都在此方面做了大量卓有成效的工作，但效果的确不尽如人意。在社会方面，缺乏对大学生成才和思想行为实践予以应有的关爱、必要的帮助和切实可行的支持，甚至包括对他们成长过程中的并非恶意过错行为所给予的必要的宽容。

高校思想政治教育工作的保障机制既涉及高校运作制度的方面，又涉及整个社会支持系统，包括高校办学思想和教育理念方面的问题在内。严格地讲，办学思想与教育理念是保障机制中的核心要素。

二、高校思想政治教育保障机制的构成

作为高校思想政治教育工作机制的子系统，保障机制发挥着维护系统稳定的作用。全校师生充分利用各种条件和设施及时了解时政热点问题以及学校的相关工作安排，优化配置教育资源，使高校思想政治教育向着标准化、规范化方向发展，加强高校思想政治教育制度建设，拓宽教育教学途径，完善相关管理工作方法，以便于教师有效实施教学计划，保障高校思想政治教育工作各项目标的顺利实现。

（一）条件保障

高校思想政治教育的高效运行，离不开一定的条件作为保障。高校思想政治教育的保障机制之条件保障主要包括环境保障、设施保障、资金保障、高新技术保障、思想理念保障等等。

1. 环境

高校思想政治教育是一项系统工程，涉及学校工作的方方面面，高校党委是学校的政治领导核心，高校作为国家人才培养的重要基地，要把"培养什么人""如何培养人"摆在党委各项工作的首位，党委的高度重视是思想政治教育得以顺畅进行的核心保障。在高校思想政治教育中要重视校园文化的影响熏陶作用。校园文化是以学生为主体，以课外文化活动为主要内容，以校园为主要空间，以校园精神为主要特征的一种群体文化。积极健康向上的校园文化，可以陶冶学生的情操、启迪学生的心智，促进学生的全面发展。同时，高校还应该注重学校自身的硬件环境。硬件环境也是校园文化的重要组成部分，主要包括校园建筑设计、校园景观、绿化美化这种物化形态的内容。学校的山、水、园、林、路都具有使用功能、审美功能和教育功能，对学生的成长成才起到潜移默化的影响。

2. 设施

完善的教学设施体现了高校的硬件实力，有助于顺利开展教学计划，满足师生的教学需求，按时完成高校思想政治教育目标。高校必须大力加强硬件设施建设，努力向世界一流院校标准靠拢，以现代化的硬件设施促进高校思想政治教育现代化，树立院校的品牌形象，产生良好的口碑效应，使高校真正成为培养高素质人才的沃土，为学生提高学习能力、研究能力、实践能力提供必备的设施条件，充分发挥创新才能，推进我国教育改革。

3. 资金

资金保障在一定意义上影响着高校的决策自由，必须制订合理的收入支出计划，坚持在收支平衡的基础上实现高校思想政治教育工作的长远发展。高校财务制度需实现透明化管理，杜绝挪用教育资金的现象，根据教育需求合理分配教育资金，执行严格的审批报备流程，从最节约的角度利用教育资金提升高校的综合实力，改善教学条件，提高教师福利。教育工作者只有真正意识到资金保障对于开展高校思想政治教育工作的重要意义，才能真正将其合理利用，为高校思想政治教育工作机制构建以及进一步发展提供坚实的基础。

4. 高新技术

科学技术是我国社会主义现代化建设的必要保障，也是高校思想政治教育现代化的前提。高校拥有大量人才和研究高新技术过程中可以充分利用的硬件设施，因此必须加大研究力度，努力维护安全的校园环境。教师充分发挥表率作用，不断提高自己教学创新的能力，鼓励学生使用网络实现信息共享，致力于高新技术研究工作，为高校思想政治教育工作机制创新提供保障。全体教育工作者都必须意识到科学技术代表着第一生产力，坚持技术创新，将社会主义先进理念与高新技术充分结合，这样才能保证高校思想政治教育工作朝着正确的方向发展。

5. 思想理念

符合时代发展的思想理念对高校思想政治教育工作实践具有巨大的指导意义。高校需在坚持马克思列宁主义、毛泽东思想、邓小平理论、"三个代表"重要思想以及科学发展观以及以习近平重要讲话为核心的新时代中国特色社会主义重要思想的基础上，加强公民道德建设，对新时期产生的新思想去粗取精、去伪存真，不断根据高校思想政治教育工作实践环节中的新情况出台新的指导思想。提高学生的法律意识，推进社会主义法制建设，以国家的法律法规和社会主义思想道德为依据，丰富高校思想政治教育工作理念。全体教育工作者都应当意识到高校思想政治教育对我国社会主义现代化建设的巨大促进作用，只有把握好舆论导向，加强宣传工作，使高校思想政治教育的相关理念始终能够给实践最科学正确的指导，才能大力突进我国经济发展进程，缩小与世界发达国家的差距。

（二）领导保障

高校思想政治教育是党的工作的一个重要组成部分。高校思想政治教育要想能一如既往地实现为社会主义事业服务，就必须紧紧依靠党的领导，只有这样，才能保持自己的发展方向。因此，党的思想政治教育体现了党的意志。党的领导是高校思想政治教育的根本保证。

1. 只有在党的领导下，高校思想政治教育才能沿着正确的方向健康发展

无论是在革命时期还是在建设时期，我国的社会主义事业的胜利一直是在党的领导下来实现的。在改革开放的今天，我国已将社会主义市场经济体制作为经济体制改革的目标，社会经济成分、组织形式、就业方式、利益关系和分配方式已出现了多样化的趋势。面对这样复杂的局面，高校思想政治教育只有在党的领导下才能有清醒的认识，才能做出合理的判断，成为社会主义建设的思想武器。

2. 只有在党的领导下，才能正确总结高校思想政治教育的历史经验，认识并掌握其发展的科学规律

任何事物的发展规律都不是一次性认识的，它需要经历一个过程；高校思想政治教育

的发展规律是在对我国以往历史经验的总结和对现状的分析的过程中慢慢体现出来的。而且，我们应该认识到，我们在探索高校思想政治教育的科学规律的前进道路上，所跨出的每一步都是在党的牵引和领导下进行的，没有党的领导，就没有今天我们对高校思想政治教育认识的深度和广度。

3. 只有在党的领导下，才能调动全社会的力量，增强高校思想政治教育的作用

中国共产党集合一国之力、一国之资，专门成立研究、调查、教育、科研、后勤等部门，才有了今天我们高校思想政治教育的喜人局面。高校思想政治教育所发出的最灿烂的光芒和党的领导是分不开的。

领导保障的好坏直接关系到高校思想政治教育的成败。高校思想政治教育目标的设定、任务的提出、内容的确定、计划的制订、决策的选择、组织实施和评估总结等都离不开党的领导保障。没有党的领导保障，高校思想政治教育就会成为无目的、无计划、无组织的行为；没有党的领导保障，就没有高校思想政治教育的正确实施；没有党的领导保障，就无法保证高校思想政治教育确定的方向和目标；没有党的领导保障，也就不可能有实际意义上的高校思想政治教育的社会活动。因此，党对高校思想政治教育的领导保障在高校思想政治教育中起着极为重要的作用。

（三）法律保障

社会生活是复杂多样的，人的文明程度是参差不齐的，总会有人做出危害他人、危害社会、危害国家的事。在这种情况下，仅靠良心和舆论的"软约束"往往无济于事，只有通过立法程序，把一些最基本的规范上升为法律、法规，变成"硬约束"，强制性地使人遵守，才能保证起码的社会生活秩序。可见，要开展高校思想政治教育，就必须建立法律法规机制，用法治来保证高校思想政治教育工作的稳妥进行。

目前，世界上许多国家都已把高校思想政治教育立法提上重要的议事日程。为适应高校思想政治教育的发展、进一步规范高校思想政治教育管理，使高校思想政治教育适时跟进，我们应该注意以下几个问题。

一是在立法时间上，要坚持适时性。尽管我们也追求立法的超前性，但在实践中这是较难实现的。立法的适当滞后，符合立法规律。当某种社会关系需要法律规范去调整时，才会直接提出立法问题。但如果立法无限期滞后，便会使出现的各种法律关系"无法可依"。当事人的合法权益就可能受到侵害，国家、社会和人民的利益可能就会受到难以弥补的损害。因此，高校思想政治教育立法要注重适时性，即当某种事实发生或社会关系的出现需要法律规范去调整时，在一个合理的时间区内，要依据客观环境和现实的要求，立即制定和颁布实施相关的法律法规。

二是在立法过程中，要注意整体协调性。我国现有的刑法、民法等法律法规，对于调整传统意义上的各种法律关系，有较强的系统性。但在高校思想政治教育工作过程中，调整因高校思想政治教育而产生的新的社会关系，现有的法律规范明显无法全面规范高校思想政治教育工作秩序。因此迫切需要进一步完善高校思想政治教育立法，以求得高校思想政治教育工作的规范和有序。高校思想政治教育立法的完整性、协调性，一方面，要求针对高校思想政治教育侵权、犯罪的立法，要相对完整、系统、全面，自成体系；另一方面，针对高校思想政治教育的立法，要与原有的其他法律、法规相协调、相补充，健全我国的完整法律体系。

三是制定法律法规时，要注意针对性、准确性。现代化的高校思想政治教育体现了高科技的发展水平，具有很强的专业技术针对性。针对高校思想政治教育的立法，某一法律规范调整某一类社会关系，要具体明确，力求避免似是而非、含混不清、难以实施。因此，有关高校思想政治教育立法，应有专家的介入。

四是针对高校思想政治教育立法，要注意与国际通行规则相衔接、相一致。各国针对高校思想政治教育工作过程中出现的侵权与犯罪，都注意用法律手段去调整，制定了相应的法律法规。这类立法，本就有可借鉴之处，尤其是逐渐形成的通行的规则，我们在立法时更要力求一致，何况现在我国加入 WTO，立法方面很多都必须与国际接轨，以便在世界性的打击高校思想政治教育工作过程中的侵权犯罪，保护当事人权益方面，处于主动的地位。

（四）自律机制

高校思想政治教育要正常运行，必须有制度和法规做保障。但是，法律法规不可能解决一切问题，没有人的"自律"，仅靠法的"他律"，是无法从根本上保证高校思想政治教育健康发展的，更难保证高校思想政治教育的顺利开展。因此，我们在建立高校思想政治教育法律法规机制的同时，还必须建立高校思想政治教育伦理道德自律机制，以保障高校思想政治教育工作有效进行。

法律和道德都是上层建筑的重要组成部分，都是规范人们行为的重要手段，二者相互联系、相互渗透、相互补充、相互促进。法律主外，道德主内；法律是外部强制性的管束，道德是发自内心的自我约束。如果全社会没有较高道德水平，法治也不会有好的效果；如果全社会的道德水平大大提升，法治就有了基础，社会的安定团结顺理成章、水到渠成。因此，江泽民同志在 2001 年 1 月全国宣传部长会议上明确提出："我们在建设有中国特色社会主义，发展社会主义市场经济的过程中，要坚持不懈地加强社会主义法制建设，依法治国，同时也要坚持不懈地加强社会主义道德建设以德治国。"实践证明，依法治国与以德治国相结合的重要思想，不仅在现实社会中有重要的指导意义，而且在高校思想政治教育工作上也具有同样重要的指导意义。在新时期条件下，如果广大高校思想政治教育的主客体都不讲高校思想政治教育，那么制定再多的法律法规也无济于事，如果广大高校思想政治教育的主客体的道德水平能够大大提升，他们就会自觉地摒弃一切不良的习惯，自觉地远离一切违纪违法行为。

当前，世界上许多国家不仅重视高校思想政治教育的立法，而且也重视高校思想政治教育的道德建设。例如，韩国就非常注重高校思想政治教育的网络立法和道德建设。韩国在民间建立起"信息通信伦理委员会"，其主要作用是监视网络上的有害信息，保护青少年的身心健康。又如从 20 世纪 90 年代起美国全面制定了计算机伦理规范。如美国计算机伦理协会就曾制定了如下的"计算机伦理十诫"：①你不应当用计算机去伤害别人；②你不应当干扰他人的计算机工作；③你不应当偷窥他人文件；④你不应当用计算机进行偷盗；⑤你不应当用计算机做伪证；⑥你不应当使用或拷贝没有付过钱的软件；⑦你不应当未经许可而使用他人的计算机资源；⑧你不应当盗用他人的智力成果；⑨你应当考虑你所编制程序的社会后果；⑩你应当用深思熟虑和审慎的态度来使用计算机。类似这样的道德规范很值得我们借鉴，加强大学生伦理规范建设是高校思想政治教育自律机制建设的重要内容。

青少年是目前高校思想政治教育过程中最主要的群体。然而由于青少年的理想信念还没有完全定型，对一些事物的辨别能力并不强，因此极易受到外界环境中不健康东西的腐蚀，从而形成错误的世界观、人生观、价值观。如果听之任之，我们多年来对青少年所做的教育工作就会前功尽弃，无数青少年就会误入歧途。所以，我们必须把加强高校思想政治教育摆在非常重要的地位。加强高校思想政治教育，使广大大学生树立高尚的道德观，从而实现"自律"。广大学生能自觉用道德"自律"，就会给我们开展高校思想政治教育工作提供重要保障。

除了加强大学生的道德自律，我们还应该特别重视高校思想政治教育工作者的道德自律。在某种程度上说，高校思想政治教育工作能否正常进行，高校思想政治教育工作者在其中所起的作用比大学生起的作用更加关键。当前，我们应该尽快建立高校思想政治教育工作者（包括高校思想政治教育者）的岗前培训制度，不仅加强技术培训，而且要注意政治过硬、道德作风好。高校思想政治教育工作所取得的初步成果有力地证明了建设高校思想政治教育工作自律机制对高校思想政治教育工作的管理和高校思想政治教育工作的开展有极其重要的意义。

三、完善高校思想政治教育之保障机制的注意事项

在我们过去的教育管理运行机制中，纵向教育管理模式被普遍运用，同时也取得了良好的效果，而横向教育管理模式则运用得较少，且管理也存在很多问题。在这种管理模式下往往由于责任不明、措施不当，存在互相推诿、扯皮的现象，严重影响了工作效率。因此，为了使已建立的横向教育管理模式能够发挥最大效用，并使纵向和横向两种教育管理模式有机结合、相互补充，需要建立一套科学、合理、有效的保障机制，以促进高校思想政治教育工作系统有效、良性运转。而在不断完善高校思想政治教育保障机制的过程中需要注意以下几个事项：

（一）注意制度保障与人员能动性的有机协调

与高校思想政治教育工作有关的各项规章制度是对实践环节的硬性规定，有助于实现教学工作规范化，简化管理流程，提高管理效率。不过需要注意的是，高校思想政治教育工作制度保障只有与人员能动性有机协调才能真正发挥应有功效。制度必须根据实际情况不断完善和细化，采取多种措施促进高校思想政治教育工作制度更新，使高校的各项政策真正影响学生的价值取向，从而形成自我约束能力。教的重点内容是帮助学生独立，通过高校思想政治教育工作在我国高校的积极开展，提高大学生对现实环境的适应力，自主学习，终身学习，将学习养成习惯，在从事社会实践过程中锻炼自己的内心，形成高尚的思想道德品质。

高校在完善制度保障的过程中一定要把握好制度与人员能动性之间的平衡点，制度对人员的约束力要适度，以社会主义思想道德为指导，制定真正符合高校思想政治教育工作进程的制度，避免过分注重高校制度化构建而忽略了人员主观能动性的发挥，导致教师消极怠工，学生无心向学。特别要剔除对师生要求过于苛刻的制度，尊重学生作为高校思想政治教育的主体地位，充分肯定教师的主导作用，在严格规范个体行为的同时更要给人以足够的信任，明确教师需要承担的责任和义务，更要通过制度来保障教师的合法权益。高校思想政治教育工作的保障机制恰恰体现了我国高校德育工作的人性化管理，如果忽略了以人为本的原则，令制度保障阻碍了个体综合能力的提升，那么就违背了高校思想政治教育的初衷，反而不利于高校思想政治教育工作的顺利开展。

制度体系的建立需要考虑到高校思想政治教育的长远发展，必须具有前瞻性。只有凭

借领导团队的力量，充分收集师生建议，高校出台的相关制度才能真正有助于开展实践工作。杜绝任何以个人自己的意志或者利益制定不适合高校思想政治教育工作的制度，这违背了为人民服务的原则，是个人主义的体现。为了满足一己私利，利用高校思想政治教育工作的保障机制只会遭到全体师生以及社会各界的质疑，不仅令高校思想政治教育工作举步维艰，而且还会对学生的个人成长产生负面影响，不利于高校公信度的建立。

（二）积极采取措施避免保障机制导致高校思想政治教育工作创造性缺失

高校思想政治教育工作的保障机制保证了新时期、新环境下高校思想政治教育工作的顺利开展，充分利用教育资源，积极协调各部门之间的关系，在大学生全面发展这个总体目标的指引下，保障了师生的基本权益，促进了高校思想政治教育工作制度化、规范化发展。不过这并不意味着建立健全高校思想政治教育工作保障机制就要以牺牲德育工作的创造性为代价，相反保障机制的不断完善恰恰是为了进一步激发教育工作者的创造性思维，使高校思想政治教育工作机制在创新过程中实现长远发展。

新时期新环境下的高校思想政治教育工作必须是一个长期、循序渐进的系统化工程。它需要有制度、人员、硬件设施等各方面的保障，但教育工作者不能因此就故步自封，对原有教育成果的固守只会造成发展的滞后，这一点必须引起足够重视。高校全体教职人员不仅要在意识方面明确高校思想政治教育工作保障机制与创新之间的关系，还要积极采取各种措施有效避免保障机制在高校思想政治教育实际工作中导致高校思想政治教育工作创造性缺失的现象，通过行动推动创新，使高校思想政治教育系统得以真正完善。

科学合理开展高校思想政治教育评价工作是在保障机制中有效激励人员实现创新的重要举措。高校针对大学生思想教育工作的实践情况展开全方位评价，根据国家教育方针政策对教师和学生进行综合测评，肯定教师的成绩，指出教学过程中的不足，监督其积极改进教学方法，拓展教育途径，通过自主学习和参加进修提升自己的综合能力，促进高校思想政治教育工作质量，使学生成为德才兼备的高素质人力资源。

高校要帮助教师正确定位自我，对其职业生涯做出合理规划，使其形成良好的职业道德，避免大学生思想者教育实际工作中的短视行为。教师应当具有强烈的事业心和责任感，面对成绩不要骄傲自满，只有不断超越自我，才能真正实现人生的质变。即便是在高校各项保障工作都非常完美的情况下，也应当努力寻求对现有工作的突破，因为高校思想政治教育工作保障机制存在的前提是发展，如果发展出现停滞，那么保障机制的存在便毫无意义。

倡导教师之间的良性竞争也有助于在健全的保障机制中实现高校思想政治教育工作机制创新。教师与教师之间既是工作上的同事，又是教学过程中的竞争者。良性竞争有助于教师充分发挥自己的主观能动性。勤于思考，努力寻找适合学生接受程度的教学途径，加强对社会主义思想道德的学习与宣传，注重发挥自己的表率作用，在日常生活中对学生产生潜移默化的影响，发扬团队合作精神，向先进教育工作者靠拢。在学习与交流中教师的专业素养得以不断提升，这无论是对学生还是对整个高校建设都具有巨大的促进作用。

第二节　高校大学生思想政治教育之奖惩机制

要使高校思想政治教育工作得以"务实"，仅仅停留在"口头"或者"笔头"上是远远不够的，一方面在教材、课堂中向学生渗透马克思列宁主义、毛泽东思想、邓小平理论和"三个代表"重要思想；另一方面还要建立相应的奖惩机制，从而保障高校思想政治教育工作的高效进行。建立奖惩机制，可以强化扬善惩恶的力度，可以激发大学生向善的人文特性，促进理论的内化，引导心灵共鸣，进而培养他们以积极向上的心态进行正确的实践，实现高校思想政治教育工作的外在"硬性"保障机制与内在"软性"导向机制的有机统一，高校思想政治教育工作的他律性特征和自律性特征的有机结合。

一、奖惩机制的概述

高校思想政治教育工作奖惩机制是推进大学生优良道德品质形成的重要动力，也是确保高校思想政治教育工作实效性和长效性的重要动力。

奖励和惩罚是两种相辅相成的手段，奖励是社会、组织、他人或个人对客体的良好行为或成果积极肯定的表示，惩罚则是主体对客体的不良行为的否定性表示和做法。高校思想政治教育工作本身具有的激励性功能与目前高校所采取的具体奖惩手段本质上具有一致性。

社会合力和有利的社会环境是确保奖惩机制长效性的关键。要保障高校思想政治教育工作奖惩机制的长效性，仅仅强调高校思想政治教育工作队伍和学生本身的权责是远远不够的。高校思想政治教育工作奖惩机制的实效性和长效性需要在社会实践中得以加强和保障，汇集社会各方面的合力、营造良好的社会氛围是确保高校思想政治教育工作奖惩机制长效性的关键。

奖惩机制要"以人为本"，重点在于激励。奖惩机制是一种激励机制，奖励抑或惩罚，其目的不在于对主体的约束，而在于对主体的激励。激励是高校思想政治教育工作活动的一种重要方式，是一种激发人的行为动机、维持和提高人的动机水平并使其朝着预定的目标持续努力的管理措施和教育手段。高校思想政治教育工作奖惩机制的重要作用在于激发教育主体的潜能，并以此引导他们树立科学的世界观和人生观。

二、奖惩机制的现状

为了更好地呈现目前高校思想政治教育工作奖惩机制现状，以下将从思想政治教育工作者和学生奖惩机制两方面着手分析。目前，高校思想政治教育工作的奖惩机制表现出如下特征。

（一）社会氛围方面

促使高校思想政治教育工作奖惩机制有效形成的社会氛围不够成熟。目前社会上对高校思想政治教育工作和工作者存在一种认识上的偏见，殊不知有效的奖惩机制的形成是要以物质生活待遇的提高为基础的，教师在讲奉献的同时，理应强调个人正当利益的适宜获得。这些认知偏见都在一定程度上制约着科学奖惩机制的有效形成。

（二）奖惩标准方面

受传统思想影响，大多数教师眼中的"优秀生"和"三好生"是"听话的学生"和"学习成绩好的学生"。学生的综合测评中甚至不计入体育成绩，思想品德成绩的综合评定也缺乏科学的依据。学生奖惩的主要标准还是依赖分数。这种奖惩标准很难激励大学生的创新意识，同时也混淆了"考分高"和"品德好"之间的界限。

（三）评价考核方面

对高校思想政治教育工作业绩的评价考核手段不够科学。对高校思想政治教育工作者的考核是以上级评议或群众民主评议为主。然而许多学校对思想政治教育工作者的年度考核缺乏可量化的硬性指标。不健全的评价机制无法表现思想政治教育工作者的真实业绩，也使现有的奖惩机制失去了应有的激励价值。

（四）奖惩机制方面

受市场经济影响，高校思想政治教育的学生奖惩机制着眼于眼前利益，凸显出功利性。市场经济坚持的"利益最大化原则"，对当代大学生的思想、学习、生活、交友、评优等方面都产生了不同程度的影响，使得在当代高校思想政治教育中的学生奖惩机制表现出功利性。大学生奖惩机制过于注重短期行为和短期效应不利于大学生的全面发展和社会可持续性发展的需要。

（五）奖励价值方面

高校思想政治教育工作者的报酬制度设计缺乏弹性，未能很好地与绩效挂钩。一般而言，报酬可以分为"外在"的和"内在"的两大类。前者主要是指为员工提供的可量化的货币性价值。后者则是指给员工提供的不能以量化的货币形式表现的各种奖励价值。目前我国思想政治教育工作者的内在奖励机制力度明显不够，他们所从事的许多细致入微的工作无法与绩效和相应的报酬挂钩。

（六）价值取向方面

受多元价值取向的影响，高校思想政治教育工作奖惩机制在学校、社会、家庭等不同层面上存在分歧，甚至相悖。现实社会处于一个价值多元的时代，而大学生的思想和心理却处于不稳定期。针对大学生自身的身心特点，学校、社会和家庭对高校思想政治教育的奖惩依据就必须内在一致，而不能前后矛盾，甚至相悖。

三、奖惩机制建立和完善的注意事项

高校思想政治教育工作的奖惩制度要科学、合理，要体现高校思想政治教育工作的特点，奖惩对象主要是高校思想政治教育工作者（包括领导干部、一般干部、党员、思想政治工作队伍的骨干）。高校思想政治教育工作奖惩还要体现奖罚分明的原则，对开展高校思想政治教育工作出色的人员要给予表扬和物质奖励，成绩显著者给予重奖。对方法简单、官僚主义、工作失误，造成不良后果者给予必要的处罚。

（一）要站在社会可持续性发展和大学生个体全面发展的高度上

构建奖惩机制的目的是促进社会的可持续性发展和大学生的全面发展。对于"哪些行为和成果是予以肯定，需要奖励的""哪些行为和成果是予以否定，需要惩罚的"，都必须有统一的认识，必须从全局高度和长远利益考虑，从社会与个人互动的过程进行考虑。结合我国的具体实践，就是要站在社会可持续性发展和大学生个体全面发展的高度上，在社会与个人的和谐共生中，使"奖励"和"惩罚"有章可循。

（二）领导重视，形成制度，有专门工作部门来具体承办

党委主要负责同志牵头，组织、纪检、宣传部门具体负责承办。具体地说，高校思想政治教育工作先进单位、先进个人和重奖人员的评选工作，是在单位年终思想政治工作考核的过程中进行，由思想政治工作考核领导小组根据考核结果，广泛征求广大干部群众意见，认真讨论协商，提出奖惩名单，包括先进单位、先进个人、重奖人员、处罚人员，提

交组织、纪检、宣传部门审定，报请党委研究决定，报请上级党组织批准。

（三）奖惩机制要以精神奖惩为主，同时兼顾适宜的物质奖惩

高校思想政治教育工作奖惩机制有物质奖惩和精神奖惩两种，其中主要是精神奖惩。事实上，物质奖惩只是手段，它最终要变成精神性的东西。鉴于此，高校思想政治教育工作奖惩机制应坚持精神性奖惩为主。因为精神奖惩可以满足人的满足感、自尊、信任、荣誉感等精神需求，增强正确的精神优势和价值导向。但同时要兼顾适宜的物质奖惩。

（四）领导指示与实际研究相结合

根据上级指示精神，结合本单位实际研究奖惩实施办法，包括标准、操作程序、方法和要求。政治思想道德方面的标准为：政治立场坚定，思想观点正确，品德高尚，知识渊博，工作能力强，成绩突出。操作程序和方法：大学生思想政治工作先进单位、先进个人和重奖人员，是在单位年终思想政治工作考核基础上评选产生的。程序分两步走，要求公平合理，注重实际效果，要大力宣传他们的事迹，对于受处罚人员的错误也要向广大干部群众传达，起到警示作用。

（五）注意与科学评价机制相辅相成

科学的评价机制直接制约高校思想政治教育工作奖惩机制的实效性，对高校思想政治教育工作的正确考核、评价，对思想政治教育队伍的科学考核、评价，对思想政治教育主体——学生的科学评价机制都要通过一定的奖惩激励手段，直接影响高校、教师和学生的切身利益。科学评价机制与奖惩机制相辅相成，和谐共生，才能为社会的可持续性发展和大学生个体的全面发展提供保障。

（六）建立高校思想政治教育工作基金

建立高校思想政治教育工作基金，用于奖励在高校思想政治教育工作领域做出突出贡献的单位和个人。国家机关事业单位由财政拨款，企业单位从管理费中提取。根据单位级别，干部职工人数分三个档次。一类单位设思想政治工作基金 20 万元，二类单位设思想政治工作基金 10 万元，三类单位设思想政治工作基金 5 万元。重奖人员奖金控制在千元。对于做出重大贡献者奖金可以在万元以上。先进单位和先进个人以政治鼓励为主，先进个人可以发放一定数额的奖金，控制在百元。

四、完善奖惩机制应遵循的原则

鉴于以上理论和实践分析，完善高校思想政治教育工作奖惩机制理应遵循以下几个基本原则：

（一）科学性原则

第一，科学性原则是指在高校思想政治教育工作奖惩机制问题上要坚持科学发展观，以社会可持续性发展和大学生全面发展作为奖励和惩罚的目的，而不能以短期行为的短期效应作为评判标准，必须考虑大学生走向社会后的关联性。

第二，科学性原则是指高校思想政治教育工作奖惩机制要建立在科学的评价机制之上，学校、社会、家庭等不同角度奖惩机制的依据必须内在统一，不能相悖。

（二）整合性原则

整合性原则是高校思想政治教育工作不同于其他学科教育工作的特色所在，高校思想

政治教育工作中奖励或者惩罚的对象——大学生，每时每刻都需要在社会人际关系中矫正自身的思想言行、磨炼自身。

大学生最终也将走向社会，接受社会的挑战。高校思想政治教育工作奖惩机制就应当在学校奖惩机制的基础上，汇集全社会的力量，充分发挥宣传、理论、新闻、文艺、出版等方面的舆论宣传作用，为高校思想政治教育工作奖惩机制的长效性营造良好的社会氛围。

（三）实效性原则

高校思想政治教育工作要克服形式主义，做到"三贴近"，就必须使奖惩机制落到实处。对教育工作者和学生的奖惩要适时、适地、适宜，切实关心和改善相关人员的工作条件。通过提高生活待遇、设立特岗津贴等措施，吸引优秀人才从事高校思想政治教育工作；对高校思想政治教育工作的研究成果参照教学和科研成果管理规定予以认可和奖励。

（四）长效性原则

从本质上讲，高校思想政治教育工作奖惩机制就是保障其实效性和长效性的一种动力。在此问题上，坚持社会和学生科学发展的总体思路、采取科学的评价体系、采用物质奖惩和精神奖惩相结合的奖惩手段、整合社会合力的坚实后盾，都在不同程度和不同层面上确保了奖惩机制的长效发展。

健全与完善高校思想政治教育工作奖惩机制的具体思路还需要进行深入的探索，有待高校思想政治教育工作的理论工作者和实践工作者在今后的工作中发挥积极的创新思维。

第三节　高校大学生思想政治教育之评价机制

高校思想政治教育工作的评价是对高校思想政治教育工作的实施、发展和变化状况进行评价和确认的活动。通过评价过程中的衡量和比较，有利于发现新形势下思想政治教育出现的新问题，探索大学生思想转化的途径和方法，找到增强高校思想政治教育质量和效果的最佳途径。而且，高校思想政治教育工作评价机制的建立，也是建立激励、奖惩机制的重要依据，为公正、合理的奖惩提供支撑，使奖惩机制能真正发挥奖优罚劣的作用。因此，加强对高校思想政治教育工作评价问题的研究，建立高校思想政治教育工作的科学评价机制，对推动高校思想政治教育工作的进行，充分发挥高校思想政治教育在高等教育中的核心作用具有重要的意义。

一、评价机制的概述

高校思想政治教育工作评价就是教育主管部门或高校根据高校思想政治教育工作的目标、要求以及大学生的思想实际，确立指标体系，运用测量和统计等先进方法，对高校思想政治教育工作的保障机制、实施过程及实际效果等进行价值判断的过程。它为考核教育者的工作绩效和制定科学的高校思想政治教育工作决策提供重要依据。高校思想政治教育工作评价的首要内容是看其是否实现了预期目标。高校思想政治教育工作的根本目标在于提高大学生的思想政治素质，高校思想政治教育工作的一切活动都必须围绕这个根本目标，促进这个目标的实现。

高校思想政治教育工作的评价是评价主体根据高校思想政治教育工作的自身特点，在科学的评价原则和标准的指导下，运用适合于评价对象的方式方法，对高校思想政治教育工作整体开展的效果进行价值评价的过程。高校思想政治教育工作的客体属性有着不同于其他评价对象的特殊性，这就决定了高校思想政治教育工作的评价具有鲜明的自身特点。

第一，高校思想政治教育工作的评价具有价值判断性。高校思想政治教育工作的评价，实际上是对高校思想政治教育活动的价值判断过程。这种价值判断，是评价者对受评对象所开展的高校思想政治教育工作的效果有无价值，对大学生思想政治品德素质是否形成和发展，在多大程度上形成和发展的判断，实际上是一种社会价值的判断，即评判高校思想政治教育活动实现社会价值的方向和程度。高校思想政治教育工作的社会价值，是通过高校思想政治教育工作的实际效果体现出来的。实际效果的好坏和大小，反映了教育价值的取向和程度。所以，高校思想政治教育工作的评价，其实质是对其教育工作实际效果的评价。

第二，高校思想政治教育工作的评价具有复杂性。高校思想政治教育工作评价是对教育过程各要素、各环节和教育效果各方面的评价，其复杂性主要表现在以下三个方面：难以精确把握评价内容、难以明确界定评价范围、难以操作评价过程中各项指标衡量。所以，整个评价过程很难操作，因此科学可行的评价方案及其程序方法决定着评价质量的优劣。

第三，高校思想政治教育工作评价的结果具有相对性。高校思想政治教育工作评价是通过系统收集、分析各种高校思想政治教育工作的反馈信息，从而评价被评价者的工作或思想是否发生了变化，在哪些方面发生了变化，在多大程度上发生了变化。但这种评价的结果只是相对的。由于某种或某些原因的存在，这种评价所依据的反馈信息并不一定都是真实可靠的，评价的结果很可能会出现偏差。评价的结果往往是通过相对比较得出的，由于比较的相对性，决定了比较所产生的结果的相对性。高校思想政治教育工作的效果往往不能一下子就能表现出来，它实现的周期比较长。

二、评价的功能

高校思想政治教育工作质量的高低，将直接关系到中国特色社会主义事业的成败，关系到国家的兴衰成败。正是在这个意义上，党把高校政治教育视为"生命线"。要把握住这条"生命线"，保证高校思想政治教育工作收到良好效果，我们就必须对高校思想政治教育工作进行实事求是、准确真实的分析评价，通过评价达到总结经验、发扬优势、激励先进、找出差距、克服不足的目的，更好地发挥高校思想政治教育"以德育人"的优势，以及在人才培养中的核心和基础作用。

（一）导向功能

高校思想政治教育工作评价是以一定的目标、需要、愿望为准绳的价值判断过程。一方面，高校思想政治教育工作评价对教育者具有明显的导向作用；另一方面，高校思想政治教育工作评价对受教育者（大学生）也具有明显的导向作用。高校思想政治教育工作评价，无论对于教育者，还是对于受教育者，都能发挥积极、正面的影响，能够指导高校政治教育的有效开展，使受教育者的思想政治素质朝着社会需要的目标转化，从而发挥"指挥棒"的作用。

（二）调控功能

高校思想政治教育工作评价通过对高校思想政治教育工作的实施提供有效的借鉴和参

考，对高校思想政治教育工作有调控的作用。对高校思想政治教育工作特点和规律的研究和探索，能够透过这些发展变化着的标准和根据，总结归纳出完善和提高高校思想政治教育工作的规律和方法；能够进一步完善高校思想政治教育工作领导体制和工作机制。定期开展评价工作有利于对高校思想政治教育工作进行准确评判，从而使工作更具针对性和实效性。

（三）考核评比功能

高校思想政治教育工作评价是按照评价指标，对大学生政治的实际效果进行判定，其结果可以作为教育行政管理部门对高校或者高校对下属院（系）进行考核评比的重要依据。毕竟"种瓜得瓜，种豆得豆"。同时，根据评价结果，对高校思想政治教育开展得好的部门和单位，给予荣誉和物质上的奖励；对高校思想政治教育没达到要求的部门和单位，给予某种形式的惩罚。通过评价，表扬先进，鞭策后进，对于增强高校思想政治教育工作的实效大有裨益。

三、评价机制研究的可行性

第一，高校思想政治教育工作是否有效直接体现在学生的日常行为倾向中。高校思想政治教育工作实效性不仅有质的方面，还有量的方面。为了全面而准确地把握大学生的思想政治素质，就必须从质和量两方面进行搜集、分析和整理。大学生是社会的存在物，其思想政治素质大量地反映在其日常生活和学习中，大学生的思想和行为存在各种各样的联系，不同的思想政治状况会有不同的行为表现，这就为高校思想政治教育工作实效性评价提供了十分可行的依据。

第二，高校思想政治教育工作实效性中量的描述是客观存在的。从高校思想政治教育工作过程来看，大学生思想政治教育工作的任务、目标、师资、时间、经费投入的多少、取得教育工作实效性的大小等，都有量的要求。高校思想政治教育工作者队伍人数、年龄、学历、职称、层次等都是基本的量，它们之间相互联系、相互影响和制约。大学生的政治素质可以通过他的政治立场、学习态度、理论水平、知识结构和课程成绩等若干要素表现出来，并且这些若干要素可以依据一定的客观要求予以量化，从而可以进行量化评价。

第三，现代数学的发展与计算机的广泛应用为高校思想政治教育工作评价提供了方法和手段。20世纪以来，相继建立起来的数理统计、模糊数学为解决这个难题提供了有效的工具和手段。现代电子计算机的广泛运用，为定量评价提供了良好的物质基础和技术保证，为高校思想政治教育工作评价的科学化开辟了广阔的前景。

四、评价机制研究的意义

（一）能够引起对高校思想政治教育工作的高度重视

长期以来一直强调高校思想政治教育工作在育人工作中的重大意义。高校的教育工作者，特别是高校思想政治教育工作第一线的教师，在长期的工作中对高校思想政治教育工作的意义有着深刻的体会和理解。特别是当前，社会飞速发展，大学生在成长的过程中出现了许多以前不曾有过的新问题。拜金主义流行、自私现象增多、浮躁心理普遍、意志品质脆弱，特别是部分学生还出现了极端行为，如上海复旦大学投毒案、人民大学女生跳楼事件等引起了社会公众的强烈反响，从侧面凸显了高校思想政治教育的薄弱。但是目前各高校普遍地存在重视智育、轻视德育和高校思想政治教育工作的现象，高校在对待高校思想政治教育工作的问题上说的多，做的少。

通过建设和完善高校思想政治教育工作实效性的评价机制，对高校思想政治教育工作的实效性进行评价，高校思想政治教育工作战线有了一个统一的标准和方向，使得高校思想政治教育工作终于可以进行横向的比较，进而从整体上提升我国大学生的思想政治教育工作水平。对那些从事思想政治教育工作的教师来说，评价体系的建立提高了他们的地位，使他们摘掉了"准行政"人员的帽子，终于可以与专业课教师站在同一起跑线上共同竞争；对于家长和学生来说，评价体系的建立使他们重新对高校思想政治教育工作予以重视，这是对片面强调智育的有效制衡，为广大学子提供了择校的另一个参照系；对于社会各界来说，它使得人们长期对于高校思想政治教育工作的关心和支持终于找到了一个合理有效的出口，提供了良好的解决方案，使高校思想政治教育工作进入了科学运作的轨道。

（二）是贯彻党中央政策的必然要求

2004 年 8 月，面对高校思想政治教育这一关键问题，党中央国务院颁布了中央 16 号文件。文件就当前学生思想中存在的问题做出了极为精辟的概括，对加强和改进高校思想政治教育工作的原则、任务、要求做了明确的阐述，并指明了方向。科学的高校思想政治教育工作实效性评价机制是中央政策方针的具体化，是实现中央精神的操作守则。

总的来说，评价机制的建立和完善具有双重意义：一方面，它是中央精神的具体化，是操作手册；另一方面，它又是中央精神的检验者，是考察的准绳。完善的评价体系是党中央牢牢抓住高校思想政治教育脉搏，始终处于主动地位的重要保障，也是党中央进行教育改革的重要契机和应对纷繁变化的教育现实的重要武器。

（三）是高校政治教育的一个基本环节

高校思想政治教育活动过程包括目标决策，实施决策，总结经验，反馈评价等基本环节，因而，对评价环节必须予以高度的重视。高校思想政治教育工作评价机制的建立和完善既是一个具体教育活动的终端，又是另一个具体教育活动的起点，承上启下，是客观存在的一个基本环节，它在高校思想政治教育活动中具有重要地位。高校思想政治教育评价活动与高校思想政治教育活动互相渗透、互相影响、互相促进，形成一个不可分割的整体，评价本身也是高校思想政治教育工作。

（四）可以促进传统思想政治教育工作模式的改革

长期以来，高校思想政治教育工作的目标十分抽象和笼统，原则性强、可操作性弱、模糊泛化，高校思想政治教育工作几乎都是在摸索中前进。与此同时，高校思想政治教育工作者流动性大，职业生涯规划多种多样又进一步加剧了教育队伍的不稳定性，思想政治工作效果不佳。

高校思想政治教育工作实效性评价体系的建立和有效运行，使得原有的宏观控制变成了微观控制，原有的思想政治教育工作原则变成了层次鲜明、前后有序、主次突出、协调一致的操作体系。高校思想政治教育工作评价体系的建立使得传统的以学生为主要考查点的考核模式发生了根本的改变。新的评价体系从整个教育体系着手，对每一个教育环节进行评价，最大限度地排除特例对教育体系合理性的质疑，将各个评价点置于教书育人的一切过程，缓解被评价者的压力，用多方面、多角度、多层次、高频率的综合评价代替单方面、偶然性和一次性评价。

（五）可以促进高校政治教育评价工作科学化

高校思想政治教育工作的评价机制应当具有自我完善的理论体系。通过评价的实践，有利于发现、矫正评价工作中的问题，有利于促进评价的原理和方法的研究，从而能够加强和改进今后的评价工作，促进高校思想政治教育评价工作的科学化。另外，建立科学的高校思想政治教育工作的评价机制对推动高校思想政治教育理论体系的建立、完善和发展也具有积极作用。

（六）有利于促进高校思想政治教育过程的优化

在传统的思想政治教育工作中，灌输性的、填鸭式的课程教育以及说教性极强的谈话式教育是为数不多的可测性要素，因此，其作用在相当程度上被放大了。在建立高校思想政治教育工作的评价机制之后，原则上绝大部分教育过程中采取的做法，都将可测可查。作为一个有机整体，高校思想政治教育工作是多方面配合的结果，它的重点和关键应当在不同时期根据实际情况和工作的薄弱环节进行变化和调整。以评价体系为依据确定重点，根据实际需要改变评价体系的指标设置进而来改变重点。

（七）有助于增强大学生自我调控能力，逐步形成自我教育、自我约束的良性机制

高校思想政治教育评价一般都有一个发动的过程，即接受评价的单位要进行相应的准备和布置工作，其最根本的目的是要使高校思想政治教育工作者和接受者（大学生）理解评价指标。由于评价指标反映的是党和国家对大学生在思想政治方面的要求，这一过程也成为对大学生进行教育的过程，无疑会对大学生产生重要的引导作用，使他们自觉按照评价指标的要求规范自己的言行，树立正确的价值观。此外，高校思想政治教育工作的评价，还必须有大学生本人的实际参与，包括参加座谈会，接受问卷调查等。所以，在高校思想政治教育工作评价过程中，大学生要接受他人评价，也要进行自我评价，这无疑会大大加深他们对评价标准及其所包含的价值准则的体会和认识，从而提高大学生遵从社会要求和规范的自觉性、主动性。

五、工作评价机制的构建

通过苏联著名的教育家马卡连柯的话，可知高校思想政治教育工作"最深刻的意义就在于精选和培养人的需要，引导他们走向道德的高峰"。高校的培养目标也直接指向德、智、体、美全面发展的当代大学生。因此，高校思想政治教育实效性的评价应该落脚于高校思想政治教育是否能够促进高校学生的全面发展。我们在实际的高校思想政治教育活动中就应该主动适应社会主义市场经济的发展需要，为培养出高质量的全面发展的技能型人才而努力。

（一）高校思想政治教育工作评价机制的构成要素

1. 价值要素

高校思想政治教育工作要紧紧抓住这一重要时期，用马克思主义、毛泽东思想、邓小平理论、"三个代表"重要思想以及科学发展观等重要思想来教育广大在校学生，提高他们的政治觉悟，解决他们的政治思想问题，充分调动广大学生为建设中国特色社会主义事业而奋斗的积极性，激励他们努力学习从而成为有理想、有抱负的当代中国青年，最终不断提高我国高校思想政治教育工作的政治实效性。对于高校思想政治教育工作的实效性，

要认识到不应该只是看高校思想政治教育工作的内容，更要看其要求有没有转化成大学生的实际行动，其是否具有实效性，可以从大学生长期的实际行动来评价。高校学生是具有一定思想独立性的大学生，只有当教育内容真正内化为学生的理想与信念，并顺利外化为学生的实际行动时才会具有实效。因此，高校可以通过大学生所表现出来的稳定的行动趋向来评价高校思想政治教育工作的实效性。

2. 实体要素

从高校思想政治教育工作的管理体制来看，我国高校思想政治教育工作目前实行的是党委领导下的校长负责制。在党委统一部署下，建立和完善以校长及行政系统为主实施的管理体制。各校思想政治教育的实施通过党委、教务处、学生处、团委、马列部或社科部、工会、宣传部等单位共同完成。各部门分工合作，各司其职。

高等学校建立和完善了党委统一领导、党政齐抓共管、专兼职队伍相结合、全校紧密配合、学生自我教育的领导体制和工作机制。其中学生的思想政治教育工作由各学院分管学生思想政治教育工作的副书记和辅导员具体实施。高校思想政治教育工作的评价主体是多样的，大学生思想政治理论课教学评价的主体虽然具有多样性，但主要是与大学生思想政治理论课教学相关的主体。它包括执政党的意识形态部门、政府主管学校思想政治教育的部门、社会公共舆论、学校党组织和教学管理部门、直接承担思想政治理论课教学的教师和参与思想政治理论课教学的学生及其家长等。家庭方面作为评价主体的家长也要注意思想品德评价活动中的点滴，利用家长对学生熟知的优势，与学校保持良好的沟通合作，了解学生的情感发展，并将获得的信息及时反馈给学校，这样就能更全面、客观地评价学生的思想品德发展状况。另外，也要重视学生之间的互评。因为与同学的交流是学生日常生活的一部分。大学生可能在面对老师或家长时，有些情感不能自由地表达出来，而面对自己的同学，就能无拘无束、畅所欲言。

大学生思想政治理论课教学评价是评价参与大学生思想政治理论课教学的主体和客体，评价大学生思想政治理论课程和教材，评价大学生思想政治理论课程教授过程和学习过程，评价大学生思想政治理论课教学管理，评价大学生思想政治理论课的教学效果，评价教师和学校对于大学生思想政治理论课教学的自我评价是否合乎实际。高校思想政治教育效果的评价也具有综合性。这种教育的效果应该体现在大学生思想政治道德方面的知、情、意、信、行等各种效果，同时也包括学生活动所带来的物质效果、政治效果和精神效果等。

在评价高校思想政治教育的工作内容时，要注意高校思想政治教育工作的主要内容是以社会主义为核心而展开的以理想信念教育、爱国主义教育、公民道德教育为主的高校思想政治教育活动。

高校思想政治教育的工作队伍建设的评价。由于大学生学生思想政治教育工作队伍主体是学校党政干部和共青团干部、两课专任教师和辅导员班主任。在辅导员队伍建设上，目前我国高校辅导员队伍整体情况不错，高校应严把辅导员关，按照"政治强、业务精、作风正、素质高"的标准选留辅导员，打好思想政治教育的基础。

高校思想政治教育的工作方法的评价。高校思想政治教育工作主要是通过教书育人、管理育人、服务育人和学生自我教育、自我管理、自我服务相结合的方式开展的。以思想政治理论课教学为高校思想政治教育工作的主渠道，通过举办党团校、深入开展社会实践、大力建设校园文化、主动占据高校思想政治教育新阵地、开展深入细致的大学生思想政治工作和心理健康教育、努力解决大学生的实际问题等途径，提高高校思想政治教育工作的实效性。

高校思想政治教育工作环境的评价。这里主要是指学校环境，校园文化具有高等学校校园文化所共有的特征。在高校思想政治教育工作实效性评价中，要充分利用高校中的广播、影视、报栏、专刊等宣传舆论阵地，利用丰富多彩的校园文化活动这一主阵地，来促进高校思想政治教育工作的进展。

3. 思想要素

在思想政治方面，主要考察大学生对待重大政治问题所持的观点、立场和态度。是否能够坚定社会主义方向、热爱社会主义事业，坚持四项基本原则和改革开放，坚持党在社会主义初级阶段的基本路线和基本纲领；是否具有建设中国特色社会主义事业的共同理想，具有较强的政治敏锐性、较高的政治洞察力和政治鉴别力等。在思想作风方面，主要考察大学生世界观、人生观、价值观的表现。是否树立社会主义、共产主义世界观；是否树立为人民服务的人生理想；是否坚持集体主义的价值导向；是否具有艰苦奋斗的优良作风以及开拓进取、锐意创新的思想意识等。在道德情操方面，主要考察大学生是否具有高尚的道德品质。这些都需要在高校思想政治教育中注重加强修养，磨炼意志、砥砺品格、陶冶情操，以培养良好的大学生思想道德素质。优良品德对人的一生至关重要，青年时期是人生的起步阶段，可塑性大，是品德养成的关键时期。青年应该努力做中华民族传统美德的传承者，做体现时代进步要求的新道德规范的实践者，做新型人际关系和良好社会风尚的倡导者。在心理品质方面，主要考察大学生是否具有良好的心理品质。大学生要能够掌握心理调节的有效方法，提高克服困难、经受考验、承受挫折的能力，培养良好心理品质，始终保持积极健康向上的心理状态。

（二）高校思想政治教育工作评价机制的指导思想

21世纪是以市场经济为基础，以知识经济为核心，以可持续发展为目标，以改革创新为动力的信息时代。在社会、经济、文化发生巨大变革的现实面前，构建高校政治教育工作评价机制必须要有正确的指导思想。

1. 坚持解放思想、实事求是、与时俱进

在马克思主义指导下，打破传统习惯势力和主题偏见的束缚，研究新情况，解决新问题。在社会主义现代化建设的新的历史时期，在改革开放和建设社会主义市场经济的新的形势下，大学生政治教育评价工作同样面临着许多新的情况和新的问题。可见，大学生政治教育评价机制必须要坚持解放思想、实事求是、与时俱进的思想路线，善于调查研究，发现问题并提出解决问题的对策建议，为改进高校思想政治教育工作的实践服务。

2. 坚持"以人为本"

以人为本主要包含了人是目的、人是主体这两个方面的意思。坚持以人为本，树立以人为本的教育观，是树立和落实科学发展观在教育领域的具体体现，也是进一步实施科教兴国战略、不断推进教育改革与发展的根本要求。树立以人为本的教育观，就是要用以人为本的原则思考和解决当前我国教育改革与发展过程中出现的新情况、新问题，使教育在我国的经济社会发展中真正发挥基础性和先导性作用，在促进和实现人的全面发展中发挥主渠道的作用。因此，构建高校政治教育评价体系应坚持以人为本的指导思想，就是要以学生发展为本，重视关注学生的主体性、感受、体验和潜能的发掘，要有利于学生德育知、情、意、行的全面发展。以人为本要以促进高校思想政治教育发展、提高教育质量为本。必须从学校的实际出发，将目标逐层分解为指标，构建具体的、动态的指标体系。

3. 坚持从实际出发

随着我国社会主义市场经济的确立和逐步完善，中国的经济形成了多元化的发展格局。多元经济形式的存在带来了人们思想观念的转变，这些观念给人们的思想注入了新的生机，也给高校思想政治教育工作带来了机遇与挑战。因此，构建高校思想政治教育工作评价机制，就要从社会主义市场经济建设的实际出发，正确处理思想道德导向一元性与思想道德实践多元性的关系以及教师与学生主体性的关系等，从而发展和完善个人的思想道德品质，推动市场经济的发展。

（三）高校政治教育评价体系的构建原则

按照什么样的目标和价值取向开展评价工作，这都将直接影响评价的发展方向和被评价对象今后的工作取向，这是评价工作的根本问题。如果评价工作的评价标准和根本要求出现了方向性的错误，这种评价就会把高校政治教育引入歧途，背离社会发展的期待与要求，背离评价的根本目的。因此，评价工作必须始终坚持一定的原则。

1. 高校思想政治教育工作评价机制建立和完善的原则

第一，方向性原则。方向性原则是决定并保证高校思想政治教育工作评价活动朝着正确方向发展的准则。它要求评价者在高校思想政治教育工作评价工作中，必须以马克思主义为指导，特别是以中国特色社会主义理论为指导，以高校思想政治教育目标为根据，确保高校思想政治教育工作评价机制建立和健全的正确导向。要在评价工作中遵循方向性原则，就要正确处理好方向目标与达度目标的关系。党的教育方针和大学德育基本目标是方向目标，具体操行指标是达度目标。方向目标是达度目标的基础，达度目标是方向目标的具体化。两者是本源关系，不能颠倒。

第二，时代性原则。时代性原则是指建立和健全高校思想政治教育工作的评价机制要有时代特色。高校思想政治教育工作必须富有时代感，体现时代对大学生思想政治素质的要求。大学生实效性政治教育工作评价机制的构建也应体现先进性，指标、权重、标准都应体现时代精神和时代理念。只有这样才能使高校思想政治教育工作充满生机和活力，不断适应新时期高素质人才培养的需要。为此，我们必须以时代性作为构建评价机制的整体理念和基本准则。

第三，客观性原则。客观性原则是用实事求是规范高校思想政治教育工作评价机制的基本准则。它要求评价者在高校思想政治教育评价工作中，应坚持实事求是的态度，不能主观臆断或掺杂个人感情，要对大学生思想政治素质的状况、高校政治教育机构、高校思想政治教育者、教育过程和实际效果做真实全面的评价。坚持客观性原则，对保证高校思想政治教育工作评价的准确性和有效性具有重要意义，遵循客观原则，评价结果就能使被评价者接受、信服，就能调动被评者的积极性，推进高校思想政治教育工作的发展。

第四，科学性原则。科学性原则是指在制定评价指标体系时，必须严格遵循高校思想政治教育的规律，符合高校思想政治教育工作的实际。按照科学性的原则构建评价目标指标体系，必须做到以下几点：一是评价目标和指标要具有一致性；二是各评价指标要保持相对独立性，不能彼此重叠；三是评价目标和评价指标要全面，能充分、完整地反映高校思想政治教育工作的实际效果。构建评价目标和指标体系，是高校思想政治教育工作评价的核心环节，必须按照科学性的原则，构建有效的评价目标和评价指标体系，高校思想政治教育工作评价才能取得令人信服的结果。

第五，有效性原则。有效性原则指评价指标的实用性、可行性和可操作性。指标体系的繁简程度要适中，在能基本保证评价结果客观的条件下，指标体系要尽可能简化，尽量减少或去掉那些对评价结果影响甚小的指标，否则势必会造成操作困难。就是说，既要抓住主要问题，又要简单易行，指标过少不能恰如其分地反映全貌，而指标过多则冗长繁杂，应根据实际情况和可能，经过反复筛选和提炼，最终确定评价指标。

第六，相对性评价原则。高校思想政治教育工作的评价，通常都要通过系统收集、分析各种反馈信息，才能确定其是否实现了对大学生进行思想政治教育工作的目的以及大学生的思想实际是否发生变化和变化的程度。在这一分析评价的过程中，由于收集和反馈而来的信息具有一定的误差性和效用性问题，以及确定大学生的思想所具有的丰富性、复杂性、变化性、隐潜性等特点，使得对高校思想政治教育工作评价具有一定的相对性。

第七，全面性原则。全面性原则是指对高校思想政治教育工作的全过程及其效果要做全面的评价，要防止片面性。它要求评价者在评价中，要坚持评价标准的全面性和评价因素的全面性。既不能片面地强调某个评价指标，也不能遗漏与评价有关的任一重要因素，要克服和防止"只见树木，不见森林"或"只见森林，不见树木"的形而上学倾向。贯彻全面性评价原则，就是要在评价中，从高校思想政治教育工作的性质、特点、规律和实际情况出发，正确把握效果的整体性和关联性。

2. 高校思想政治教育工作评价机制建立和完善的标准

标准通常有三种含义：一是指某个临界点，二是指一种概念界定，三是指用来衡量其他事物的中介物。总的来说，标准包括工具意义上的标准和实质意义上的标准两种含义。我们对一个事物进行评价，从本质上说，就是通过用工具的标准进行衡量，最终判断是否达到实质标准的过程。高校思想政治教育工作评价机制建立和完善采取的标准也要分为工具性标准和实质性标准。

第一，工具性标准特点。从工具性标准的意义上来说，评价标准要具有等价物的性质。一个标准要作为测评的标尺，首先要具有等价物的性质。高校思想政治教育是我国高等教育的不可或缺的组成部分，但是，高校思想政治教育在不同的地区和高校有着不同的表现形式、操作方式、实践效果。因此，对高校思想政治教育工作进行测评，要找到各地区、各高校的共性特点，在此基础上建立测评体系。其共性特点主要有客观性、兼顾全面性和针对性、公平性。客观性，即对不同的评价客体进行评价时，评价的操作者和评价的环境都不一样，但是，这些外部条件的不同不应当改变评价的最终结果。当面对同一个评价客体时，得出的结论应当是相同的。也就是说，科学评价的标准应当反映评价对象的客观本质，这一本质不受其他外来因素的影响。兼顾全面性和针对性，即评价标准符合评价对象的特点是评价活动取得良好效果的重要前提。评价标准一方面要全面反映评价对象的本质，另一方面又要限定它发挥作用的范围。它应当紧扣高校政治教育实效性这个主题，一方面把所有与之相关的内容纳入其中；另一方面又要排除与之无关的内容和要求，避免评价的内容过多、过杂，冲淡主旨甚至影响最终的准确性。公平性，即评价标准对所有评价对象来说都应当具备良好的接受性。公平性就是指合情合理，评价标准的确定应当从实际出发，从客观条件出发，特别是从评价对象的实际情况出发，不应倾向于哪一个或哪一类评价对象，不应当使哪一个或哪一类评价对象在该评价标准下先天地处于较难撼动的优势地位。

众所周知，中国的高校情况差异较大，各地发展不平衡。坚持公平性，是指要科学地分配各级评价指标，适当减少那些先天的、无法超越的优势在全部指标体系中的比重，促使后进的客体可以有追赶和进步的空间。

第二，实质性标准的特点。评价标准具有多层次性。总的来说，评价高校思想政治教育工作的最终标准只有一个，即以学生是否能够成为社会主义合格的建设者和接班人为标准，且受到诸多因素的影响和制约。因此，高校思想政治教育工作实效性评价标准注定是层次分明、相互衔接的综合体系。

（四）高校思想政治教育工作评价机制建立和完善标准中存在的问题

对于高校思想政治教育工作的良性发展，不仅需要通过表彰先进、树立典型这样的方式加以肯定，形成积极向上的氛围，更需要通过对高校思想政治教育工作进行评价。

1. 形式主义评价

形式主义是指片面地追求某些表面形式，做表面文章，而不注重工作中的实际效果。许多人则满足于表面上的"丰富多彩"，开展各种各样的座谈会但是却无实际效果。这些不顾实效评价的内容和要求，过多地、不适当地追求一些形式的做法，结果只能使群众反感。要讲究评价工作的实效性，就必须实事求是，从学校和学生的实际出发，从评价目的和要求出发；并建立评价制度，严格按照制度规定的标准和原则，根据事实和数据进行评价。

2. 把工作量作为高校思想政治教育工作实效性的评价标准

在进行高校思想政治教育工作实效评价时，存在将其工作量作为实效性的评价标准的问题，把工作量与效益等同起来。然而工作量不等于工作实效，尤其是指导思想和工作方法都欠妥的工作量。高校思想政治教育所进行的一系列活动，只有在使学生能正确认识社会和自然的发展规律，并自觉地运用这些规律去改造客观世界和自我的主观世界时，才能收到良好的效益。因此，那种用工作量作为评价效益标准的看法和做法可能导致思想政治工作的主观主义、流于形式、形而上学等问题。

3. 把个别领导人的讲话作为高校思想政治教育工作实效性标准

上级领导的言论具有权威性，的确是重要的评价结论，应认真学习和领会。但是，将上级领导的言论作为高校思想政治教育工作实效性标准，看不到实际复杂多变性所要求的创造性和多样性，从而发现不了被评价对象的许多特色和亮点。这样的评价标准也会误导评价对象，形成"唯领导语录是从"的僵化工作局面。

4. 把生产成果作为高校思想政治教育工作实效性的评价标准

通常情况下，业务成绩或生产成果是一个单位各方面工作效益的综合反映，其中也包括思想政治工作实效。因此，把业务成绩或生产成果作为评价高校思想政治教育工作效益的重要标准之一，是正确的。但如果将其作为唯一标准，则就是片面的。还应当指出，用业务成绩或生产成果作为评价高校思想政治教育工作效益唯一标准的看法和做法，在实际工作中危害是很大的。一方面，不利于实事求是地评价高校思想政治教育工作效益；另一方面，不利于高校思想政治教育工作和业务工作相结合。另外，任务完成不好时，容易出现互相埋怨、不团结等现象，从而不利于高校思想政治教育工作和业务工作的结合。

（五）高校思想政治教育工作评价机制的构建

1. 高校思想政治教育工作评价机制是一个分层次的系统

高校思想政治教育是由若干基本要素构成的一个系统。每一个要素又由若干子要素构成。根据大学"全员育人"的教学理念，以及"教书育人、管理育人、服务育人"的要求，"教育者"这一要素还包括与高校思想政治教育相关的其他教师、管理者、服务者。因此，我们可以按照这些要素及其组合而产生的效果（后果），或者按照高校思想政治教育工作的过程及其效果，来构建高校思想政治教育工作的评价机制。

如果是实行全面评价，按照高校思想政治教育工作的基本要素，或按照高校思想政治教育的教育过程及效果来构建的指标体系，称为一级指标体系；按照基本要素的子要素，或按照教育过程及其效果的子要素而构建的指标体系，称为二级指标体系。如有必要，依次还可以继续建立三级指标体系和四级指标体系。如果是对高校思想政治教育工作的某一要素或者是对高校思想政治教育工作过程的某一阶段、某一环节进行评价，则这一要素或这一阶段、环节就是一级指标，其下依次可分解出二级、三级指标。

由此可见，高校思想政治教育工作评价机制，既是一个系统概念，又是一个层次概念。

2. 构建高校思想政治教育工作评价机制的要求

高校思想政治教育工作评价指标，即高校政治教育总目标的具体化。在高校思想政治教育实践中，用笼统、抽象的总目标直接对评价对象进行价值判断是很困难的，这就需要将总目标分解成具有可操作性并具有一定内部组织结构与层次的子目标。高校思想政治教育工作评价指标体系就是由总目标分解的一系列子目标相互联系、相互制约而构成的整体系统。科学的评价指标体系能多层次、多侧面地反映高校思想政治教育的过程和效益。

要建立好高校思想政治教育工作评价指标机制应遵循以下具体要求：

第一，各项评价指标要和高校思想政治教育工作目标保持统一。评价指标作为教育目标的反映，必须与教育目标保持统一，必须能够充分地反映教育目标。若两者不统一，就会把评价工作引入歧途。这种统一性，具体地表现为两个方面：一是评价所设计的指标的要求和方向必须与教育目标的要求和方向相统一，不能出现与目标相悖的指标；二是各项指标间也应保持统一性，不能把两项相互冲突的指标放在同一评价系统中。

第二，各评价指标之间要有相对的独立性。指标系统内的各项指标之间都应有自己的特定内涵，明确的外延，相互独立，互不包含。指标若不独立，在实际操作中，就会出现重复操作，造成不必要的时间、精力和人力、物力方面的浪费，同时还会加大该指标的权重，这势必会影响评价工作的科学性。

第三，评价指标体系作为一个整体应具有完备性。设计的指标体系必须能完整地反映高校思想政治教育工作目标。指标完整才能全面反映高校思想政治教育工作的目标。在设计其指标前，必须对指标的内涵与外延有一个透彻的理解和把握，使指标的设计不出现遗漏和欠缺，这样才能完整地反映教育目标。

第四，评价指标应具有可测性、可比性和可接受性。评价指标所规定的内容能够通过实际观察或测量的方法，获得确切的反馈信息，经过分析，得出明确结论。测量的结果可以进行科学的比较。而且，所设立的指标应当符合受评者实际状况，能为受评者所接受。

高校思想政治教育工作的评价是对高校思想政治教育工作的实施、发展和变化状况进行评价和确认的活动。通过评价过程中的衡量和比较，有利于发现新形势下思想政治教育出现的新问题，探索大学生思想转化的途径和方法，找到增强高校思想政治教育质量和效果的最佳途径。因此，加强对高校思想政治教育工作评价问题的研究，建立高校思想政治教育工作的科学评价机制，对推动高校思想政治教育的建设，充分发挥高校思想政治教育在高等教育中的核心作用具有重要的意义。

第九章　高校大学生思想政治教育路径拓展与创新

大学生思想政治教育路径的实践展开，使大学生思想政治教育的实效性得以实现。随着时代的发展和社会的进步，有的路径被淘汰，有的路径得到发展和完善，还有新的路径不断产生。路径的具体形态更加多样，路径之间的相互联系、相互作用、相互影响更加突出，构成了大学生思想政治教育实践路径系统。

第一节　高校大学生思想政治教育组织路径

组织路径是指通过建立组织，把教育对象有效地组织起来，对他们实施教育，或引导他们进行自我教育。它不仅是实施大学生思想政治教育的有效组织形式，而且本身能够通过规范、约束等实现思想政治教育的功能。它具有严密性、综合性、群众性等特点。

一、大学班级建设

班级是大学生思想政治教育组织路径的基本单元，是大学生的基本组织形式，是大学生自我教育、自我管理、自我服务的主要组织载体。其特点是集中性、统一性、规范化，具有团结学生、组织学生、教育学生的职能。

（一）当前大学班级建设存在的问题

新时代，高校所处的环境发生了深刻变化，大学生班级群体也遇到了一些新的问题，具体表现如下。

1. 学分制在一定程度上弱化了班集体组织学习的功能

当前的学校教育中，绝大多数学校都推行了学分制改革。学分制的优点在于能够充分调动学生的学习积极性，激发学生的主动性，发挥学生的个性，最大限度地尊重学生学习的主体性。但对于学生工作来说，学分制弱化了大学生班集体组织学习的功能，对大学生班级群体教育产生了不小的冲击。在学分制教学模式下，学校提供各种便利条件，准许学生自主选专业课、选任课教师、选上课时间、选修业年限。班级中的同学可以根据自己的偏好自主安排个人的学习，班集体集中统一组织同学学习的可能性变得越来越小，学生依托班集体进行学习的观念越来越淡漠，班级和年级概念也越来越淡化了。而从我国现有高校的教育分层集中管理模式来看，学生管理的一切措施力求标准化、规范化，这给大学生班级群体教育提出了不小的挑战。

2. 班级组织体系受到削弱，淡化了学生的班级集体概念

大学生刚刚入校时，由于对新环境比较陌生，人的行为具有明显的谨慎性，他们急于寻求组织的归属感，也乐于遵守学校的规章制度，再经过入学教育、军训等强化性集体活动，这时的集体观念是最强的，班级也能够很好地把同学组织起来，班委会和团支部的威望也是比较高的。但随着环境的熟悉、强化性集体活动的结束，这种浓厚的凝聚力和较强的组织体系很快便瓦解了。尤其是毕业班的同学，由于找工作的任务，赶招聘会、参加面试、实习等，这些大都属于个人行为，最多也只是三两个同学一起，班级群体在这方面发挥的作用微乎其微，而辅导员也只能起到督促和指导的作用，班级的群体教育几乎名存实亡了。

3. 辅导员工作事务性特征对班级教育连续性实施有一定的影响

在当前高校辅导员的工作中，对班级群体教育的实施还存在诸多不尽如人意之处，最主要的问题就是辅导员事务庞杂繁多，从而在很大程度上影响了班级群体教育的连续性。

（二）大学班级建设途径

进入新世纪以来，立足新的历史起点，着力加强班级建设，充分发挥班级的思想政治教育功能，成为推动大学生思想政治教育发展的重要任务。

1. 注重班级建设的自我设计

要着力加强班集体建设，组织开展丰富多彩的主体班会等活动，发挥团结学生、组织学生、教育学生的职能。这可以从以下两个方面入手：第一，关注学生个性，将学生的个体发展纳入班级整体格局之中。学生发展存在差异，就学业表现来说，有成绩优秀者、成绩居中者和暂时落后者；就行为表现来说，有班级活动的骨干分子、积极参加者和暂时孤立者。这些差异都可以成为班级管理的教育资源。可以帮助学生建立三个层面的班级人际关系网络，帮助同学们联系之间的感情。第二，做好学生的心理辅导。大学生思想政治教育者应当成为学生信任、亲近的人。以期待、平等的眼光看待学生，期望每一位学生健康成长，尊重、关心、信任他们，真诚地发现学生的长处，平等待人，在平等相处中建立师生间的信任关系和双向交流，消除学生的疑惧心理与对立情绪，缩短师生心理距离，从而形成一种老师关心学生、爱护学生，学生尊重老师的教育情境，建立融洽、合作、互相支持、互相理解的师生关系。

2. 优化班级建设的运行机制

在弹性学分制等因素的影响下，班级成员在时间和空间上的离散程度高，因此加强同学间的相互交流和有效沟通，建立通畅的沟通渠道是非常有必要的。可以从以下四个方面入手：第一，加强班会的开展。只要班主任和学生们对班会善加利用，就可以在学生之间、师生之间、老师之间创造更有成效的沟通机会。第二，组建学生合作小组。组建小组的方式可以多样化，并根据实际需要灵活调整，既可以将不同发展水平的学生组成一个小组，也可以在另一阶段、另一领域根据学生成绩组建学习小组，还可以根据学生自愿组合的原则，将非正式群体转变为班级正式群体。第三，健全班级制度。加强大学生班级群体教育，塑造积极向上的大学生班级群体，需要相应的制度规范对班集体及其成员进行制约和引导，使其不致偏离班级群体教育的目标。这其中的制度规范至少应该包含两个方面。首先，学生的个人行为规范，主要由学校制定颁布的学生纪律规范和班级自我约定的行为规范组成。其次，班集体的行为规范，同样可以分为学校的规范和班级自我规范。第四，搭建虚拟化班级平台。搭建虚拟化班级平台可以通过申请网络空间建立班级论坛，论坛中设有管理员、版主等组织机构，根据班级成员的偏好在论坛内部设置专业学习区、情感交流区、影视区、灌水区等诸如此类的板块，在这些区域中，班级成员进行信息发布、班务管理、专业学习探讨、情感交流等等。

3. 加强班级文化建设

班级文化对于大学生品质的塑造和综合能力的培养起着潜移默化的作用。营造和谐的班级文化，能为学生创造良好的教育环境，有助于学生的可持续发展。

构建优秀的班级文化，可以从以下几个方面着手：一是创建优秀的班级文化氛围，努力创造浓厚的学习气氛、团结和谐的同学关系和勇于拼搏的进取精神，同时还要努力构建愉悦的文体活动氛围。二是制定系统的日常行为规范。"没有规矩，不成方圆。"大学生班级群体教育应该注重运用各种行为规范来约束成员的日常行为，有奖有罚，奖罚分明。三是树立班级目标，结合专业特色科学合理地界定本班级的目标，并使班级成员明确要达到目标自身需要进行哪些努力。最后，也是最重要的，是培育班级精神。班级精神是班级活动的指导思想与行动准则，是对班级目标的高度凝练。班级精神要根据专业的特点进行浓缩和提炼，倡导诚实信用、公平友爱、团结协作、顽强拼搏的高尚班级精神。

4. 举办班级活动，增强班级凝聚力

各种班级活动，不仅可以使大学生获得知识，愉悦身心，更重要的是，它是班级成员之间互相沟通交流的主要形式，对于增进班级情感，增强班集体的凝聚力有着至关重要的作用。这就要求我们要十分重视大学生的班级活动，每次活动前都要精心地策划、认真地准备，进行广泛的动员，宣传参加活动的意义，并带领学生进行必要的培训和练习，尤其是要在活动中使学生感受到实现自身价值的乐趣，感受到集体的温暖。这样，他们才会倍加珍惜同学之间的友情，对班级活动产生强烈的共鸣，对班集体产生更强烈的认同感和归属感，集体主义精神才会在悄然之间深入到每个人的心中。

二、大学生党团组织建设

党团组织是大学生思想政治教育组织路径中的骨干力量，是高校开展大学生思想政治教育的组织基础。

（一）大学生党建

1. 当前大学党建面临的问题

在新的历史条件下，大学生党建工作面临许多难得的发展机遇，同时也面临许多新的问题，机遇与挑战并存。当前及今后一个时期，大学生党建工作主要面临着五大矛盾和挑战。

第一，多元价值观念与主流价值导向之间的矛盾和挑战。当前，国内形势正在发生深刻变化，全球化对我国呈现出的影响正由经济领域向社会生活等各个领域扩展，使得全国范围内的各种思想文化相互激荡、冲突。作为文化阵地的高校，必然会受这股潮流所影响。高校学生党员也同样避免不了。一些封建迷信和愚昧落后的思想观念也沉渣泛起，对部分学生党员的世界观、人生观和价值观产生消极的影响。外部环境的复杂性将对大学生党员的培养教育产生巨大的冲击。市场经济法则的不适当运用、体制转型带来的多样化社会发展趋势、信息技术的飞速发展和普及、非主流意识形态对主流意识形态的冲击等对大学生党建工作的影响最为重大，如果应对不当，将直接影响大学生党建工作的成效。

第二，实际绩效的提高与制度建设不足之间的矛盾和挑战。前几年，党中央和国务院提出"班级有党员，年级有支部"的学生党建要求，经过近几年的努力，总体来说，各高校基本实现了党建要求。随着高校扩招和高校党建工作对在大学生中发展党员的重视，在校学生党员队伍不断扩大。原来一个学生党支部只有几个人的规模，而现在却有20~30人的规模，部分学校学生党支部的党员数量达到50~60人，在毕业前夕甚至达到80人左右的规模。但由于国家对学生党组织的设置问题没有明确，所以学生党组织在设置上存在一些问题。这表现在两个方面：一是学生党员队伍不断扩大，学校从事学生党建工作的党务工作者队伍变化却不大，两者间数量上存在相当的矛盾，这需要高校从事学生党建工作的同志付出更多的时间和精力，对他们也是一个考验；二是过于庞大的大学生基层党支部没有进一步细化，学生党员在学分制的情况下也很难组织，因此组织生活开展的可能性很小，这就不利于对学生党员队伍中新老党员的教育和培养。面对这种情况，从组织的角度来有效组织学生党员开展活动，很难取得实效。

第三，数量急剧扩张与质量保证提升之间的矛盾和挑战。有数据显示，从 2012 年到 2016 年，全国大学生每年发展党员数量增长了近 5 倍。尤其是近 3 年来，各高校发展大学生党员的力度更大。现在的高校学生党员大都出生于 20 世纪 90 年代，与之前的大学生党员相比有新的特点：一是心理发展期普遍呈现前移的特点；二是独生子女，自理能力相对较差；三是社会阅历严重不足，心理成熟期又呈现出后移；四是生理发展和心理成熟距离拉大，心理稳定性和承受力差，理性思维相对欠缺，缺乏社会责任感。当他们处于当今这样一个复杂多变，各种思想文化相互交织，各种社会矛盾相互冲突的时代，容易迷失前进的方向，引起价值取向的多元化。如何在大学生党员数量不断扩张的情况下，保证和提高大学生党员的质量，是当前和今后一段时期大学生党建工作的一大矛盾和挑战。

第四，载体、手段创新不足与发展需求多样之间的矛盾和挑战。大学生群体具有思维活跃、需求变化多样性的特征，要提高大学生党建工作的成效，必须迎合大学生群体的需要。但从目前的情况看，与多样性的大学生特点和要求相比，大学生党建工作仍然存在工作载体、工作手段不足的现象。相当部分高校党建工作仍然停留于过去的套路，创新不够。比如，对校园内丰富的载体资源利用不足，对网络、文化、仪式等载体的认识和发掘不足，对思想政治教育内容和形式的拓展不足。这些不足，使得大学生党建工作的载体、手段与大学生的需求、特点之间的矛盾比较突出，如何应对这个矛盾和挑战，是我们要着力研究的课题。

第五，主体能力素质与工作创新发展之间的矛盾和挑战。近年来，以二级学院党委（系党总支）副书记、学生政治辅导员、学生党支部书记为主体的大学生党建工作队伍建设取得了显著的成绩，大学生党建工作有了一批高学历、高素质、专业对口的本科生、硕士甚至博士，这些生力军的加入，对大学生党建工作的创新和发展提供了有力保证。但是，与大学生党建工作的要求相比，这支队伍的总体素质仍然存在不足。一是人员队伍变化跟不上工作量的要求。在高校扩招背景下，高校学生和学生党员人数急剧增加，学生党建工作量不断加大，不少高校学生党建工作人员数量出现短缺，客观上加重了学生党建工作队伍的负担。二是人员素质难以适应工作需要。随着形势的发展和学生的变化，一些从事大学生党建工作的教师在政治理论水平和业务工作能力上出现了不适应的现象；新入职的大学生党建工作人员无论知识储备或是工作经验都存在不足。三是高校的其他工作影响学生党建工作。随着高校改革进程的加快，高校教职员工普遍面临着巨大的竞争压力，受效益观念和建设综合性大学要求的影响，学术科研成为高校工作的主题，高校完美地从学校变成了科研院所。大学生党建工作往往得不到员工应有的重视，学生党建工作者也没接受学历再教育和培养提高工作能力，使得他们的理论和管理水平难以适应工作需要，这些都直接影响了学生党建工作的质量。

2. 大学党建工作途径

第一，坚持党委的统一领导。党的领导是大学生思想政治教育工作的核心保证，坚持党委的统一领导，首先必须明确党委的领导职责，党委领导主要是政治方向领导、决策领导、协调和监督领导。其次，坚持党委的统一领导，必须确立党委书记的责任。党委领导是集体领导，对思想政治工作集体负责，每个党委成员都是思想政治工作的责任人。在党委班子中，党委书记是班长，对党委决策具有重要的影响作用，在党委集体负责人中自然是第一责任人，一所高校能否在党委领导下，真正将思想政治教育搞上去，关键在于一把手是否重视。

第二，加强大学生党组织的思想建设。思想建设是学生党组织建设的首要任务。学生党组织建设工作者应适应不断发展的形势，针对高校实际，特别是学生思想实际，以切实有效的措施，抓好思想建设工作。一是构建学习教育体系的多样化。二是改组学生组织建设，强化学生组织教育功能。

第三，严格大学生党员发展程序。大学生党员的发展应在从严把握党员标准的基础上，严格遵从党员发展的程序，坚持政治审查、集中培训、发展对象公示、党组织集体讨论表决等程序，把符合条件的优秀大学生吸收到党的队伍中来。各院、系在初步确定发展对象后，把相关资料报到学校，学校组织部门在审查后，把发展对象的基本情况进行整理、汇总，然后召集学生处、团委等进行联合会审，严格筛选，共同把关，保证新党员的质量。对发展对象进行系统、严格的培训，把培训表现作为考察、审批的重要内容。在发展对象通过会审初步确定后，学校组织部门要组织具有丰富经验的党务工作者组成考察组，直接到学生和老师中听取对该学生的意见，全面了解每个发展对象的情况。对具备条件的，要及时研究并报党委审批；对不符合条件的，宁缺毋滥，坚决不予审批，但要说明理由，做好解释工作。

第四，建立纵向型大学生党支部。在新时期以科学发展观指导高校学生党建工作，应该坚持统筹兼顾的原则。根据这一原则，可采取学生党支部与教师党支部共同建设，互相支持帮助，试行有关教师党员过双重组织生活的组织管理模式。一是要在学生党员培养人上进行共建；二是要坚持学生党支部书记由专业教师担任，副书记由学生党员担任的原则；三是要将班主任作为共建的重点；四是要在科研以及服务社会方面实现共建。

（二）大学生团建

加强和改进大学生共青团建设，是执行党的政治路线，贯彻大学生共青团工作任务的组织保证，是大学生思想建设的基础和前提。

1. 保证党的领导

要保证党的领导，坚持团的基本性质。保证党的领导是团委工作本质不变的根本。在社会主义初级阶段，保证党的领导就是要保证党在政治、思想、组织、工作上对大学生团的建设的全面领导。

2. 加强大学生共青团的思想建设

团委思想建设的基本形式是坚持开展团的组织生活。团的组织生活是团组织对团员进行自我教育的主要形式，一般是指团的支部大会、团小组会，以及团的基层组织面向大学生开展的以思想政治教育为主要内容的各种活动等。

（1）组织学习

学习是团的组织生活的经常性必要性内容。共青团要深入贯彻习近平总书记关于加强学习的重要指示，在全团掀起学习的热潮。在组织学习时应注意经常组织大学生进行主题讨论，鼓励团员青年敞开思维，认真思考，各抒己见，加深对学习内容的理解交流。

（2）载体和阵地建设

思想建设的重点不仅仅要存在于现实之中还要在网络上开展。网络是大学生交流的一个重要平台，因此网络社区也要成为开展团员青年思想教育的载体和阵地。积极建设大学生思想教育网站，占领网上思想教育的阵地，以加强网站的服务力度，增强团组织思想教育的吸引力，通过学习、就业、交友、心理咨询、法律援助等大学生感兴趣的、能切实为大学生服务的形式建设网站。

（3）开展活动

活动是团的基层组织较为经常采用的一种组织生活形式，共青团组织已经积累了丰富的活动经验，并有待继续深化。团的组织生活采用活动形式不仅能开阔大学生的视野，增长知识才干，而且能够使团的组织经常保持旺盛的生机与活力。在团的工作逐步向社会化拓展的形势下，要认真研究和探讨如何使活动更适合团员和青年特点，坚持思想性、知识性和趣味性的有机结合。同时，要注意调动大学生的主观能动性，使他们的积极性得到充分发挥。在活动中有意识地进行自我教育、自我提高。

3. 坚持改革创新

当前共青团事业正处在一个新的历史高度上，共青团工作要在工作思路上进行观念创新，在工作方式上进行方法创新，在自身建设上进行体制创新，推动共青团工作不断焕发出蓬勃的生机和活力。观念创新就是要在学习继承和坚持马克思唯物主义认识论优良传统的基础上，用新观念、新思维来观察、认识新情况，并努力学习借鉴先进的社会组织理论和管理经验，结合当前的形势，对团委工作实现认识上新的突破。方法创新则是指在观念创新的基础上，对团建的工作方法提出新的举措，一定要做好之前对于团建工作在新形势下的认识，积极探索总结新形势下团的建设工作规律，反思之前团建出现问题的原因，并解决工作中新的问题。体制创新是指团的建设在方法创新的基础上，改革团委建设过程中不符合新形势下团委建设要求的旧体制，要提倡大胆尝试、大胆创新，要敢于冲破体制格局的束缚，慎重而积极地推进团的体制改革，逐步建立起与社会主义市场经济相适应的团的建设和团的工作新体制。认识创新是方法创新和体制创新的基础，方法创新和体制创新是认识创新的检验标准，这是马克思主义认识论在团委建设的又一次重大指导。

（三）建设新型团组织

1. 学习型团组织

大学生共青团是广大在校大学生在实践中学习中国特色社会主义和共产主义的另一所学校，把学生培养成为"四有"社会主义新人是共青团的根本任务。从这个意义上讲，共青团本身就是一个学习型组织。学习型团组织可以概括为：全体共青团员和共青团各级组织具有持续增长的学习力的、能让全体团员进行创造性学习并在学习中体会到工作和生命意义的、能使整个组织获得快速应变能力和持续创造能力的组织。

建设学习型团组织，要求高校团委坚持"解放思想、实事求是、与时俱进"的思想路线，要坚持结合自身的实际，对其他学习型组织的管理理念加以借鉴和吸收，把学习型组织的理论与党的重视学习和重视自身改造的优良传统结合起来，营造终身学习的组织环境，使学习成为一种经常化、普遍化和制度化的行为，使团组织成为团员相互学习的课堂、交流思想的精神家园和团结前进的战斗团体。

2. 创新型团组织

创新是一个民族进步的灵魂，是一个国家兴旺发达的不竭动力。团委工作思路创新，有思路，才有出路。解放思想，实现工作思路的创新，是共青团创新的根本。做到工作思路创新要把握好三个方面：一是要努力把握新时期做好共青团工作的规律；二是在谋划和部署工作中，积极开辟工作的新领域和新的生长点；三是在推进工作中，要努力摆脱在计划经济条件下形成的单一行政思维模式，树立适应市场经济发展要求的思维模式。

面对经济社会的深刻变革，要积极推进团的建设理论创新、制度创新和工作创新，切实加强和改进团的自身建设。首先，要认真研究把握共青团工作面临的新情况。其次，我们要在始终坚持团组织的根本性质和宗旨的前提下，着眼增强团组织的适应性，扩大团组织的覆盖面，把巩固与创新结合起来，发挥好党联系广大在校大学生的桥梁和纽带作用，努力把团组织建设成为团结教育大学生的坚强核心。最后，在团干部队伍建设方面，广大团干部要树立强烈的政治意识、责任意识、学习意识，把工作激情、科学精神和务实作风结合起来，加强团干部的教育培训，拓宽团干部培养锻炼和交流、转岗渠道，培养一支专业化、职业化的青少年事务社会工作者队伍。

3. 服务型团组织

服务大学生是大学生共青团的重要使命，是新时代大学生共青团工作的总体要求。团委工作必须全面重视这一要求，把服务大学生作为大学生共青团全部工作的出发点和落脚点。

第一，服务大学生学习成才。青年时期是学习的黄金时期。来到大学，学习成才是大学生的强烈愿望。大学生共青团要服务大学生学习成才，要在他们学习成才的道路上帮助他们解决心理上的障碍，解决知识上的困惑，指导成才的方向，让他们在身体上和心灵上健康成长。只有服务青年学习成才，才能为国家和人民培养合格的"四有"人才，大学生共青团才能完成党交给的重大任务。

第二，服务大学生做好就业。大学生共青团要重点服务当前大学生最迫切的需求，而当前最突出的地方就是大学生就业。因此，大学生共青团要高度重视和配合政府做好大学生就业促进工作，帮助就业困难大学生做好就业工作。把党培养的优秀大学生输送到祖国建设的第一线，为国家经济建设服务，发挥大学生青年的创造力和激情，是服务大学生工作的重要方面，也是圆满完成党的任务的关键一步。因此服务大学生就业是共青团当前重大而艰巨，光荣的任务。

第三，服务有特殊困难的大学生群体。共青团服务高校大学生要优先服务困难群体，积极帮助家庭经济困难学生，深化和拓展希望工程，通过开展济困助学、勤工助学、大学生互帮互助等活动照亮学子前行的道路。

第四，服务青年的精神文化需求。高校大学生是一批有着高素质的青年群体，因此在校大学生有着很强的精神文化需求。高校青年的文化阵地我们不去服务不去占领，西方资本主义文化就要去服务去占领。

第二节　高校大学生思想政治教育社会实践路径

大学生社会实践活动在我国高校具有良好的传统，通过大学生社会实践，可以使学生的能力不断加强，使青年学生在开放的环境中受教育、长才干、做贡献，在社会坐标中找到自己的位置，为将来投身社会改革和建设做好准备。

一、大学生思想政治教育社会实践的特点

（一）综合性

大学生社会化的任务是为进入社会、承担社会职责做好全面的准备，必然要求大学生在学习、成长成才和社会化过程中，全面系统地掌握知识、提升能力、锤炼品格、了解社会，成长为社会所需的高素质复合型人才。因此，大学生社会实践活动必须具备社会实践内容的全面性、实践形式的多样性和实践理念的包释性，这就赋予了大学生社会实践活动所具有的综合性特征。首先，大学生社会实践应该实现德、智、体、美的有机结合，完成全方位育人的目标，强化社会实践内容的全面性；其次，大学生社会实践应该实现自我教育、学校教育和社会教育的有机结合，突出社会实践形式的多样性；再次，大学生社会实践应该实现主观与客观、理论与实践的有机结合，彰显社会实践理念的包容性。

（二）主体性

大学生社会实践突出实践性，也即主体本身的积极性、主动性和创造性，是以主体的全面发展为目的，通过生动活泼的活动来影响主体的观念和行为的。因此，相对于传统思想政治教育强调以学科知识体系为中心、以教师为中心，现代思想政治教育实践教学更应当充分尊重学生的积极性、主动性和创造性，发挥学生自教自律的功能，培养学生的主动性和创造力。首先，实践教学以培养、提升学生的主体性作为目的，而不是单纯地灌输政治观念和理论知识；其次，现代思想政治教育实践教学在整个过程中都注重学生的主动参与和亲身体验，学生在活动中处于主体地位。无论是实践课题的选定、材料的搜集或者具体实践活动的选择和开展，还是实践活动结束后的总结与升华，都离不开学生积极性、主动性的发挥。可以说，强调学生的主体性是实践教学的本质特征之一。

（三）预演性

严格意义上来说，大学生社会实践行为本身，很大程度上依然属于"校同行为"。对于大学生而言，这种活动是一种有意义的起点，未来的知识储备、能力释放、生命体验、生活展演、事业开拓，都必须借助于大学阶段的教育和相应的社会实践活动奠定良好的基础。所以，社会实践活动是大学生对未来社会生活、工作方式与学习方式的一种预演，可以对大学生产生积极作用，有利于培养成人感受和社会性情感，锻炼自理能力，培养日常生活、工作技能。有利于他们尽快融入社会，加快他们的社会化进程，尽早成才。具体而言，这种预演性特征有三个方面：一是思维的预演性，二是行为的演练性，三是环境的仿真性。

（四）创造性

创造是人类实践活动独有的特征。建设创新型国家，提高自主创新能力，是我国现代化建设的时代要求。因此，培养具有创新精神与实践能力的高素质人才，是高等教育肩负的历史使命。大学生作为继往开来的青年一代，在社会实践活动中同样要完成学习继承的历史任务，更要勇于面向未来、开拓创新。这就要求大学生社会实践活动必须具有创造性特征，这种创造性特征具体表现为以下方面：首先，大学生在社会实践教育活动中活学活用知识的应用性特点；其次，大学生在社会实践活动中追求新知、探求未知的探索性特点；再次，大学生在社会实践活动中实现从无到有、综合集成、拓展深化的创新性特点。显然，这种创新性的社会实践活动，有助于大学生处理继承与创新、平庸与卓越、失败与

成功的相互关系，为创造性实践引领方向。

二、大学生社会实践的功能作用

当代大学生社会实践活动是一种学习性、成长性实践和社会化实践，它在大学生的成长中起到重要的作用。主要表现在以下三个方面：

（一）对知识的掌握、应用和创新

这是社会的首要功能，在社会实践活动这个实践的、整体的和开放的综合教育平台上，大学生可以获取知识，体验情感，发展个性，提升全面发展的水平。

1. 掌握知识

知识就是力量。知识主要有陈述性知识和程序性知识两种。前者是说明"是什么"的知识，后者是关于"怎样做"的知识。如果说学生通过课程学习获得的是陈述性知识，那么，社会实践无疑有利于大学生程序性知识的掌握和陈述性知识的理解。当今的大学教育过于强调以公正的准则为基础，重视对知识的模仿与继承。相反，社会实践则强调学生的知识获得，遵循从现实中学、从实验中学、从研究中学的路径，突出大学生对知识的概括、提炼和领会，重视大学生读书学习的最终目的是运用知识解决问题，因此，社会实践是大学生获取新知的导航器、知识掌握状况的检测器、知识巩固和知识领会的助推器。

2. 应用知识

对于大学生来说，不仅仅是领会和巩固知识，更重要的是学会对知识的灵活应用。社会实践活动是大学生"学以致用"的舞台，它以满足需要和解决问题为核心，强调大学生积极探究所面对的世界，注重大学生在活动中学会发现、学会践行知识。通过这种实践活动，大学生不仅可以了解知识、把握现实社会，还可以在活动中体验感悟、创设情境、主动探究，从而使他们的知识与能力得到完美连接和释放。

（二）有利于大学生全面成长成才

促进大学生全面成长成才这一功能主要表现在三个方面：

1. 提升大学生的综合素质

当今世界，国家间的竞争说到底是人才的竞争，人才综合素质的高低决定人才对社会贡献率的大小。我国高等教育的重要任务主要有两个方面，不仅要提升大学生的专业知识和技能，也需要他们具有较高的思想道德素质、科学文化素质、艺术审美素质、劳动素质和身心素质。因而，大学生必须从社会实践中学习，从群众中学习，坚定社会主义信念，强化各种知识和技能的学习，注重身心健康，追求科学发展，全力把自己培养锻炼成为社会主义建设的"四有"新人，用所学知识服务社会和人民。

2. 锻炼大学生的实践能力

大学生的实践能力就是指大学生解决问题的能力。大学生学到的知识可以在社会实践中得到证实，从而可以强化他们知识与技能的针对性应用和训练，帮助他们了解、熟悉社会各种行业、职业资格认定标准和角色活动领域以及所需的各种专项技能，并将这些要求作为培养与提高自己实践能力的参照指标。同时，社会实践活动还能有效锻造大学生的分析判断能力、监控评价能力、决策执行能力等情景实践能力，全面推动大学生积极追求综合实践能力匹配。

3. 完善大学生的人格

健康的人格对一个人的成长成才和社会来说都有积极的意义。处于"成人早期"的大学生，虽然人格还具有较强的可塑性，但社会实践能极强地促进大学生准确定位自身价值，培养他们具有远大的奋斗目标和强烈的道德责任感，推动他们提高自我意识，形成良好的情绪自控能力，构建良好的社会适应能力与和谐的人际关系，讲究合作、自律，具备乐观向上的生活态度和崇高的审美情趣，塑造健康的人格。

（三）有利于推动大学生社会服务

社会实践活动推动着校外现实生活与高等教育之间的有效对接、凸显着自身面向现代化、服务社会的功能。

1. 推动大学生与生产劳动的结合

与生产劳动相结合是马克思主义教育思想的重要指针。社会实践连接着高等教育与社会生产活动，有效推动大学生走上社会、适应社会需求、承担社会责任。

第一，与生产劳动相结合可以磨炼大学生的立业心智。大学生完成学业后，必然以普通劳动者的身份进入社会选择职业。现实带给他们立业压力是全方位的，如高校扩招、用人单位要求过高、就业单位薪酬偏低、工作环境较差以及创业过程中市场、资金、技术、设备等方面带来的压力等等。现实的和准现实的多层压力加于当代大学生肩上，理想的目标与预期与现实的满足程度反差明显，立业间的现实矛盾更加突出，大学生的立业心理出现极大波动。因此，通过社会实践活动，大学生可以对用人单位的人才需求信息和趋势有一定的了解，认识到来自社会职业竞争的压力，调整自身的立业目标以适应这样的社会，矫正心态转变观念，抓紧机会，以"先就业后择业再创业"的方式学会生存学会立业。实践已经证明，机遇垂青有准备的头脑，心智的磨炼是成功的开始。

第二，与生产劳动相结合是对大学生立业素质与能力的一次综合试行。在社会实践活动中，大学生应当努力提高自身的综合素质和劳动技能。通过社会实践活动，大学生一方面会增加工作经验和社会阅历；另一方面，积极参与社会实践活动，发现自身的不足，调整课程选择，明确职业目标，自主规划学生生涯，合理安排时间，恰当利用学习时间，完善知识结构，强化专业技能训练，实现知识向能力的转化、由学业意识向职业意识的转化，拓宽大学生职业选择的渠道，综合试行大学生服务社会的本领。

当然，在实际生活中，大学生以多种方式与生产劳动相结合，如主体上的大学生个体与群体，方式上的实习、实训、勤工俭学、挂职锻炼等，实践上的假期与平时，空间上的乡村与城市，等等。

2. 推动大学生与人民群众的结合

坚定不移地走与人民群众相结合的道路是我国有志青年团结进步、奋发成长的必由之路。"与人民群众相结合"的思想，是马克思主义"与生产劳动相结合"思想的深化和具体展开，规定并演练着青年大学生成长成才的正确方向和精神境界，青年大学生只有与人民群众相结合，才能成长为坚定的马克思主义者、社会主义事业的可靠接班人和合格的建设者。大学生不仅要从书本上、课堂里系统地学习、接受马克思主义理论和中国特色社会主义理论体系，还必须从当代中国的实践中学，学会运用马克思主义的立场、观点和方法去分析、研究和解决现实问题。走与人民群众相结合的道路，实质是坚定地走与马克思主义相结合的道路。社会实践活动既是对大学生政治觉悟、精神境界的检验，也是对大学生政治觉悟和精神境界的演练。同时，只有与人民群众相结合，大学生的知识体系和能力体系才能得到充实、检验与演练。在校大学生的知识体系和能力体系并不完整，只有同人民群众相结合，才能做到书本知识和实践知识相结合、能力发展与社会需求相统一。因此，社会实践推动大学生与人民群众的结合。

3. 推动大学生学会生存

社会实践活动既包含对生存知识与能力的学习，也包含对生存意义的追寻和探求。社会实践活动可以有效地推动大学生，从而使他们更好更快地融入社会、立足社会、服务社会。因此，为正确引导学生，克服和消除社会实践活动被弄得游戏化、炒作化、作秀化等不良倾向，我们应该广泛动员，认真组织，提高大学生参与社会实践活动的主动性与积极性。与此同时，还要给予大学生以恰当的指导，以多种方式强化挫折教育，历练他们的意志。此外，我们还应该营造良好的社会舆论环境，制定相应的实践活动细则，规范具体要求，以制度化、科学化的方式保障大学生提高社会化生存能力，从而使他们肩负起新世纪祖国发展所赋予的历史重任。

三、加强大学生社会实践建设路径

（一）加强和完善组织管理

1. 加强组织管理机制的规范化建设

社会实践的各项措施需要规范的组织管理机制来保证落实到位。建立这种机制就是要确定社会实践的目标，明确学校组织系统中各部门（如团委、宣传部、教务处、人事处、科研处、各院系等）在大学生社会实践中的职责。需要指出的是，校团组织不要怕失权和放权，一切只要有利于社会实践活动有效开展的，都应该大胆去尝试。在具体的实践活动进行中，要注意把活动的"点""线""面"相结合，既要重视社会实践的"点"和"线"，把某一类实践活动搞得有声有色，又要紧密关注面向学生个体的社会实践活动。对学生个体也应在社会实践主题的确定、实践方式的选择、具体实践活动的实施、实践报告的撰写等方面进行有效的指导，并明确提出实践的具体要求。

2. 丰富大学生社会实践的形式和内容

社会实践形成自身的特色和品牌，既有利于实践活动的稳定发展，又有利于不断迈向新台阶。要充分考虑地方的需要，大力开展多种人民群众迫切需要的服务活动，如支教、送医疗和科技知识下乡、送文艺活动、法律援助活动等等。可以采取不同的活动形式，比如社会调查、生产劳动、志愿服务、公益活动等，但一定要深入下去，不能浅尝辄止，做表面文章。要有不怕吃苦的精神，比如搞农村社会调查，事实上完全可以到田间地头访问，采写实实在在的数据，了解劳动者真正的心声，掌握第一手资料；而不是找几个村干部拿点现成的数据，说几句无关痛痒的话，写一篇应付式的调查报告。只有沉得下去，才能切实感受到社会最真实最有用的东西，才能真正获得提高。

3. 完善大学生社会实践的监督、考核评价机制

高校社会实践的对象是全体学生。因此，要建立真正对广大学生起激励作用的实践考核评价机制，把社会实践成绩记入学分。另外，可考虑建立社会实践资信证书制度，把参与社会实践的质量与学生将来的就业挂钩，以此来增强学生参加社会实践的积极性。

（二）推进大学生"三维实践基地"建设

实践基地是专门为学生社会实践而成立的一个基地或者机构。"三维实践基地"则着

力从社会实践、科技实践、创业实践三个方面大力推进大学生社会实践基地建设。若将"社会实践基地"和"科技实践基地"比作培养学生基本实践能力的 X 轴和 Y 轴的话，那么"创业实践基地"就是培养学生整体综合实践能力的 Z 坐标轴，故将此称为培养学生综合素质的"三维实践基地"。

1. 社会实践基地建设

一方面，大学生可以充分结合区校、村校、校企共建服务活动，在区县、农村企业建设基地。另一方面，大学生还可以以班级、院系、社团等组织为单位，就近建立实践基地，各实践队伍与各实践对象可以建立长期的合作关系。同时，不同年级的学生还可以采取以老带新的方式组团开展活动，增强实践基地的传承性，为更多大学生经常性地参与社会实践活动提供机会和渠道。这种校外结合专业特点、自身优势参加社会调查、实际生产、企业管理的形式，不仅能为社会和企业提供技术服务，也可以帮助大学生通过社会实践提升专业技能，锻炼适应社会的能力。

2. 科技实践基地建设

高校通过开展诸如全国"挑战杯"科技竞赛、国家大学生创新性实验计划等活动，并结合科学商店项目（大学生科普志愿者进社区）在校内建立大学生科创中心，作为科技实践基地。同时，高校可以开展各项科技文化活动为巩固科技实践基地奠定基础，提高学生参与科技实践基地的积极性。要鼓励完成一定创新实践并取得成果的大学生，由学校组织专家审核认定后，奖励一定的学分。从科技创新的角度承认大学生的科技成果，这样学生科技创新能力的提高会反过来激发学生进一步学好科学文化知识和积极参与科技实践基地建设的兴趣，形成良性循环。

3. 创业实践基地建设

学校不仅要满足学生创业实践的基本要求，还要通过开展系统的创业教育，选修课程和个别指导对学生进行创业知识培训，鼓励学生把自己的所学所思运用到创业活动中去。不仅如此，在学校统一指导下，学校相关部门与社会相关企业建立创业实践基地，学生就可以将在创业计划竞赛、大学生课外科技作品竞赛等各种竞赛中的作品和创意应用到创业实践中去，从而提高理论与实践结合的主动意识，增强学生创业的积极性。

第三节　高校大学生思想政治教育校园文化路径

校园文化作为一个由师生员工、校园景观等众多独立要素构成的开放系统，在促进学生社会化的非学术过程中构成了"隐性课程"，常常强烈地表现出调节约束功能、集体意识功能和教育导向功能，是思想政治教育的富有成效的路径之一，具有坚定信念、涵养德行、开阔胸襟、启发智慧、提高情趣、健康身心的作用。

一、校园文化建设的重要地位和作用

（一）校园文化建设是社会主义精神文明建设的重要组成部分

高校校园文化是社会主义文化的一部分，是社会主义精神文明建设的重要内容。在校园文化的建设过程中，我们应该坚定的以马克思主义、毛泽东思想、邓小平理论、"三个代表"重要思想和科学发展观作为校园文化发展的方向，用先进的马克思主义中国化理论引导学生思想观念的转变，发挥校园文化作为思想政治教育的一个重要载体和途径。

（二）校园文化是大学生思想政治教育工作的重要途径

第一，高校校园文化具有追求务实、追求崇高的凝聚力。在当代，这种崇高的精神境界就是"以人为本"的人文精神，"求真务实"的科学精神，"着眼未来"的超越精神和"自强不息"的奋斗精神。正是由于这些精神因素的存在，才能聚集成建设有中国特色社会主义的共同理想，把师生的智慧和力量团结到构建和谐校园的事业之下。

第二，校园文化对大学生具有重要的教育导向作用。正是通过校园文化丰富多彩的方式，让大学生这个特殊的群体都得到一种文化品位的熏陶和大学精神的培育，从而形成志存高远、爱国敬业、为人师表、教书育人、严谨笃学和与时俱进的优良教风；勤于学习、奋发向上、诚实守信、敢于创新的良好学风；崇尚科学、严谨求实、善于创造具有时代特征和学校特色的良好校风。正是具备了优良的教风、学风和校风，大学文化才能够实现培育、塑造人的作用，促进人们自觉追求和谐相处，大学生才会从这种教育的耳濡目染中感悟到社会主义、爱国主义和集体主义教育的真谛。

第三，校园文化具有源源不断的创造力。大学作为思想最活跃、最富有创造力的地方，以及新知识、新思想、新文化的策源地，其创造力主要来自担当社会责任的知识分子群体追求真理、体现公平正义的社会理想，发挥着文化对社会进步的强大影响作用。文化可以作为一个维系民族、社团、集体的共同价值取向，使更多大学生在对这一共同认知追求中，塑造真善美的人格。

（三）校园文化建设可以提高大学生的综合素质

大学生主体的全面自由发展是高校校园文化建设实践中的价值目标。在校园文化建设之中，大学生承担着主客体合一的身份。校园文化为大学生借鉴他人经验进行自我教育提供了一个良好的场所，因此从这个意义上说，校园文化是基于大学生的自主选择性地自我教育。因此在校园文化建设的过程中，各级领导部门坚持弘扬主旋律，对大学生进行世界观、方法论的教育，提高他们分辨是非的能力，自觉抵制不健康文化的影响，为青年大学生的全面发展提供更为广阔的空间。

二、高校校园文化建设现存问题

（一）轻文化，重政治

无可置疑，大学校园文化应该讲政治、讲方向，尤其是社会主义的大学校园文化，更应该把坚定正确的政治方向放在第一位。然而，我国大学教育长期的重政治的传统，使大学校园文化的发展染上了太浓的政治色彩，常常让文化淹没在政治之中，其结果是，在实际中削弱了大学校园文化的政治功能。

（二）轻人文，重科学

在我国，尽管20世纪初，蔡元培、梅贻琦、张伯苓等教育家就倡导学术自由、德才兼备、通识教育等科学与人文精神相结合的大学精神，改革开放后，中国共产党也提出了培养"四有"人才的科学和思想道德教育相统一的文化思想，但是，在大学校园文化建设的实践中，仍然充斥着功利主义色彩，在办学过程中，对科学技术、专业教育过分重视，对人文精神、人文教育过分冷漠，把眼光盯在培养科技人才上，而忽视全面发展的人的培养，出现科学与人文精神相分裂、大学精神衰微现象，导致了大学人文精神的滑坡，表现为科技理性大于人文理性，工具理性大于价值理性，重科研轻教学，重教书轻育人，重知识轻道德等。尤其是在大学人才培养规格、专业课程设置到评价标准等方面，科学主义的取向十分明显。特别是近年来，与经济体制的转轨相呼应，大学以市场为导向，培养实用人才，学生以就业为导向，热衷于实用知识技能的掌握，崇拜科技万能、工具理性至上大有市场，由此导致人文素养和人文关怀缺失。其后果必然是直接影响学生自身综合素质养成和身心的全面发展。

（三）轻内容，重载体

大学普遍重视大学校园文化的载体建设，不看重其内容建设。在新一轮的大学发展中，我们看到，美丽的大学校园、恢宏的建筑群体、庞大的组织系统和丰富的文化活动，发展迅速，成效显著。但同时，在不少大学校园里，有大楼、缺大师，有校园、缺精神，有活动、缺内涵等现象，比比皆是。造成的结果是，大学生中出现了"道德危机""精神危机""信仰危机""价值真空"等市场行为和人格的扭曲、道德的堕落、理想的泯灭等消极现象；大学教师中出现了学术观的实用化、功利化倾向，自由、批判、开拓、创造的学术风气失落，代之而起的是学术不端、学风浮躁、急功近利、学术投机、学术贿赂、学术腐败等背离了大学精神的功利化、平庸化陈腐气息。

（四）各个高校的文化建设发展不平衡

当前，不同大学的文化建设总体上是不平衡的，具体体现在以下几个方面。

1. 文化自觉程度

大学的文化自觉是指对大学文化的本质、规律和功能、职责有深刻的认识，对自身的文化建设有全面、系统、长远的规划并扎实推进。当前，不同的大学在这方面是有差异的。有很多大学重视文化建设而且效果显著，有的大学则显得一般，而有的大学还没有把文化建设摆上议事日程。

2. 精神文化发展

一大批办学特色鲜明、特别是办学历史悠久的大学十分重视精神文化建设，并形成了较为系统的精神文化成果。但是，有的大学特别是新建地方院校精神文化提升较慢，特色不鲜明。这些大学由于传统教育观念的根深蒂固，人们思想观念的提升仍十分缓慢，师生的观念、意识、思维模式、行为方式仍然停留在以前的专科阶段，这制约了学校文化向更高层次发展。此外，还有的新建地方院校不顾本校实际情况，在精神文化建设方面，盲目照搬名牌、重点大学的建设模式，结果造成办学特色不突出，办学理念不鲜明的后果。

3. 物态环境文化发展

很多大学在学校建设过程中，非常注重把本校的办学理念、历史文化、价值追求渗透到学校有形的硬件设施上，在整个校园中形成一种浓厚的文化景观。而有的大学则不注重大学景观的文化内涵，忽视景观文化的育人作用。其次，制度文化发展的不平衡。有的大学在长期的发展中基本上形成了一套能彰显制度精神、比较成熟的制度体系，这种制度体系价值取向明确、内容和谐、运行稳定，符合制度文化的功能定位。有的大学则缺乏甚至严重缺乏应有的制度理念，没有明确的制度价值取向，更没有自己的制度体系，总体上还处于一种盲目状态。

三、大学生思想政治教育校园文化建设

（一）突出校园文化主旋律建设

大学是人类文化传承、创新与发展的重要基地。大学不但要传承和创新知识，更具有

熔铸、守望人文精神的神圣使命。校园文化建设是实现这一使命的必然途径，是高校精神文明建设的重要基础和重要前提。高校必须建设一个文化层次较高的校园文化环境，传承大学精神，使广大青年学生能养成良好的思想道德品质。

1. 主旋律建设的重要性

健康向上的文化使人获得知识、陶冶情操、健康成长。因此，搞好校园文化建设有利于大学生思想道德素质和科学文化素质的提高与完善，扩大到整个社会，搞好校园文化建设是社会建设和精神文明建设的重要组成部分。同时，校园文化也表明一所学校独特的风格和精神，是联系协调学校人际关系的纽带，是学校的形象和灵魂。校园文化对于整个高校的发展来说具有一定的引领作用，其建设无疑需要有坚实的精神基础、高端的思想起点、聚力的发展导向，需要一种强大的文化建设风向标。精神基础、思想起点、文化风向标无疑就是校园文化的主旋律。

2. 主旋律建设原则

校园文化主旋律建设，要切实坚持用科学的理论武装人，以促进校园文化主体思想观念的提高；用正确的舆论引导人，以营造弘扬时代主旋律的校园氛围；要切实坚持用高尚的精神塑造人，以提高校园文化整体水准；要以优秀的作品鼓舞人，以充实校园文化的内涵。一是用科学的理论武装人；二是用正确的舆论引导人；三是用高尚的精神塑造人。

（二）注重校园文化环境建设

环境在育人中的作用不应忽视，在校园文化建设中，要突出环境在大学生思想政治教育中的育人功能。校园物质文化是高校各种客观实体的总和。它包括学校的环境面貌、自然物、建筑物以及各种设施等。因为这些都是自然界的人化，融入了人们的创意、知识、技能、价值取向和精神理念，已经不单单是一个个物体或建筑物，而成为校园文化的重要部分。加强校园文化的环境建设，主要包括自然环境与人文环境。

1. 重视校容校貌建设

校容校貌建设包括学校的建筑风格、绿化美化的程度、自然风景特色、环境整洁水平、设备现代化层次等。校园内应有与本校相关的大家、名师的雕像，主题文化广场，校友捐赠的奇石，校园的花草树木，学校的文明标志牌等。校容校貌建设这种物质文化一方面能够通过治学前辈的名言在精神上激励大学生进一步前行，另一方面能够通过包括学校格局在内的各种"艺术精品"培养大学生的审美情趣，提升大学生辨别美的能力。

2. 注重校园人文环境建设

校园人文环境是一个大学生对自己学校最为值得自豪和骄傲的内容。"大学之大，非大楼之大，乃大师之大。"大师之大总起来说就是校园的人文环境建设，大师的精神传递要通过校史、板报、宣传窗、校训标志、电子标语等方式向学生进行传播。所以校园的人文环境建设能够起到对师生的人文情趣的引导作用。

（三）借鉴国外高校校园文化建设的经验和教训

他山之石，可以攻玉，总结归纳国外高校校园文化的主要特征，探讨分析国外高校校园文化建设实践中可供我们借鉴的经验和要吸取的教训。

1. 西方高校校园文化的主要类型

从最早的中世纪大学诞生至今，西方高校经历了近千年的发展史，其校园文化也随着高等教育的发展在欧美不同国家和地区呈现出各异的特色。

（1）英国——大学历史的博物馆

英国的大学发展至今，确实保留了不少优良传统，但在高等教育的改革方面，英国的大学却相对保守，认为改革以不变革传统为原则；传统的东西只要还没有证明它一点用处也没有，就不得丢弃。因此，英国成了"大学历史的博物馆"。

高校具有较大的自主权也是英国高等教育体制所独具的特色。大学完全自治，有学位授予权，政府对它在行政管理上奉行所谓"支持而不控制"的原则，给予较大自主权。大学中除开放大学作为公立以外，其余都是自治的大学，不受政府教育部门直接领导，仅受议会所制定的法令法律的约束。部分经费由各校自筹（英国有捐赠的传统），部分由国家财政资助。资助由大学拨款委员会出面，经费下达后，各校自行使用，事前不需审批计划，中途不查账。仅在事后进行监督，由审计单位进行。

在校舍的设计上，英国大学也很有特色。作为中世纪大学的典型代表，牛津、剑桥大学的校舍与市民住宅混在一起，不追求统一划齐的校园和校舍，其校园和市区的街道风格和谐，难以分辨。

（2）法国——理性的光辉

法国高等教育的历史比较悠久，如巴黎大学的建立可以追溯到12世纪初。拿破仑时期更以法律的形式规定了高等教育的管理权在国家，高等学校一律由国家开办，从而奠定了法国中央集权的高等教育体制，促进了法国高等教育的发展。但其大发展却是在20世纪下半叶，大体上可以划分为战后高等教育的复苏和以三个法律为标志的四个阶段改革：1968年《高等教育指导法》所确立的第一次改革；1984年《高等教育法》所引发的第二次改革；1989年《教育指导法》所引发的第三次改革；以及20世纪90年代以来正在进行的大学改革。

（3）德国——洪堡精神的延伸与发展

1810年柏林大学的建立是德国大学发展的划时代标志，创始人洪堡提出以"大学自治""学术自由"和"教学与科研统一"作为这所大学的办学指导思想。既把大学看作是国家精神的体现，又把大学作为独立的研究机构，并且把这两者巧妙地结合起来。柏林大学的建立为19世纪后期的工业化和现代化创造了十分有利的条件，也为高等教育提供了一种新的模式，在德国陆续建立了一批新大学，并为许多国家所仿效。

随着资本主义工业的发展，传统大学不能满足日益增长的各种专门人才的需求，工科大学在19世纪迅速发展起来。传统大学与工科大学并存，各有侧重又互相配合，是德国高等教育的基本格局，并且一直延续到战后。但是德国的高等教育在法西斯统治期间受到严重摧残，优良的传统也遭到破坏。1948年，当国际上改革和发展高等教育的各种思潮涌向被分割占领的德国时，联邦政府仍坚持在被纳粹摧毁的高校的废墟上，重建洪堡传统。

1976年联邦德国大学校长会议通过一项题为《保证德国高等学校科研》的报告，认为科研是科学教育的基础。高等学校的教育必须以学科的最新知识水平为基础。高等学校的社会任务是培养必需的科学新生力量。只有在知识前沿领域进行研究的人，才能做出什么是最新知识水平的判断。只有直接从事科研的人，才能用语言和文字担负起向学生传授知识的责任。这是对洪堡思想的进一步阐述和发展。这份报告中所强调的这个指导思想，后来在《联邦德国教育总法》和其他高教法律章程里得到确认。

（4）美国——自治和进取

美国大学在其发展过程中，不仅受到来自欧洲、特别是英德两国的影响，更受到本国社会经济发展和价值观念的制约，如对政府的不信任及持久的竞争意识，从而导致美国高校校园文化逐渐形成不同于其他国家的特点。

一是自治。美国教育历来实行地方分权制，国会为教育拨款，但不能直接管理教育。州和地方政府享有广泛权力使各级公立学校能够适应当地的需要。大学自治是美国高等教育的重要特征，高等学校有权选择自己的发展方向。各学校根据自己的实际情况决定在哪些方面改进，在什么时候以及如何改进。

二是进取。主要表现在美国高校追求高质量的教育，注重在知识、能力、品行等方面的教育。特别是学生丰富多彩的课外活动成为美国大学的传统，而且被视为大学教育有价值的组成部分。美国的大学非常支持学生社团，资助课外活动。有效的学生社团活动，可以加强课堂以外的积极学习，培养合作与创新精神。大学要为课外活动提供充分的财政资助和场地，予以充分的承认，尤其要加强那些具有学术功效或学习辅助作用的活动，如辩论小组、语言俱乐部、出版发行部、表演队、政治俱乐部以及国际交流小组等。哈佛艺术节期间，艺术活动种类繁多，有音乐、舞蹈、魔术、戏剧、电影、画展等等，而且几乎所有的本科生和研究生都参加到艺术活动中来，他们或载歌载舞，或演奏乐曲，每个人的艺术才能都有施展的机会。

2. 西方高校校园文化的特点

（1）历史悠久发展较快

工业化的发展为西方国家大力普及和发展高等教育打下了坚实的物质基础，在客观上为更多大学的诞生创造了条件。于是，高等教育机构增加，学生人数、教育经费增长，大学数量急剧上升。自第二次世界大战以来，在州立大学和学院之外，出现了由若干所大学和大学分校组成的主校园大学、多校园大学和州公立高等学校系统。在英国，第二次世界大战结束后的 30 多年间，高等教育得到了长足的发展。1948—1967 年，英国大学数量增加 2 倍，学生人数增长 3 倍以上。同时，继续推进高等教育大众化、平民化，特别给予女性、中下阶层和残障人群体更多参与高等教育的机会，为那些在年轻时错过机会的人提供重新学习的机会。进一步增强高等教育的灵活性，密切高等教育与其他机构及工商业界的合作，发挥促进经济发展的作用。总之，高校校园成了近代以来西方社会结构中举足轻重的部分，现代意义上的校园文化也逐步得到发展，成为社会主流文化中影响深远的重要组成部分。

（2）校园环境整体规划的独特性

学校建筑设施是校园文化的物质反映，它是一定历史时期一定教育思想和设计观点在建筑设施中的集中表现。完善的建筑设施、优美的校园环境，对生活于其中的校园人能够起到"润物细无声"的影响与作用。西方名校都具有独特的建筑风格和优美的校园环境，这是它在物质文化上区别于一般学校校园文化的重要特征。欧洲文艺复兴时期，人文主义的教育家们就十分强调学校环境的建设。直入巴黎大学北大门，迎面是宽敞的前大厅，大厅正面屹立着古代神话诗人奥墨尔和希腊先哲阿基米德的两座高 3 米左右的石雕像。在石雕像后面剧场的壁龛上，竖立着巴黎大学校史上具有世界影响的杰出人物索邦、笛卡尔、拉瓦锡、夏尔·罗兰、帕斯卡、黎世留 6 人的全身塑像。在英国，牛津大学和剑桥大学都建在古朴典雅的小镇上，学校旁边流淌着泰晤士河和卡姆河。建筑风格大多是中世纪庭院式的，中间是一片开阔的活动场地，四周是校舍。这种建筑结构本身具有对称和谐之美，同时又对陶冶师生性情，激励学生上进，具有不可低估的作用。

西方很多高校校园建筑的总体格局还呈现出开放的特色，被称为"无边际大学"或"无围墙大学"等。美国、德国等国家的高校整体上都向社会敞开，与社会交错融合，甚至有些高校被社区分割成不同区域。有的学校周边是公路，有的校园内主干道与社会交通干线相连接，等等。学校与社会的相融联结使学校成了社会的一分子并消融在社区之中，校园建筑的开放性特征十分明显。

参考文献

［1］马克思，恩格斯. 马克思恩格斯选集：第 1 卷［M］. 北京：人民出版社，1995.

［2］马克思，恩格斯. 马克思恩格斯选集：第 2 卷［M］. 北京：人民出版社，1995.

［3］马克思，恩格斯. 马克思恩格斯选集：第 3 卷［M］. 北京：人民出版社，1995.

［4］马克思，恩格斯. 马克思恩格斯全集：第 39 卷［M］. 北京：人民出版社，1982.

［5］马克思，恩格斯. 马克思恩格斯全集：第 46 卷［M］. 北京：人民出版社，1972.

［6］毛泽东. 论教育革命［M］. 北京：人民教育出版社，1967.

［7］毛泽东. 毛泽东选集：第 2 卷［M］. 北京：人民出版社，1991.

［8］毛泽东. 毛泽东文集：第 5 卷［M］. 北京：人民出版社，1999.

［9］毛泽东. 毛泽东文集：第 6 卷［M］. 北京：人民出版社，1999.

［10］邓小平. 邓小平文选：第 1 卷［M］. 北京：人民出版社，1994.

［11］邓小平. 邓小平文选：第 3 卷［M］. 北京：人民出版社，1993.